Rustam Tagiew

Strategische Interaktion realer Agenten

Rustam Tagiew

Strategische Interaktion realer Agenten

Ganzheitliche Konzeptualisierung und Softwarekomponenten einer interdisziplinären Forschungsinfrastruktur

Südwestdeutscher Verlag für Hochschulschriften

Impressum/Imprint (nur für Deutschland/only for Germany)
Bibliografische Information der Deutschen Nationalbibliothek: Die Deutsche Nationalbibliothek verzeichnet diese Publikation in der Deutschen Nationalbibliografie; detaillierte bibliografische Daten sind im Internet über http://dnb.d-nb.de abrufbar.
Alle in diesem Buch genannten Marken und Produktnamen unterliegen warenzeichen-, marken- oder patentrechtlichem Schutz bzw. sind Warenzeichen oder eingetragene Warenzeichen der jeweiligen Inhaber. Die Wiedergabe von Marken, Produktnamen, Gebrauchsnamen, Handelsnamen, Warenbezeichnungen u.s.w. in diesem Werk berechtigt auch ohne besondere Kennzeichnung nicht zu der Annahme, dass solche Namen im Sinne der Warenzeichen- und Markenschutzgesetzgebung als frei zu betrachten wären und daher von jedermann benutzt werden dürften.

Verlag: Südwestdeutscher Verlag für Hochschulschriften GmbH & Co. KG
Dudweiler Landstr. 99, 66123 Saarbrücken, Deutschland
Telefon +49 681 37 20 271-1, Telefax +49 681 37 20 271-0
Email: info@svh-verlag.de

Zugl.: Freiberg, TU Bergakademie, Dissertation, 2011

Herstellung in Deutschland:
Schaltungsdienst Lange o.H.G., Berlin
Books on Demand GmbH, Norderstedt
Reha GmbH, Saarbrücken
Amazon Distribution GmbH, Leipzig
ISBN: 978-3-8381-2512-1

Imprint (only for USA, GB)
Bibliographic information published by the Deutsche Nationalbibliothek: The Deutsche Nationalbibliothek lists this publication in the Deutsche Nationalbibliografie; detailed bibliographic data are available in the Internet at http://dnb.d-nb.de.
Any brand names and product names mentioned in this book are subject to trademark, brand or patent protection and are trademarks or registered trademarks of their respective holders. The use of brand names, product names, common names, trade names, product descriptions etc. even without a particular marking in this works is in no way to be construed to mean that such names may be regarded as unrestricted in respect of trademark and brand protection legislation and could thus be used by anyone.

Publisher: Südwestdeutscher Verlag für Hochschulschriften GmbH & Co. KG
Dudweiler Landstr. 99, 66123 Saarbrücken, Germany
Phone +49 681 37 20 271-1, Fax +49 681 37 20 271-0
Email: info@svh-verlag.de

Printed in the U.S.A.
Printed in the U.K. by (see last page)
ISBN: 978-3-8381-2512-1

Copyright © 2011 by the author and Südwestdeutscher Verlag für Hochschulschriften GmbH & Co. KG and licensors
All rights reserved. Saarbrücken 2011

Inhaltsverzeichnis

1	**Einführung**	**7**
1.1	Strategische Interaktion Realer Agenten	7
1.2	Zielsetzung	12
1.3	Überblick	15
2	**Grundlagen**	**17**
2.1	Multiagentensysteme	17
	2.1.1 Agent	17
	2.1.2 Softwareagenten	19
2.2	Spieltheorie	21
	2.2.1 Spiel	21
	2.2.2 Normalform	25
	2.2.3 Extensive Form	28
	2.2.4 Algorithmen für Spiele	32
2.3	Verhalten in Spielen	35
	2.3.1 Logik des Strategischen Denkens	35
	2.3.2 Suboptimale Heuristiken	38
	2.3.3 Menschliches Strategisches Verhalten	39
3	**Verwandte Arbeiten**	**46**
3.1	Spielbeschreibungssprachen	46
	3.1.1 Spieltheoretische Formalismen	46
	3.1.2 MAID	49
	3.1.3 Gala	51
	3.1.4 GDL	54
3.2	Spielinfrastrukturen	59
	3.2.1 Klassische Implementationen	59
	3.2.2 ACE-Modell	62
3.3	Modelle Menschlicher Spieler	63
	3.3.1 Kognitive Architekturen	63
	3.3.2 Bayesnetze	67

INHALTSVERZEICHNIS

4 Sprachen für Spielbeschreibung   **71**
  4.1 Eingliederung 71
      4.1.1 Motivation 71
      4.1.2 Kritik 74
  4.2 Zeitliche Extensive Form 76
      4.2.1 Zeit in Spielen 76
      4.2.2 Formale Definition 78
  4.3 PNSI 85
      4.3.1 Formale Definition 85
      4.3.2 Spielverwaltung 93
      4.3.3 Spielbaumgenerierung 95
      4.3.4 Eigenschaften von PNSI 101
  4.4 SIDL 104
      4.4.1 Formale Definition 104
      4.4.2 Spielverwaltung 111

5 Implementation der Spielinfrastruktur   **114**
  5.1 Spielrealisierung 114
      5.1.1 Spielerklassifikation und Spielregelnerkennung 114
      5.1.2 Natürliche Spielrealisierung als Vorbild 116
  5.2 FRAMASI 119
      5.2.1 Multiagentensystem als Basis 119
      5.2.2 FRAMASI-Protokoll 121
      5.2.3 GGMA – Integration von PNSI und SIDL 123
      5.2.4 Erfahrungen – Ken als Anwendung 126

6 Beschreibung Strategischen Verhaltens   **127**
  6.1 Datenakquirierung 127
      6.1.1 Vorgehensweise 127
      6.1.2 Ken als Szenario 128
  6.2 Offline-Analyse 133
      6.2.1 Statistik von Ken 133
      6.2.2 Typisches Verhalten in Spielen 136
      6.2.3 Modellspezifikation 138
      6.2.4 Beschreibung deterministischer Modelle 140
      6.2.5 Evaluationsergebnisse 142

INHALTSVERZEICHNIS

7 Resümee   **146**
7.1 Ergebnisse 146
    7.1.1 Spielbeschreibungssprachen 147
    7.1.2 Spielimplementation 147
    7.1.3 Verhaltensbeschreibung 147
7.2 Ausblick 148
    7.2.1 Datenbank strategischen Verhaltens 148
    7.2.2 Verbalisierung strategischen Verhaltens 148
    7.2.3 Doppelte Tauschauktion 149

Akronyme   **150**

Glossar   **154**

Literaturverzeichnis   **162**

A Mathematische Notationen   **180**

B PNSI zu TEFG – Ein Beispiel   **181**

C Schach, definiert in SIDL2.0   **183**

D Software   **187**

E Bilder des Ken-Experiments   **188**

F Fragebogen zum Ken-Experiment   **189**

G Ausführliche Statistik   **190**

ABBILDUNGSVERZEICHNIS

Abbildungsverzeichnis

1.1	Kognitive Sozionik	12
1.2	Zielsetzung	13
1.3	Überblick	15
2.1	Gefangenendilemma und Kampf-der-Geschlechter	28
2.2	Imperfekte Information	30
2.3	Algorithmen für Spiele	33
2.4	Klassen der Spiele	34
2.5	Beispiel für eine Kripke-Struktur	38
2.6	Abweichungen relativer Häufigkeiten	43
2.7	Subjektiv zufällige Sequenzen	44
2.8	Ultimatumspiel	45
3.1	Aktionsgraphenspiel	49
3.2	MAID-Beispiel	50
3.3	Gala-System	51
3.4	Nim in Gala	53
3.5	Spezialisierung der Heuristiken	55
3.6	GDL-Spielmodell für Nim	56
3.7	Nim in GDL	59
3.8	Spielimplementation	60
3.9	Lag-Modell	66
3.10	MAID-Modell der Gegenseitigkeit	69
4.1	Motivation für eine Spielbeschreibungssprache	72
4.2	Joker's Spiel	77
4.3	Strukturaspekte für Zeitmodelle	79
4.4	Pause in TEFG	81
4.5	Simultane Züge in TEFG	82
4.6	Zeit und imperfekte Information in TEFG	83
4.7	Nim in PNSI	90

ABBILDUNGSVERZEICHNIS

4.8	Nim in PNSI YAML Syntax	92
4.9	Muddy-children-puzzle in PNSI	96
4.10	Muddy-children-puzzle als EFG	100
4.11	TEFG zur Konstruktion von PNSI	103
4.12	Konstruktion von PNSI	103
4.13	Nim in SIDL2.0	109
4.14	Muddy-children-Puzzle in SIDL2.0	110
5.1	Großer und kleiner Affe	117
5.2	Spielrealisierung	118
5.3	Welt und Spieler	120
5.4	Spiel-Ontologie	122
5.5	FRAMASI-Protokoll	124
6.1	„Papier, Stein, Schere"	128
6.2	Graphen für 5 Gesten	130
6.3	Spielregeln des Ken-Experiments	131
6.4	Kiviat-Diagramme für Abweichungen von MSE	133
6.5	Korrektheit beim Cross-Validation	143
6.6	Ausgewählte Methoden	145
7.1	2D-Agenten-Darstellung im Tauschhandel	150
7.2	Partnersuche für das Wippen	150
7.3	2D mit vier Agenten	151
B.1	Umfangreicheres Beispiel einer PNSI-Struktur	181
B.2	Generiertes TEFG	182

Tabellenverzeichnis

3.1	Agenten im ACE-Modell	62
3.2	Kognitive Architekturen	63
3.3	Module von ACT-R	64
4.1	Übersicht der Spielbeschreibungssprachen	75
6.1	Auswertung des Fragebogens	134
6.2	Muster in Sequenzen	135
6.3	Modellieren menschlichen Verhaltens	139
6.4	Konfusionsmatrix für den Antwortenden	142
G.1	Muster in Zugsequenzen	190
G.2	MSE vs. relative Häufigkeiten	191

Kapitel 1

Einführung

1.1 Strategische Interaktion Realer Agenten

Strategisch denken bzw. strategisch handeln heißt beim Anstreben und Verwirklichen eigener Präferenzen das Denken und Handeln anderer Teilnehmer der Interaktion zu berücksichtigen [OR94]. Zu berücksichtigen ist auch, dass das Denken und Handeln anderer Interaktionsteilnehmer auch strategisch sein kann. Dadurch kann eine theoretisch unendliche gedankliche Verschachtelung entstehen, d.h. man bedenkt das eigene strategische Denken und Handeln aus der Perspektive der Anderen, dass die Anderen es ebenfalls bedenken und so weiter. Ursprünglich kommt *strategisch* vom altgriechischen *strategós*=Heer und *ágein*=führen [Dro95]. Eine Interaktion ist ein „aufeinander bezogenes Handeln zweier oder mehrerer Personen" [Dro95]. Ein Handeln außerhalb einer Interaktion ist Handeln bezogen auf eine passive Umgebung z.B. auf Gegenstände. Daraus folgt, dass strategisches Denken und Handeln außerhalb einer Interaktion nicht stattfinden kann. Eine Interaktion kann aber auch nicht strategisch sein. Dieser Fall ist insbesondere dann gegeben, wenn die Teilnehmer keine klaren Präferenzen haben.

Eine strategische Interaktion wird in der mathematischen Spieltheorie [Mv44] auch als ein (strategisches) *Spiel* bezeichnet. Der Begriff Spiel ist in der Spieltheorie etwas anders belegt, als es im üblichen Gebrauch der Fall ist. Mit einem Spiel ist die formale Struktur einer strategischen Interaktion gemeint. Reale Schlachten, wirtschaftliche Vorgänge, soziale Interaktionen sowie Brettspiele können die gleiche Struktur aufweisen. Oft ist die Struktur unseres realen menschlichen Miteinanders, das als strategische Interaktion aufgefasst werden kann, sehr komplex. Ein passendes prominentes Beispiel einer solchen komplexen Interaktion ist der angebahnte aber gescheiterte Opel-Verkauf. Die Spieltheorie liefert zwar Methoden um den Ausgang ei-

KAPITEL 1. EINFÜHRUNG

ner strategischen Interaktion vorherzusagen, jedoch treffen diese Aussagen, wie Beobachtungen und Experimente zeigen [PS08], nicht immer zu. Einer der Gründe dafür ist, dass das Verhalten der Teilnehmer dem mathematischen Konzept der Rationalität nicht immer entspricht.

Der Weg zum Verstehen und Vorhersagen des menschlichen strategischen Verhaltens liegt eher darin, zuerst experimentell einfachere Strukturen zu untersuchen, um dann später auf der Basis der daraus gewonnenen Erkenntnisse zu umfangreicheren Beispielen übergehen zu können [Cam03]. Ein ähnliches Vorgehen hat in der Biologie die Erforschung der Drosophila motiviert. Im Rahmen dieser Arbeit wird die experimentelle Herangehensweise mit maximalen Einsatz von Computersystemen getrieben. Ein Forschungsgegenstand sind gleichzeitig auch die Methoden der computerisierten Experimente.

Wie der Ursprung des Wortes *strategisch* verrät, sind strategisches Denken und Handeln meistens im kompetitiven Bereich angewendete Begriffe. Reale Beispiele kompetitiver Interaktionen sind leicht zu finden und lassen sich als Spiele formalisieren. Um jedoch über die Vorgänge in einem solchen Beispiel wertungsneutral und politisch unbedenklich sprechen zu können, werden in der einschlägigen Literatur meistens imaginäre Beispiele wie z.B. *Kampf-der-Geschlechter* verwendet. Dies kann den Eindruck der Realitätsfremdheit bei fachfremden Lesern erwecken. Daher wird der Leser darum gebeten, sich diesem Eindruck zu widersetzen. Als Beispiel einer kompetitiven Interaktion zum besseren Verständnis des vorgestellten Themas wird hier eine Variante des Spiels *Ken* [Lin95] (zu deutsch *Knobeln*) genommen und detailliert beschrieben.

Ken hat das gleiche Prinzip wie das hiesige Spiel „Papier, Stein, Schere". Ken-ähnliche Spiele werden schon seit Jahrtausenden von Menschen verschiedenster Kulturen unabhängig voneinander entwickelt und gespielt [Lin95]. Das malaysische *Gosukumi-Ken* besteht aus fünf Gesten – Pistole=„Zeigefinger", Vogel=„zum Greifen bereite Hand", Wasser=„gespreizte Hand nach oben", Stein=„Faust" und Brett=„gespreizte Hand nach unten". Pistole schlägt Vogel, Stein und Brett. Vogel schlägt Wasser. Wasser schlägt Stein und Pistole. Stein schlägt Vogel und Brett. Brett schlägt Vogel und Wasser. Wie lässt sich das strategische Denken und Handeln in Gosukumi-Ken vorstellen?

Der Gegner weiß nicht vorher, welche Geste man auswählt und umgekehrt. Würde der Gegner wissen, welche Geste man auswählt, würde man ständig verlieren. Daher muss man generell unvorhersagbar d.h. zufällig handeln um das Spiel nicht zu verlieren. Dies entspicht nach Sunzi [Yin07], einem der ersten Denker, die sich mit strategischem Denken auseinandergesetzt haben, dem empfohlenen Verhalten in Konflikten: „Greife ihn an, wo er unvorbereitet

1.1. STRATEGISCHE INTERAKTION REALER AGENTEN

ist, tauche auf, wo du nicht erwartet wirst". Nehmen wir an, man wählt jede der Gesten mit der gleichen Wahrscheinlichkeit zufällig aus. Falls der Gegner dann dauerhaft Pistole auswählt, würde man ihn dann mit der Wahrscheinlichkeit von 0.2 (mit Wasser) schlagen, mit der Wahrscheinlichkeit von 0.6 (mit Brett, Stein und Vogel) geschlagen werden und sonst ein Unentschieden (mit Pistole) erreichen – man würde im Schnitt verlieren. Es gibt keine *Strategie*, mit der man bei diesem Spiel sicher gewinnen kann. Man kann nur im Schnitt ein sicheres Unentschieden erreichen. Man erreicht es, indem man gleich oft Brett, Wasser und Pistole spielt und andere dabei aber nicht benutzt.

In der Spieltheorie werden die Methoden zur Findung optimaler d.h. entgültiger Lösungen in strategischen Interaktionen bereitgestellt. Das zuvor erwähnte Beispiel hat zwar eine relativ triviale optimale Strategie, dennoch wirft es einige Fragen auf. Wieviel Zeit und Aufwand benötigt ein *Spieler*, um die optimale Strategie herausfinden? Wie und wodurch werden Spielregeln realisiert? Auf welcher Art und Weise kann man ein Spiel kurz und exakt beschreiben? Ob und wie kann man das menschliche Verhalten vorhersagen, falls spieltheoretische Lösungen versagen? Die Beantwortung dieser Fragen liegt jenseits der analytischen Methoden der Spieltheorie. Diese Fragen gehören in den Bereich realer Agenten in strategischen Interaktionen d.h in den Fokus dieser Arbeit.

Das Wort *Agent* kommt vom lateinischen *agere*, was übersetzt bedeutet handeln bzw. treiben. Als reale Agenten werden alle real existierenden handelnden Systeme aufgefasst. Dazu gehören Computersysteme, Menschen, Tiere und Institutionen. Zum Unterschied zwischen realen und theoretischen Agenten wird hier das folgende Beispiel vorgeführt.

In USA der 50er kam ein „Spiel" namens *Chicken* [Rus59] auf. Dieses Spiel wurde von jugendlichen Autofahrern gespielt. Zwei Fahrer fuhren aufeinander los. Falls einer der Fahrer im Treffpunkt auswich, verlor er in den Augen der Clique an Ansehen. Natürlich kann man diese Situation als eine strategische Interaktion auffassen und mathematisch die optimale Wahrscheinlichkeit für das Geradeausfahren bestimmen. Dabei wird dieses Spiel als symmetrisch modelliert [Rab93]. Das beantwortet aber nicht die Fragen, die schon bei dem vorigen Beispiel auftauchten. Ferner stellt man noch fest, dass das Verhalten realer Agenten z.B. Menschen in einer strategischen Interaktion sich nicht nur durch die Präferenzen bestimmen lässt. Die realen Agenten unterscheiden sich in der Art und Weise des Anstrebens ihrer Präferenzen – in der Intelligenz. Reale Agenten spielen nicht immer optimal, was insbesondere auf Menschen zutrifft [Cam03]. Spielen die realen Agenten dann aber doch noch stereotyp, falls sie nicht optimal spielen?

KAPITEL 1. EINFÜHRUNG

Um dieses Problem besser zu modellieren, kann man die Situation als asymmetrisch für beide Fahrer auffassen – die Fahrer befürchten unterschiedlich stark vom Zusammenstoß dauerhafte gesundheitliche Schäden davonzutragen. Der Unterschied zwischen beiden Fahrern kann von deren Vorgeschichte d.h. deren Erfahrung abhängen. Hier sieht man sehr schnell, dass eine korrekte Modellierung einer strategischen Interaktion realer Agenten kein triviales Problem ist und man grundsätzlich von der möglichen Suboptimalität und der möglichen Einzigartigkeit des Verhaltens eines Agenten ausgehen muss. Wie soll man das suboptimale Verhalten beschreiben?

Die in den vorigen Absätzen kurz angeschnittenen Fragen und Themenbereiche bilden eine Gesamtheit, deren angestrebte ganzheitliche Konzeptualisierung in dieser Arbeit zur Unterstützung einer konstruktiven Zielsetzung verwendet wird. Mit der ganzheitlichen Konzeptualisierung strategischer Interaktion ist eine schlüssige praxisorientierte Integration von Konzepten aus den Disziplinen wie Spieltheorie, Künstliche Intelligenz und Psychologie gemeint. Spieltheorie hilft optimale Lösungen für strategische Interaktionen zu finden. Spieltheorie wird in den Wirtschaftswissenschaften benutzt und auch in der Soziologie referenziert. Ein Teil der Künstlichen Intelligenz beschäftigt sich damit [RN03], intelligente Fähigkeiten, wie beim strategischen Denken und Handeln es der Fall ist, auf einem Computersystem nachzubilden und dadurch zu verstehen. Psychologie untersucht menschliches Denken und Handeln. Psychologie kann daher Erklärungen für das menschliche Verhalten in Spielen liefern. Leider lässt sich die Verschmelzung dieser Konzepte mit den bisher eingeführten Begriffen nicht kurz und präzise beschreiben, jedoch im weiteren Verlauf der Arbeit finden.

Eine solche Ganzheitlichkeit ist nötig, um Ideen aus verschiedenen Disziplinen zu einander in Beziehung zu setzen, dadurch Wiedererfindungen zu vermeiden und Emergenz zu begünstigen. Der Erkenntnissgewinn einer ganzheitlichen Konzeptualisierung kann in Form von gemeinsamen Formaten und Werkzeugen manifestiert werden. Eine *Forschungsinfrastruktur* [NDMS04] als Bezeichnung für gemeinsame Formate und Werkzeuge ermöglicht effiziente arbeitsteilige Forschung. Ein Beispiel für eine interdisziplinäre Forschungsinfrastruktur ist die Verwendung der biotechnologischen Datenbanken, die einerseits von Biochemikern und Molekularbiologen gefüllt und von Bioinformatikern nach Regelmässigkeiten analysiert werden.

Das Themengebiet dieser Arbeit gehört in den Bereich Sozionik [vMV03], speziell *Kognitive Sozionik*, wobei der Begriff Kognitive Sozionik in dieser Arbeit zum ersten Mal vorgeschlagen wird. Der gemeinte Forschungsgegenstand kommt dem Thema des Buches „Cognition and Multi-Agent Interaktion" [Sun06a] sehr nahe. Bei Sozionik erfolgte die Wortbildung durch Verbindung

1.1. STRATEGISCHE INTERAKTION REALER AGENTEN

von Soziologie und Informatik. Multiagentensysteme aus der Informatik und menschliche Organisationen bzw. Gemeinschaften aus der Soziologie wird in der Sozionik eine prinzipielle Ähnlichkeit unterstellt. Das Gebiet der Sozionik ist der gegenseitige Einsatz der Erkenntnisse aus dem einen Bereich in das jeweils Andere sowie das Entwerfen hybrider Gemeinschaften. Dennoch unterscheidet sich diese Arbeit von der bisherigen Forschung in diesem Bereich, weil hier eine starke Verbindung mit Kognitionswissenschaft angestrebt wird. Kognitionswissenschaft ist wiederum ein Bereich zwischen Künstlicher Intelligenz und Psychologie, die sich allgemein der Erforschung intelligenter Fähigkeiten widmet [Bod08]. Auf sozionische Quellen [Mal06] wird in dieser Arbeit nicht eingegangen, weil diese Disziplin sehr jung ist und alle bisherige Projekte ausschließlich auf soziologischen Theorien basieren, die nicht mit der spieltheoretischen Betrachtungsweise korrespondieren. Mit der Soziologie hat diese Arbeit insoweit zu tun, dass auf soziologische Phänomene wie z.B. beim „Spiel" Chicken zu beobachten eingegangen wird, die man als Spiele modellieren kann.

Abb.1.1 zeigt eine anschauliche Einordnung der Kognitiven Sozionik. In der Verhaltensspieltheorie [Cam03], der die Kognitive Sozionik am nächsten steht, beschäftigt man sich mit der Modellierung der Abweichungen des menschlichen Verhaltens von den spieltheoretischen Vorhersagen bei rationalen Spielern. Ähnlich nahe steht der kognitiven Sozionik die Sozialpsychologie – eine Verbindung zwischen Psychologie und Soziologie. Sozialpsychologie ist jedoch eine rein gesellschaftswissenschaftliche Disziplin [BFS04], die die Wechselwirkungem Individuum und Gesellschaft untersucht. Generell kann man zwei Achsen ziehen, wie es in der Abb.1.1 sichtbar ist.

Die waagerechte Achse beschreibt den Grad an *Rationalität* bzw. „Menschlichkeit" des(r) untersuchten Agenten. Diese Einteilung bedeutet nicht, dass menschlich gleichzeitig irrational ist, sondern dass Menschen eine grundsätzlich andere Sichtweise erfordern als rationale Agenten. Es bedeutet auch nicht das ein emotionales Verhalten, das unter den Begriff Menschlichkeit fällt, niemals als rationales Verhalten erklärt werden kann. Emotionales Verhalten entwickelte sich aus der Sicht des Darwinismus im Kampf ums Dasein [Nes90] und ist daher zumindest in einigen Situationen im Bezug auf das Überleben und die Fortpflanzung rational.

Die senkrechte Achse steht für den Unterschied zwischen der Untersuchung eines einzelnen Agenten und einer Interaktion von Agenten. Spieltheorie und Multiagentensysteme beschäftigen sich mit der Interaktion von Agenten. Methoden zum Vorhersagen der Ausgänge strategischer Interaktionen kommen aus der Spieltheorie. Aus den Multiagentensystemen stammen theoretische und analytische Konzepte, formal bewiesene Mechanismen so-

KAPITEL 1. EINFÜHRUNG

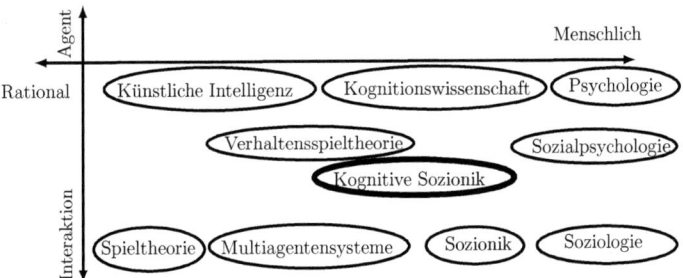

Abbildung 1.1: Kognitive Sozionik – das Gebiet dieser Arbeit sowie dessen Stellung in Relation zu anderen Disziplinen. Die senkrechte Achse ist der allgemeine Forschungsgegenstand und die waagerechte sind Methoden sowie Betrachtungsweise des Forschungsgegenstandes. Die Positionen im Koordinatensystem spiegeln die jeweiligen Schwerpunkte der Disziplinen wider.

wie auch empirisch evaluierte Heuristiken. Allerdings ist die Bezeichnung und Einordnung des Themas dieser Arbeit in das Disziplinengeflecht ein erster Versuch und in den einschlägigen Forschungsgemeinschaften in dieser Weise noch nicht etabliert.

1.2 Zielsetzung

Die informatikbezogene Zielsetzung dieser Arbeit d.h. die Gestaltung der interdisziplinären Forschungsinfrastruktur besteht darin, ein möglichst universell einsetzbares System zu entwerfen, das zur Durchführung strategischer Interaktion zwischen realen Agenten geeignet ist. Realen Agenten sind Menschen und künstliche Agenten. Der Entwurf eines solchen Systems bzw. dessen Teile soll vor allem wissenschaftlich umfassend erforschte Werkzeuge und Formate zur Erweiterung der Methoden zum Verstehen menschlichen Miteinanders liefern. Es ist wichtig einmalig sinnvolle Festlegungen zu finden, die die interdisziplinäre Forschung ermöglichen und beschleunigen. Solche Werkzeuge und Formate existieren bisher nur für Teilbereiche und sind marginal erforscht. Eine Zusammenfassung der verwandten Arbeiten findet sich im Kapitel 3 der Arbeit.

Die Möglichkeit der Durchführung von strategischen Interaktionen auch

1.2. ZIELSETZUNG

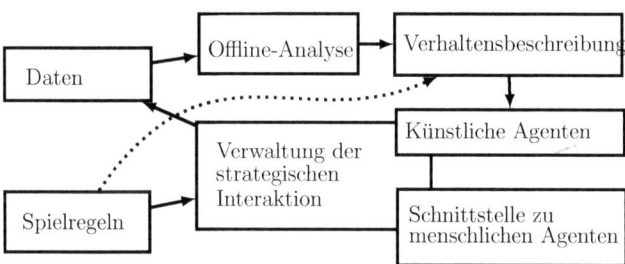

Abbildung 1.2: Schema der Zielsetzung. Es handelt sich um grobe Bestandteile der Forschungsinfrastruktur zum Verstehen menschlichen sozialen, administrativen und wirtschaftlichen Verhaltens basierend auf der Konzeptualisierung als strategische Interaktion.

unter Beteiligung von Maschinen ist von entscheidender Bedeutung. Künstliche Agenten im Gegensatz zu Menschen erlauben eine direkte Kontrolle über das Verhalten, sind in fast unbegrenzter Zahl produzierbar und haben minimale Kosten und eine wesentlich weniger begrenzte mögliche Einsatzdauer. Diese Eigenschaften sind notwendig bei Experimenten, bei denen das Verhalten eines Agenten künstlich verändert werden muss, eine hohe Zahl von Agenten eingesetzt wird bzw. eine große Zahl von Daten produziert werden muss.

Das Erreichen des gesetzten Ziels kann aber erst über eine praxisorientierte ganzheitliche Konzeptualisierung strategischer Interaktion realer Agenten erfolgen. Daher ist nur ein Teil der Arbeit der tatsächlichen Implementation gewidmet. Das Prototypsystem soll nicht nur die Durchführung, sondern vor allem die Definition für die beschriebene Domäne auf der Basis von spezifischen Sprachen sowie die Protokollierung von strategischen Interaktionen ermöglichen. Die Entwicklung und die Verwendung domänenspezifischer Sprachen wird als ein wichtiger Aspekt betrachtet, weil durch sie Formate der Forschungsinfrastruktur festgelegt werden. Ferner ist ohne diese Sprachen eine Anpassung des System an den jeweiligen Einsatz deutlich aufwendiger, weil die Anpassungen auf niedriger Stufe in der jeweiligen Programmiersprache gemacht werden müssen.

Abb.1.2 zeigt die Beziehungen zwischen den Bereichen (Rechtecke) des zu entwerfenden Prototypsystems. Die Pfeile auf diesem Diagramm können als „verwendet" oder „entsteht aus/durch" interpretiert werden. Eine Überla-

KAPITEL 1. EINFÜHRUNG

pung von Rechtecken bedeutet eine direkte Verbindung. Das erste Teilziel der Arbeit ist eine möglichst mächtige Sprache für die Beschreibung der Spielregeln. Spiele beschrieben in dieser Sprache werden in der *Spielverwaltung* eingesetzt.

Das zweite Teilziel ist die Spielverwaltung. Der Begriff Spielverwaltung hat sich in den deutschsprachigen Programmierforen als Bezeichnung für den Programmteil durchgesetzt, der die Regeln eines Spiel ausführt. Falls die Spielverwaltung auf einer Spielbeschreibungssprache basiert, muss sie nicht mehr für jedes Spiel angepasst werden und wird spielunabhängig. Die Spielverwaltung führt nicht nur ein Spiel durch, sondern protokolliert es auch. Die Daten durchgeführter Spiele werden in einem von der Spielbeschreibungssprache abhängigen Format gespeichert. Die Spielverwaltung kann Spiele mit künstlichen Agenten oder natürlichen Agenten oder Agenten beider Arten durchführen. Wenn es ein Spiel mit natürlichen Agenten d.h. Menschen protokolliert, sind die gesammelten Daten gleichzeitig wertvolles Material für die Erforschung des menschlichen strategischen Verhaltens, wenn diese aus einem nach den einschlägigen Standards durchgeführtem Experiment stammen.

Das dritte Teilziel besteht darin einen Beitrag zur Entwicklung einer Verhaltensbeschreibungssprache für Spiele zu leisten. Um künstliche Agenten zu definieren, die das menschliche Verhalten erkennen, simulieren bzw. vorhersagen können, muss man die intern oder extern gesammelten Daten analysieren. Die Fähigkeit, das strategische Verhalten eines künstlichen Agenten als Simulation eines Menschen aus den Spielregeln korrekt herleiten zu können, ist das angestrebte Forschungziel der in dieser Arbeit beschriebenen Herangehensweise. Es wird durch einen gepunkteten Pfeil zwischen Spielregeln und Verhaltensbeschreibung dargestellt (Abb.1.2). Die bisherigen Erkenntnisse [MMT07] ermöglichen zumindest einen rationalen künstlichen Agenten, der sich entprechend einer spieltheoretischen Lösung des Spiels verhält, was aber wegen der menschlichen Abweichungen keine korrekte Simulation ist.

Als globaler Testfall für das entworfene System wird ein konkretes Problem herangezogen. Als das zu lösende Problem ist das zuvor in der Einleitung erwähnte Ken-Spiel gewählt worden. Es soll erreicht werden, dass die Entwicklung des Systems auf einem Stand ist, dass man damit ein Experiment mit menschlichen Spielern durchführen kann. Hinzu kommt eine Menge von Testfällen, die nicht global sondern nur für einzelne Komponenten des Systems wie z.B. die Spielbeschreibungssprachen verwendet werden. Das dabei entstehende System integriert in sich die zuvor durchgeführte Konzeptualisierung strategischer Interaktion realer Agenten. Gleichzeitig werden die Konzepte auf deren Praxistauglichkeit geprüft und die entstandenen Daten analysiert.

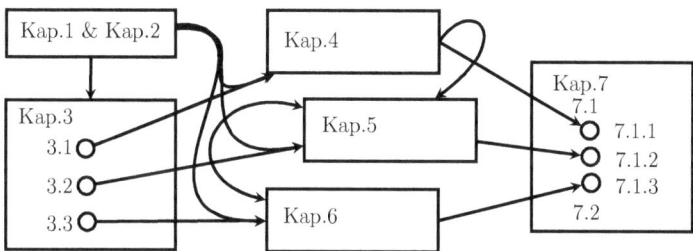

Abbildung 1.3: Überblick der Arbeit. Pfeile stehen für Abhängigkeiten.

1.3 Überblick

Das Kapitel 2 fasst in drei Unterkapitel die wichtigsten der für diese Arbeit relevanten Konzepte und Erkenntnisse aus den Disziplinen Multiagentensysteme, Spieltheorie und experimentelle Verhaltensforschung in strategischen Interaktionen zusammen. Diese Zusammenfassung liefert ein ganzheitliches und integriertes Bild der nötigen Grundlagen, auf die im weiteren Verlauf mehrfach verwiesen wird.

Abb.1.3 zeigt die Beziehungen zwischen den weiteren Kapiteln der Arbeit. Die Arbeit teilt sich wie schon in der Zielsetzung erwähnt in drei Hauptbereiche auf – Sprachen für strategische Interaktion, Infrastruktur strategischer Interaktion und Beschreibung strategischen Verhaltens. Die durch den Autor erreichten Fortschritte in diesen Bereichen werden in den Kernkapitel 4, 5 und 6 beschrieben. Die verwandten Arbeiten zu jedem dieser Bereiche werden wie auf der Abbildung dargestellt in den drei Unterkapitel des Kapitels 3 zusammengefasst.

Kapitel 5 baut auf Kapitel 4 auf, da für die Infrastruktur strategischer Interaktion die zuvor entwickelten Sprachen für strategische Interaktionen verwendet werden. Durch die Abschnitte 5.2.4 und 6.1.2 gibt es eine gegenseitige Verbindung zwischen Kapitel 5 und Kapitel 6. Das Experiment zum Spiel Ken wird einerseits als Testfall für die entwickelte Software andererseits aber als Datenquelle menschlichen strategischen Verhaltens betrachtet. Die drei Abschnitte des Unterkapitels 7.1 fassen die drei erwähnten Kapitel zusammen. Unterkapitel 7.2 wirft einen Blick in die Zukunft. Anhang A

KAPITEL 1. EINFÜHRUNG

beinhaltet die in dieser Arbeit eingehaltene Konventionen mathematischer Notation. Ein Glossar mit den wichtigsten Begriffen und ein Verzeichnis der Akronyme sind der Arbeit beigefügt.

Die Arbeit enthält ein Minimum an redundanten Textpassagen – es gibt keine Einleitungen und Zusammenfassungen der drei Kernkapitel innerhalb dieser Kapitel. Der grobe Aufbau dieser Kapitel wird außerhalb und zwar in diesem Abschnitt beschrieben.

Kapitel 4 besteht aus vier Unterkapitel. Das Unterkapitel 4.1 fasst die bisherigen Arbeiten über Spielbeschreibungssprachen problemdefinierend zusammen. Das Unterkapitel 4.2 geht auf die Beachtung der Zeit in strategischen Interaktionen und führt einige Grundlagen für die in den Unterkapitel 4.3 und 4.4 vorgestellte Sprachen ein.

Im ersten Unterkapitel des Kapitels 5 wird das Problem der Spielrealisierung diskutiert. Die dabei entstandene Konzepte werden bei der vorgestellten Lösung im Unterkapitel 5.2 verwendet. In diesem letzten Unterkapitel wird auch die Verwendung der Spielbeschreibungssprachen aus dem Kapitel 4 in künstlichen *Spielrealisierungen* beschrieben.

Abschnitt 6.1.1 beschreibt die beim Ken-Experiment (Abschnitt 6.1.2) verwendete Standards der Vorgehensweise beim Sammeln von Daten strategischen Verhaltens. Unterkapitel 6.2 beinhaltet die Konzeptualisierung und die Ergebnisse der Offline-Analyse von Daten als Beitrag zur Entwicklung einer Verhaltensbeschreibungssprache.

Kapitel 2

Grundlagen

2.1 Multiagentensysteme

2.1.1 Agent

Ein *Agent* ist ein entscheidendes und handelndes System, das mit seiner Umgebung und anderen Agenten interagieren kann. Die informatikbezogene Verwendung dieses Begriffs stammt aus dem Vokabular der verteilten künstlichen Intelligenz der 70er und wurde von Oliver G. Selfridge geprägt [Mar08]. Dieser Begriff lässt sich auch in anderen Disziplinen wie z.B. Soziologie verwenden [vMV03]. Je nach Disziplin kann es ein künstliches System (z.B. Computersystem), ein natürliches System (z.B. ein Mensch) oder eine Kombination aus künstlichen bzw. natürlichen Systemen (z.B. ein Staat) sein [RN03, Woo02, Sun06b, BCG07, PS05]. Die exakten Definitionen für den Begriff Agent variieren stark und es gibt mehrere dazu synonym verwendendbare Begriffe wie z.B. *Spieler*, Subjekt, Entscheider, Regler, Individuum, aktives Objekt.

Ein Agent befindet sich in einer Umgebung, innerhalb der er wahrnehmen und effektiv handeln kann. Es gibt eine Menge von mehreren Verhaltensweisen, die Effekte in der Umgebung bzw. bei anderen Agenten verursachen. Außer der Veränderung der Umgebung ist die Kommunikation mit anderen Agenten auch eine Art des Handelns, da sie den Wissensstand des anderen Agenten verändern kann. Eine der wichtigsten Eigenschaften eines Agenten ist seine *Autonomie* – ein Agent wird bei seinem Wahrnehmen und Handeln von außen nicht direkt gesteuert. Insbesondere bedeutet das, dass das Verhalten eines künstlichen Agenten nur während der Konstruktionsphase direkt bestimmt werden kann. Ein Agent kann jedoch indirekt gesteuert werden, falls er auf vorgesetzte Wahrnehmungen immer vorhersagbar reagiert.

KAPITEL 2. GRUNDLAGEN

Die zweite wichtige Eigenschaft eines Agenten ist seine *Rationalität*. Die Definitionen der Rationalität variieren je nach Disziplin und Quelle [RN03, OR94]. Die Rationalität bedeutet verallgemeinert, dass ein Agent entsprechend der bevorzugten Verhaltensweise handelt – er unterscheidet zwischen den möglichen Verhaltensweisen. Die Rationalität unterscheidet einen Agenten von einem üblichen physikalischen Prozess. Ein physikalischer Prozess lässt durch die Gesetze der Natur bzw. Umgebung beschreiben. Die Rationalität setzt bezogen auf Menschen freien Willen d.h. mindestens Autonomie [Sea03] voraus – ein von außen bestimmter Mensch kann nicht rational sein. Die Unterscheidung zwischen Verhaltensweisen erfolgt anhand einer individuellen *Präferenzordnung* der Effekte sowie des Wissens über die Kausalitäten zwischen den Handlungen und den Effekten.

Eine spezielle Art der Präferenzordnung ist eine Zieldefinition – ein bestimmter Effekt (das Ziel) wird vor allen anderen präferiert. Andererseits kann man jedem Effekt einen Zahlwert zuordnen und die Präferenzordnung als numerische Ordnung dieser Zahlenwerten ausdrücken. Eine solche Zuordnung der Zahlenwerte wird als *Nutzenfunktion* oder auch *Auszahlungsfunktion* bezeichnet.

Eng mit der Rationalität verknüpft ist die *Intelligenz* eines Agenten. Ein Agent, der Information verarbeiten wie z.b. logisch schlussfolgern kann, ist intelligent, wobei dies nur eine der vielen Definitionen der Intelligenz ist. Die fachlichen Definitionen dieses Begriffs sind an die dessen umgangsprachliche Bedeutung angelehnt [RN03].

Ein logisch schlussfolgernder Agent kann erst dann rational sein, wenn er sein Handeln aus seinem vorhandenen Wissen und seiner Präferenzordnung schlussfolgern kann [Woo02]. Speziell beim Vorhandensein einer Nutzenfunktion maximiert ein rationaler Agent aus seiner subjektiver Sicht den erwarteten Nutzen. Analog zu den erwähnten Quellen wird hier eine Arbeitsdefinition eines Agenten vorgestellt – ein Agent ist eine autonome, rationale, intelligente, in einer Umgebung wahrnehmende und effektiv handelnde Einheit. Ein Agent ist mehr ein vereinfachendes Konzept für die Vorgänge in der Realität als eine Bezeichnung für eine abgegrenzte Tatsache. Als Beispiel kann man sich einen Menschen als einen Agenten, aber auch als eine selbsterhaltende biochemische Reaktion vorstellen. Die letztere Betrachtungsweise ist jedoch weniger sinnvoll.

Ein konkreter Agent lässt sich durch seine Präferenzordnung, Umgebung, Aktoren und Sensoren beschreiben [RN03]. Eine Mausefalle hat als Ziel eine Maus zu fangen, als Umgebung eine Wohnung, als Aktoren ein Köder und einen federgespannten Metallbügel und einen Metallstift als Sensor. Dennoch sollte eine Mausefalle nicht als ein Agent betrachtet werden, da die stattfin-

2.1. MULTIAGENTENSYSTEME

dende Informationsverarbeitung bzw. Intelligenz sich auf das Auslösen des Metallbügels beim Berühren des Auslösers beschränkt.

Einem Agenten können außer der obligatorischen Autonomie, Rationalität und Intelligenz noch weitere Eigenschaften zugeschrieben werden. *Reaktivität* heißt, dass ein Agent auf seine Umgebung reagieren kann. *Proaktivität* bedeutet die Fähigkeit Initiative zu ergreifen statt nur zu reagieren. *Lernfähigkeit* ist die Fähigkeit sein Wissen zu verbessern. Ein Agent ist *sozial*, falls er wissend mit anderen Agenten interagieren kann (Diskussion dazu in [Con99]). Die Fähigkeit zur sozialen Interaktion beinhaltet die Fähigkeit zur *Kommunikation*. Der Besitz einer nichtleeren Untermenge der erwähnten Fähigkeiten folgt aus der Eigenschaft der Intelligenz [Woo02].

Eine Menge von interagierenden Agenten wird als ein *Multiagentensystem* bezeichnet. Ein Multiagentensystem kann eine Gesellschaft von Menschen, eine Menge von Computerprogrammen bzw. beides gemischt [vMV03] sein. Ein wichtiger Begriff dabei ist die *Emergenz*. Emergenz ist ein Phänomen, bei dem der Zusammenhang zwischen dem Verhalten einzelner Agenten und dem Verhalten des ganzen Systems höchst komplex sein kann. Dabei kann (muss nicht) das Verhalten des Gesamtsystems erheblich aufwendiger als das des einzelnen zu beschreiben sein. Ein Beispiel dafür ist das Schwarmverhalten [BDT99] im Tierreich.

2.1.2 Softwareagenten

Ein *Softwareagent* ist ein Computerprogramm, das die Definition eines Agenten erfüllt [PS05, Woo02]. Dabei bleiben die einzelnen Softwareagenten in einem Multiagentensystem weiterhin autonom. Das aktuelle Interesse an Softwareagenten ist durch den Bedarf an dezentralisierten verteilten Systemen und den Algorithmen für solche Systeme in heutigen Computernetzwerken begründet. Eines der ersten Beispiele der Lösung eines Problems durch ein Multiagentensystem ist *Pandemonium* [Sel59].

Die Erforschung der Multiagentensysteme aus Softwareagenten konzentriert sich nicht nur auf das Lösen von Problemen durch eine Verteilung über eine Vielzahl von Agenten wie bei Pandemonium. Man geht auch der Frage nach, welche Auswirkungen eine Interaktion vorgegebener Agenten mit bestimmten Verhaltensweisen hat. Die *Multiagentensimulation* ist ein empirischer Weg die zweite Frage zu beantworten. Für die theoretische Beantwortung dieser Frage ist die Spieltheorie (Unterkapitel 2.2.1) zuständig. Eine Multiagentensimulation ist von einem Multiagentensystem dadurch zu unterscheiden, das es kein echtes Multiagentensystem ist, sondern bestimmte

KAPITEL 2. GRUNDLAGEN

Vorgänge darin mit geringeren Kosten simuliert.
Echte Softwareagenten unterscheiden sich von Objekten in objektorientierten Sprachen und von Expertensystemen [Woo02]. Der Unterschied zu Objekten beinhaltet drei Punkte. (1) Agenten haben einen höheren Grad an Autonomie als Objekte – ein Agent entscheidet immer selbst, ob er eine Aktion nach einer Aufforderung ausführt oder nicht, was sich vom üblichen Methodenaufruf eines Objekts unterscheidet. (2) Objekte müssen im Unterschied zu Agenten nicht intelligent sein. (3) Ein Objekt muss nicht ein selbstständiger Thread sein. Das bedeutet, dass ein Softwareagent ein Spezialfall eines Objekts ist. Expertensysteme haben im Unterschied zu Agenten keine Umgebung, in der sie direkt handeln bzw. mit anderen interagieren können.

Die Betrachtung und der Aufbau eines Softwaresystems als ein Multiagentensystem ist nicht nur ein philosophisches Konzept sondern auch ein Softwareparadigma [BCG07]. Die Motivation liegt darin, dass moderne Softwaresysteme eine große Zahl verschiedener Kompetenzen in sich beinhalten und über ein Netzwerk verteilt sein können. Ein Multiagentensystem kann als ein Konzept zum Aufbau der Infrastruktur zum Verbinden verschiedener Teile des Gesamtsystems benutzt werden. Anstatt eine zentrale Steuerungseinheit zu konstruieren, deren Komplexität mit der Anzahl der nötigen Verbindungen zwischen den Systemteilen wächst, wird jedes Teil des Systems als ein autonomer Agent konstruiert, wobei die Agenten miteinander direkt interagieren können. Das Phänomen der Emergenz kann dazu ausgenutzt werden, dass das Konstruieren einzelner Agenten einfacher ist, als das Konstruieren einer zentralen Steuerungseinheit [Woo02]. Zusätzlich ist ein Multiagentensystem flexibel [BCG07], weil wegen der Eigenschaft der Autonomie durch Ausfall, Austausch bzw. Hinzufügen eines Agenten die restliche Verarbeitung bzw. Interaktion nicht unterbrochen wird. Dadurch besitzt ein Multiagentensystem einen höheren Grad an Modularisierbarkeit, weil man bestimmte Teilmengen der beteiligten Agenten als funktionierende Teilsysteme konstruieren kann.

JADE [BPR01, BCG07] ist das am weitesten verbreitete Framework zur Entwicklung von Multiagentensystemen. JADE ist konform zu den Standards der *FIPA* [FIP09] aufgebaut. Die FIPA-Standards beinhalten eine *Ontologie* des Gesamtsystems, eine Sprache für Kommunikation der Agenten *ACL* und eine Menge von strukturierten *Agentenkommunikationsprotokollen*. Nach der Definition der Ontologie müssen zwei besondere Agenten im System vorhanden sein – *AMS* und *DF*. AMS kann u.a. Agenten starten und stoppen. DF ist für die „Gelben Seiten" d.h. Publikation der angebotenen Dienste zuständig. ACL definiert eine einheitliche Struktur der Nachrichten und teilt sie in Kategorien wie z.B. Anfrage oder Angebot. Um z.B. Informationen mitzuteilen oder einen Vertrag abzuschließen bedarf es der Agentenkommunikationsprotokolle. Diese Protokolle definieren die Abfolgen der auszutauschenden in ACL formulierten Nachrichten.

2.2 Spieltheorie

2.2.1 Spiel

Bei einer strategischen Interaktion interagieren, wie schon in der Einleitung erwähnt, mehrere Agenten (Abschnitt 2.1.1) wissentlich und die Effekte ihrer Handlungen hängen (teilweise) von den Handlungen anderer Agenten ab. Die Spieltheorie modelliert Rationalität in strategischen Interaktionen [OR94, BEG04]. Die formale Struktur der strategischen Interaktion, die ein realer Sachverhalt ist, wird dabei als ein *Spiel* bezeichnet. John von Neumann und Oskar Morgenstern haben die Spieltheorie 1944 in ihrem Buch „The Theory of Games and Economic Behavior" [Mv44] eingeführt. Die Spieltheorie ist abzugrenzen von der Entscheidungstheorie [Bit81]. In der Entscheidungstheorie wird das Denken und Handeln anderer Agenten nicht als rational sondern als ein stochastischer Prozess modelliert. Bei spieltheoretischer Betrachtung ist das Denken und Handeln der Agenten strategisch.

Die Spieltheorie ist ein Teilgebiet der Mathematik. Spiele werden in der Spieltheorie durch formale Auflistungen der Agenten, ihrer Verhaltensalternativen und der jeweiligen Konsequenzen sowie der Präferenzen der Agenten über die Konsequenzen beschrieben. Die Beschreibung eines Spiels beinhaltet jedoch nicht die Vorhersagen zu den Verhalten, die die Agenten auswählen werden. Die teilnehmenden Agenten werden als *Spieler* bezeichnet. Jeder Spieler ist ein rationaler Agent. Ein rationaler Agent ist nur dann ein Spieler, wenn er mit anderen rationalen Agenten strategisch interagiert. Beide Begriffe – Spieler und Agent – werden bei strategischen Interaktionen im weiteren Verlauf synonym verwendet, außer in den Fällen, wo es speziell einen Bezug auf eine bestimmte Quelle ([GP03] vs. [ST07]) mit eindeutiger Begriffspräferenz gibt. Eine erweiterte Einordnung der Konzepte aus der Spieltheorie für Multiagentensysteme findet sich im Unterkapitel 5.1, da es nicht ein Teil der schon vorhandenen Grundlagen für diese Arbeit ist.

Die Spieltheorie bildet eine mathematische Grundlage nicht nur für den Bereich Mikroökonomie in den Wirtschaftswissenschaften, sondern auch für die Soziologie [HV04], denn fast jede soziale Interaktion lässt sich als ein Spiel beschreiben. Ferner wird die Spieltheorie von einigen Forschern als der zur Soziologie entsprechende Zweig der Mathematik betrachtet, ähnlich wie es bei

KAPITEL 2. GRUNDLAGEN

den Naturwissenschaften entsprechende mathematische Zweige (z.B. Kombinatorik zur Genetik) gibt [Swe01, als Überblick]. Die gewonnenen Erkenntnisse aus der Spieltheorie sind auch für die Psychologie und die Künstliche Intelligenz interessant und werden in der Biologie als evolutionäre Spieltheorie angewendet [HS88]. Bei der evolutionären Spieltheorie werden Vorhersagen für rationale Agenten zur Vorhersage stochastischer Prozesse bei der Evolution angewendet. Auf die evolutionäre Spieltheorie wird im weiteren Verlauf nicht eingegangen. In der Psychologie und der Künstlichen Intelligenz interessiert man sich für das Denken und Handeln und daher auch für Spieltheorie.

Wie schon erwähnt, basiert die Spieltheorie auf dem Begriff der Rationalität. Der Begriff der Rationalität wird hier äquivalent zur Beschreibung in Abschnitt 2.1.1 verwendet und ist die Grundlage für das Vorhersagen der individuellen Verhaltensweisen der Spieler d.h. für die Lösung eines Spiels im Sinne der Spieltheorie. Das allgemeine Lösungskonzept in der Spieltheorie ist ein Gleichgewicht, das sich auf Grund der Rationalität der Spieler einstellt. Da die Spieler miteinander strategisch interagieren, haben die Spieler ein gemeinsames Wissen der Rationalität aller Spieler – das ist die erste Grundannahme. Die Spieler sind rational, und sie wissen, dass sie rational sind, und sie wissen, dass sie wissen, dass sie rational sind, und so in unendlicher Selbstwiederholung. Die zweite Annahme ist die konsistente Schlussfolgerung [HI96]. Jeder Spieler schlussfolgert aus den gleichen Voraussetzungen das Gleiche wie jeder andere auch. Dadurch kann jeder Spieler Denkprozesse eines anderen Spielers nachvollziehen. Dank dieser beiden spieltheoretischen Grundannahmen gelten die Voraussagen für ein Spiel unabhängig von den beteiligten Agenten.

Es wird zwischen *nichtkooperativer* und *kooperativer* Spieltheorie unterschieden. Nichtkooperative Spieltheorie geht davon aus, dass jeder Agent sein Verhalten alleine bestimmt. In der nichtkooperativen Spieltheorie [Mv44] ist ein Gleichgewicht eine Kombination von Verhaltensweisen bzw. *Strategien* der Spieler, bei der keiner von der Änderung seiner Verhaltensweise profitiert, falls er sie im Alleingang ausführt. Oder kürzer formuliert ist es ein Gleichgewicht, weil das alleinige Abweichen für jeden Spieler nicht rational ist. In der kooperativen Spieltheorie [Ray07] können Spieler in Mengen, sogenannte *Koalitionen*, zusammengefasst werden. In einer Koalition können die Spieler gemeinsam ein kooperatives bzw. koordiniertes Verhalten durch eine bindende Absprache ausführen. Eine kooperative Spielbeschreibung besteht aus Koalitionen, die entstehen dürfen, sowie möglichen Auszahlungssituationen bei jeder Koalition für jeden einzelnen Spieler. Die kooperative Spieltheorie bzw. die koalitionäre Darstellung der strategischen Interaktion wurde durch von

2.2. SPIELTHEORIE

Neumann und Morgenstern vorgeschlagen. Dabei wird ausgeblendet, wie die Spieler sich konkret miteinander absprechen und was passiert, wenn einer der Spieler sich nicht an eine Absprache hält. Kooperative Spieltheorie versucht nur die Frage zu beantworten, welche Ausgänge bzw. Koalitionen entstehen werden und welche nicht. Auch in der kooperativen Spieltheorie sucht man nach einem Gleichgewicht. Vereinfachend ausgedrückt ist ein Gleichgewicht in der kooperativen Spieltheorie dann gegeben, wenn in einem Spiel bestimmte Koalitionen entstehen, bei denen jede Koalition für jeden ihrer Teilnehmer keine bessere Alternative besitzt.

In beiden Betrachtungsweisen muss jeder Agent basierend auf rationalen Überlegungen für sich eine Entscheidung treffen, ob das jetzt das eigene Verhalten oder eine Absprache über ein gemeinsames Verhalten ist. In der nichtkooperativen Spieltheorie sind bindende Absprachen nur explizit als ein Teil des Spiels möglich. Die Möglichkeit einer Absprache in der nichtkooperativen Spieltheorie muss durch entsprechende Spielregeln ausgedrückt werden – es müssen Nachteile beim Nichteinhalten einer Absprache vorhanden sein. Die kooperative Spieltheorie betrachtet nur die möglichen rationalen Ausgänge in Verhandlungen über das Treffen einer Absprache. Der Verhandlungsprozess selbst ist nicht der Gegenstand der kooperativen Spieltheorie. Beide Betrachtungsweisen sind zwei ebenbürtige Perspektiven auf strategische Interaktionen [OR94]. Entsprechend den hier zitierten Quellen, wird keine der Betrachtungsweise als genereller erachtet. Dennoch wird auf kooperative Spieltheorie im weiteren Verlauf der Arbeit verzichtet, weil sie nicht das Verhalten sondern den Ausgang vorhersagt. Bei Verhalten, das nicht immer dem Kriterium der Rationalität entspricht, ist jedoch die genaue Abfolge von Handlungen von Bedeutung, falls man das Nichteintreten des vorhergesagten Ausgangs beobachtet.

In der Künstlichen Intelligenz sowie in Multiagentensystemen ist Spieltheorie aus zwei Perspektiven interessant – Agentenentwurf und Mechanismusentwurf [RN03, p.632]. Bei dem Agentenentwurf versucht man einen Agenten zu entwerfen, der bei einer bestimmten Aufgabe wie z.B. einem Spiel ein möglichst optimales Verhalten zeigt. Durch dieses Adverb „möglichst" unterscheidet sich die praktische Sicht in der Künstlichen Intelligenz von der theoretischen Sicht in der Spieltheorie. Für Spiele, wo die optimale Strategie bzw. das Gleichgewicht nicht mit vertretbarem Aufwand berechnet werden können, wurden spezielle Heuristiken entwickelt [PB98, BBD+03, usw.]. Beim Mechanismusentwurf wird die umgekehrte Aufgabe gelöst – es müssen Spielregeln (=Mechanismus) entwickelt werden um ein vordefiniertes Verhalten von Agenten auszulösen. Zum ersten mal wurde Mechanismusentwurf in der Spieltheorie 1960 formal behandelt [Hur60]. Insbesondere können Auktionen

KAPITEL 2. GRUNDLAGEN

und Agentenkommunikationsprotokolle als Beispiele spezieller Mechanismen verstanden werden.

Die Spieltheorie erlaubt es, reale Sachverhalte abstrakt zu modellieren und Lösungen leicht zu veranschaulichen [OR94]. Dazu zählt das berühmte Gefangenendilemma. Das Gefangenendilemma wurde von den Mitgliedern der amerikanischen Forschungseinrichtung RAND Merrill Flood und Melvin Dresher im Jahre 1950 vorgeschlagen [sep09]. Ihr Ziel war es die Spieltheorie zu erforschen und die Erkenntnisse im Bereich der globalen Nuklearstrategie anzuwenden. Bei dem Gefangenendilemma gibt es drei Akteure – ein Staatsanwalt und zwei Gefangene. Die Gefangenen bekommen normalerweise eine höhere Strafe (8 Jahre), wenn sie alle ihre Vergehen gestehen, als wenn sie möglichst viel verschweigen (3 Jahre). Die jeweiligen Strafen sind zur besseren Verständlichkeit mit einer konkreten Anzahl von Jahren assoziiert worden. Die Gefangenen sind nur daran interessiert, die abzusitzende Zeit zu reduzieren. Die empfundene Schmach beim Gestehen der Vergehen wird im Modell nicht berücksichtigt. Der Staatsanwalt verändert die übliche Situation durch eine Art von Kronzeugenregelung, bei der ein Gefangener, der als der Einzige gesteht, eine sehr geringe Strafe bekommt (1 Jahr), während der Andere eine sehr hohe Strafe absitzen muss (10 Jahre). Das einzige Gleichgewicht in dem Gefangenendilemma ist für beide Spieler zu gestehen, denn wenn beide gestehen, ist für keinen der Spieler das Schweigen im Alleingang rational. Das führt dazu, dass beide höhere Strafen absitzen müssen, als wenn beide nicht gestehen würden.

Die Gefangenen im Gefangenendilemma können miteinander nicht kommunizieren. Falls man aber den Gefangenen das Kommunizieren gestattet, kann man die Situation aus der Sicht der kooperativen Spieltheorie betrachten. Aus kooperativer Sicht würden die Gefangenen eine bindende Absprache treffen, dass sie beide nicht gestehen. Falls diese Absprache aber nur mündlich getroffen wurde, gibt es keinen expliziten Grund sie nicht zu brechen, außer vielleicht einer nachträglichen Rache des Anderen. Falls einer der Gefangenen fest davon überzeugt ist, dass der Andere sich an die Absprache halten wird, ist es für ihn sogar rational die Absprache zu brechen, weil er dadurch die kleinst mögliche Strafe bekommt. Diese Kronzeugenregelung ist ein Mechanismus dafür, von den Gefangenen Geständnisse zu bekommen. Eine andere Situation liegt wiederum vor, wenn beide Gefangenen zu einer Familie gehören und versuchen würden, die Summe der abzusitzenden Strafen ihrer Familie zu reduzieren. Der letzte Fall wäre aber durch ein Spiel mit entsprechend veränderten Auszahlungen korrekt repräsentiert.

Spiele in kontinuierlichen Zustands-, Aktions- und Zeiträumen werden in dieser Abhandlung ausgelassen. Bei kontinuierlichen Zuständsräumen gibt es

2.2. SPIELTHEORIE

eine unendliche Anzahl von Zuständen, die sich z.B. durch räumliche Position eines Gegenstands unterscheiden. Das Gleiche gilt für Zeiträume und Handlungsmöglichkeiten. Spiele in kontinuierlichen Räumen werden mit Hilfe der Differenzialrechnung untersucht. Sie werden daher als Differentialspiele bezeichnet [Isa65]. Das Mörderischer-Autofahrer-Problem ist das erste untersuchte Differentialspiel und stammt ebenfalls von RAND. Bei diesem Spiel versucht ein Autofahrer einen Fußgänger zu erwischen und der Fußgänger versucht nicht erwischt zu werden. Bei Differentialspielen gibt keine allgemeine Spieldarstellungsformen, sondern nur Darstellungen für einzelne Beispiele.

In den nächsten Paragraphen werden die allgemeinen nichtkooperativen Spielrepräsentationsformen vorgestellt sowie Lösungsmethoden von Spielen zusammengefasst. Die Betrachtung der formalen spieltheoretischen Grundlagen wird dabei so weit es möglich auf endliche Spiele reduziert.

2.2.2 Normalform

In der nichtkooperativen Spieltheorie gibt es zwei grundlegende Darstellungsformen für allgemeine Spiele. Das sind die *Normalform* und die *extensive Form* [OR94]. Die Normalform ist auch bekannt als die *strategische Form* [Mv44, z.B.]. Die extensive Form wird im nächsten Abschnitt betrachtet. Die Motivation für die Normalform ist die Schaffung einer möglichst abstrakten Beschreibungsmöglichkeit für allgemeine Spiele [OR94, S. 12]. Zu mathematischen Notationen soll Anhang A konsultiert werden.

DEFINITION 1 (Normalform) $\langle N, (A_i)_{i \in N}, (\succsim_i)_{i \in N} \rangle$ *ist ein Spiel in Normalform. N ist eine endliche Menge von Spielern. A_i ist der Strategieraum des Spielers i. $\succsim_i$ drückt die Präferenzen des Spielers i aus und ist binär, reflexiv, transitiv und vollständig auf der Menge der Ausgänge $A = \times_{i \in N} A_i$.*

Ein Spiel in Normalform (Def.1) beinhaltet eine endliche Menge N von Spielern. Für jeden Spieler $i \in N$ gibt es eine Menge von Handlungsmöglichkeiten bzw. Strategien A_i. Die Menge der Strategien wird als Strategieraum bezeichnet. In der deutschsprachigen Literatur [BEG04, HI96] werden Aktionen und Züge als Synonyme zu Handlungen in Spielen verwendet. Strategien können einzelne Aktionen oder Verhaltensweisen bzw. Pläne sein, die mehrere Aktionen beinhalten. Jeder Spieler i wählt seine Strategie $a_i \in A_i$ gleichzeitig bzw. ohne Wissen der Wahl anderer Spieler aus. Jeder Spieler darf nur eine Strategie auswählen. Wenn alle Spieler ihre Strategien ausgewählt haben, ergibt sich die Verknüpfung $\circ_{i \in N} a_i$ als die Entscheidungen der Spieler. Die Verknüpfung $\circ_{i \in N} a_i$ wird als *Ausgang* bezeichnet. Die Menge aller Ausgänge

KAPITEL 2. GRUNDLAGEN

wird als $\times_{i \in N} A_i$ ausgedrückt. Jeder Spieler i kennt seine eigenen Strategien A_i und hat seine Präferenzordnung über alle ihm bekannten möglichen Ausgänge. Die Präferenzen eines Spielers i werden durch die Beziehung $\succsim_i$ ausgedrückt. Die Beziehung $\succsim$ bedeutet so was wie „gleich wie oder lieber als". Bei endlichen Strategieräumen ist auch das Spiel endlich, denn die Zahl der Ausgänge ist dann auch endlich.

Außer der Auswahl einer einzigen Strategie kann man auch eine *Verteilung* über Strategien wählen. Diese Verteilung ist formal eine Gewichtung der Strategien. Eine solche Verteilung nennt man *gemischte Strategie*. Die Auswahl einer einzigen Strategie ohne eine Verteilung nennt man *pure Strategie*. Eine gemischte Strategie kann man in der üblichen Darstellung als eine zufällige Auswahl einer der Strategien entprechend der Verteilung interpretieren. Dies ist nicht die einzige Weise, wie man eine gemischte Strategie interpretieren kann. Weitere Möglichkeiten sind in [OR94, S. 37–44] diskutiert. Durch Nutzung gemischter Strategien lässt sich ein Spiel erweitern. Diese Art der Erweiterung nennt man eine *gemischte Erweiterung*.

DEFINITION 2 (Auszahlungsfunktion) $u_i \colon A \to \mathbb{R}$ *ist eine Auszahlungsfunktion für Spieler i, falls $x \succsim_i y \Rightarrow u_i(x) \geq u_i(y)$ gilt.*

Um die Präferenzordnung $\succsim_i$ für jeden Spieler i über die Ausgänge bei gemischten Strategien zu bestimmen, ist es üblich eine *Auszahlungsfunktion u_i* (Def.2) zu verwenden. Die Auszahlungsfunktion spezialisiert die Präferenzordnung über die Ausgänge bei puren Strategien, indem sie jedem von denen einen Zahlenwert zuordnet. Ein zu einem Ausgang zugeordneter Zahlenwert kann in der Realität die Restlebenszeit, einen Geldbetrag oder den Grad an Glückseligkeit bedeuten. Es kann mehr als eine Auszahlungsfunktion geben, die die gleiche Präferenzordnung ergibt. Durch die zugeordneten Zahlenwerte kann man die Güte eines Ausgangs im gemischten Fall als eine entsprechend der Verteilung gewichtete Summe der Werte der möglichen Ausgänge bei puren Strategien ausdrücken (Def.3). Mit der Auszahlungsfunktion kann man ein Spiel in Normalform auch als $\langle N, (A_i), (u_i) \rangle$ darstellen.

DEFINITION 3 (Gemischte Erweiterung) $\langle N, (\triangle(A_i)), (U_i) \rangle$ *ist ein Spiel in Normalform und eine gemischte Erweiterung eines endlichen Spiels in Normalform $\langle N, (A_i), (u_i) \rangle$. Dabei ist $\triangle(A_i)$ die Menge aller möglichen Verteilungen über A_i. Ein Ausgang $\alpha \in \times_{i \in N} \triangle(A_i)$ in der gemischten Erweiterung hat die Auszahlung $U_i(\alpha) = \sum_{a \in A}(\prod_{j \in N} \alpha_j(a_j))u_i(a)$.*

Die Lösung für Spiele in Normalform und für Spiele, die sich in Normalform überführen lassen, wird als *Nash-Gleichgewicht* [Nas51] bezeichnet. Auf die Betrachtung erweiterter Gleichgewichtskonzepte wie z.B. korrelierte Gleichgewichte [PR08] wird hier verzichtet. Nach Def.4 ist das Nash-Gleichgewicht

2.2. SPIELTHEORIE

entsprechend dem Konzept eines Gleichgewichts in nichtkooperativen Spielen (Abschnitt 2.2.1) definiert. Der Ausgang $(a^* \setminus a_i^*) \circ a_i$ ergibt sich, falls der Spieler i seine Strategie a_i^* durch eine andere beliebige Strategie a_i ersetzt. Das Nash-Gleichgewicht a^* besteht, falls die Ersetzung der Strategie zu einem gleich oder weniger präferierten Ausgang führt. Folglich wird kein rationaler Spieler vom Nash-Gleichgewicht im Alleingang abweichen.

DEFINITION 4 (Nash-Gleichgewicht) *Ein Nash-Gleichgewicht eines Spiels $(N, (A_i), (\succsim_i))$ ist ein Ausgang $a^* \in A$ mit der Eigenschaft $\forall i \in N: \forall a_i \in A_i: a^* \succsim_i (a^* \setminus a_i^*) \circ a_i$.*

Es gibt Spiele, in denen keine Nash-Gleichgewichte existieren. Ein Beispiel dafür ist das Spiel $\langle \{1,2\}, (A_i), (u_i) \rangle$, bei dem $A_i = \mathbb{R}$ und $u_i(a_i \circ a_j) = a_i - a_j$ gelten. Bei diesem Spiel gibt es kein Nash-Gleichgewicht, weil bei jedem Ausgang ein Spieler i seine Strategie $a_i \in \mathbb{R}$ durch eine höhere Zahl ersetzen und dadurch seine Auszahlung erhöhen kann.

Es gibt einen allgemeinen Existenzsatz (Satz 1) für Nash-Gleichgewichte in Spielen, die die angegebene Bedingungen erfüllen. Der Beweis des allgemeinen Existenzsatzes wird hier wegen Irrelevanz für den weiteren Verlauf nicht aufgeführt. Gemischte Erweiterungen endlicher Spiele in Normalform mit einer Auszahlungsfunktion erfüllen die geforderten Bedingungen. Konvexe Untermenge eines Euklidischen Raums bedeutet in gemischten Erweiterungen, das jede Mischung aus Strategien auch eine gültige Strategie ist. Das Vorhandensein der Auszahlungsfunktion sichert die Kontinuierlichkeit und Quasi-konkavität von $\succsim$ in der gemischten Erweiterung. Daraus folgt, das ein endliches Spiel in Normalform mit einer Auszahlungsfunktion mindestens ein Gleichgewicht hat, wenn nicht pur dann durch eine gemischte Erweiterung [OR94]. Der Nachweis der Existenz der Gleichgewichte beinhaltet nicht die Angabe der Vorgehensweise zur deren Berechnung.

SATZ 1 (Der allgemeine Existenzsatz) *Mindestens ein Nash-Gleichgewicht existiert in einem Spiel $\langle N, (A_i), (\succsim_i) \rangle$, wenn*
1) der Strategieraum A_i eines jeden Spielers $i \in N$ eine nichtleere, abgeschlossene, beschränkte und konvexe Untermenge eines Euklidischen Raums ist und
2) $\succsim_i$ kontinuierlich und quasi-konkav auf A_i für alle Spieler $i \in N$ ist.

Da für die sichere Existenz der Nash-Gleichgewichte in endlichen Spielen eine Auszahlungfunktion vorhanden sein muss, kann man ein Spiel als eine Matrix über $\mathbb{R}$ repräsentieren. Bei n Spielern und m_i Strategien für jeden Spieler $0 < i \leq n$ ist das eine Matrix M vom Rang $n \times (\times_{i=1}^{n} m_i)$. D.h. speziell bei zwei Spielern und zwei Strategien pro Spieler ist das eine Matrix vom Rang

KAPITEL 2. GRUNDLAGEN

$2 \times 2 \times 2$. Die Zeilen dieser Matrix, die auch *Bimatrix* genannt wird, sind die Strategien des ersten Spielers, Spalten Strategien des zweiten. Jeder Eintrag der Bimatrix ist ein Paar aus Auszahlungen für jeden Spieler. Die Spieler lassen sich am besten mit alphabetisch angeordneten Namen wie Alice (1), Bob (2), Charly (3) usw. benennen.

Abb.2.1 zeigt beispielhaft zwei Bimatrizen. Die Einträge der Matrizen bestehen aus der Auszahlung von Alice und dann der von Bob. Alice ist Zeilenspielerin und Bob Spaltenspieler. Das erste Spiel entspricht dem Gefangenendilemma. Das zweite nennt man *Kampf-der-Geschlechter*. Beide Spiele sind symmetrisch. Das einzige Gleichgewicht für das erste Spiel ist 11 (beide wählen 1). Das zweite Spiel hat drei Gleichgewichte – zwei pure 12 und 21 sowie ein gemischtes $(\frac{1}{4}, \frac{3}{4})(\frac{1}{4}, \frac{3}{4})$.

		Bob	
		1	2
Alice	1	−8,−8	−1,−10
	2	−10,−1	−3,−3

		Bob	
		1	2
Alice	1	1,1	3,4
	2	4,3	2,2

Abbildung 2.1: Auszahlungsmatrizen für Gefangenendilemma und Kampf-der-Geschlechter. Auszahlungen für Alice und Bob sind durch ⸴ getrennt.

2.2.3 Extensive Form

Im Unterschied zur Normalform zielt die extensive Form darauf ab, die Entscheidungen der Spieler im Verlauf des Spiels zu untersuchen [OR94, S. 85]. Bei der Normalform treffen die Spieler ihre Entscheidungen ein für allemal am Anfang des Spiels. Bei der extensive Form dagegen wird die Sequenz der Entscheidungen der Spieler untersucht.

Ein Spiel in extensiver Form ist eine Menge möglicher *Wurzelpfade* [OR94]. Da der Ausgangspunkt jedes Wurzelpfades und teilweise auch die ersten Züge gleich sind, kann man sich ein Spiel in extensiver Form als einen Baum vorstellen. Abb.2.2 zeigt einen solchen Spielbaum für Wurzelpfade **ac**, **ad**, **bc'** und **bd'**. Jedes Blatt dieses Baumes liegt am Ende des jeweiligen Wurzelpfades und ist mit einer Auszahlung für jeden Spieler versehen. Jede Verzweigung dieses Baumes gehört einem einzigen Spieler oder dem Zufall – auch als *Natur* bezeichnet [BEG04, HI96]. Jede Verzweigung besteht aus einer Menge von Zügen, die von dem Besitzer ausgewählt werden können oder entsprechend einer Verteilung vom Zufall gewählt werden. Den dadurch entstandenen Spielbaum kann man wie in der Graphentheorie üblich als ein

2.2. SPIELTHEORIE

Gebilde aus Knoten und Kanten darstellen. Eine Kante ist dann ein Zug. Jeder Knoten korrespondiert mit einem Wurzelpfad, der zu ihm geführt hat. Man unterscheidet zwischen *perfekter* und *imperfekter* Information. Bei imperfekter Information kennt mindestens ein Spieler bei mindestens einem Zug nicht alle vorhergehenden Züge. Dieser Spieler glaubt sich an einer von mehreren Verzweigungen zu befinden, die die gleichen Zugmöglichkeiten aufweisen. In der Abb.2.2 sind die Verzweigungen **cd** und **c'd'** nicht unterscheidbar (die Apostrophe sind nur für die Unterscheidung durch den Leser angebracht), was durch eine gestrichelte Linie dargestellt wird. Eine solche Menge von Verzweigungen nennt man eine *Informationsmenge*, denn man betrachtet die möglichen Geschichten als eingetretene Ereignisse, die als Information zur Verfügung stehen. Extensive Spiele bei perfekter Information sind eine Untermenge extensiver Spiele bei imperfekter Information, bei denen alle Informationsmengen einelementig sind. Präposition „bei" wird entsprechend der deutschsprachigen Terminologie [HI96] verwendet.

Der Begriff *unvollständige Information* sagt dagegen aus, dass Teile der Spielregeln nicht für alle Spieler bekannt sind. Die Information kann imperfekt dennoch vollständig sein. Nach John Harsanyi [Har67] kann man Spiele bei unvollständiger Information in Spiele bei imperfekter Information verwandeln, wenn man eine Verteilung über alle möglichen Spielregelvarianten definiert.

Thematisiert werden hier aus Gründen der Gleichgewichtsexistenz nur endliche extensive Spiele. Außerdem müssen die extensiven Spiele ein *perfektes Erinnerungsvermögen* voraussetzen. Wenn alle Verzweigungen auf der Abb.2.2 demselben Spieler gehören, dann würde er kein perfektes Erinnerungsvermögen besitzen, denn sonst könnte er Verzweigungen **cd** und **c'd'** durch eine Erinnerung an seinen Zug in **ab** unterscheiden.

Ein Wurzelpfad in einem endlichen extensiven Spiel (Def.5) wird durch $\circ_{k=1}^{K} a_k \in H$ ausgedrückt, wobei $K \in \mathbf{N}$ endlich und H die Menge aller Wurzelpfade ist. Der Anfangspunkt ist ein leerer Wurzelpfad $\emptyset \in H$. Wenn $\circ_{k=1}^{K} a_k \in H$ ist, dann ist auch $\circ_{k=1}^{K-1} a_k \in H$. Der vorige Satz bedeutet, dass auch Wurzelpfade, die zu Zwischenknoten führen, in der Menge H sind. Ein Wurzelpfad $\circ_{k=1}^{K} a_k \in H$ heißt abschließend, wenn es kein Wurzelpfad $\circ_{k=1}^{K+1} a_k \in H$ existiert. Die Menge der abschließenden Wurzelpfade ist Z. Ein nichtabschließender Wurzelpfad wird als *Geschichte* $h \in H \setminus Z$ bezeichnet. Geschichten dienen in Gegensatz zu Wurzelpfaden als Grundlagen für eine Entscheidung. Die Menge verfügbarer Züge am Ende einer Geschichte h wird durch $A(h) = \{a : ha \in H\}$ ausgedrückt. $P: H \setminus Z \to N \cup \{c\}$ ordnet jeder Verzweigung entweder einen Spieler oder den Zufall c zu. $f: H \setminus Z \times A \to \mathbb{R}_0^1$ ordnet jedem Zug an einer dem Zufall zugeordneten Verzweigung eine Wahr-

KAPITEL 2. GRUNDLAGEN

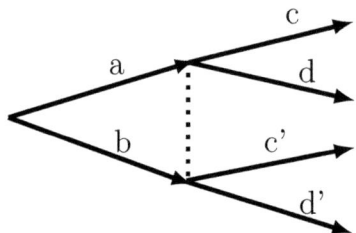

Abbildung 2.2: Extensives Spiel bei imperfekter Information. **c'** ist identisch mit **c**, wie auch **d'** mit **d**.

scheinlichkeit zu. $\mathcal{I}_i$ ist eine Partitionierung der den Spielern gehörenden Verzweigungen in Informationsmengen für den jeweiligen Spieler i. Für jede Informationsmenge $I_i \in \mathcal{I}_i$ und ihre Elemente $h \in I_i$ und $h' \in I_i$ gilt $P(h) = i$, $P(h') = i$ und $A(h) = A(h') = A(I_i)$. Eine einelementige Informationsmenge beinhaltet eine Verzweigung, deren Besitzer alle vorhergehenden Züge kennt. $u_i \colon Z \to \mathbb{R}$ ist eine Auszahlungsfunktion über abschließende Wurzelpfade.

DEFINITION 5 (Extensive Form) *Ein Spiel in extensiver Form bei imperfekter Information ist das Tupel $\langle N, H, P, f_c, (\mathcal{I}_i)_{i \in N}, (u_i)_{i \in N} \rangle$. N ist eine endliche Menge von Spielern. H ist eine Menge von Wurzelpfaden. P ist eine Zuordnung von Verzweigungen zu Spielern oder dem Zufall. f_c ist eine Verteilungsfunktion für zufällige Züge. $\mathcal{I}$ ist eine Partitionierung der Informationsmengen. u_i ist eine Auszahlungsfunktion der Ausgänge.*

DEFINITION 6 (Perfektes Erinnerungsvermögen) *Perfektes Erinnerungsvermögen bei einem Spiel in extensiver Form $\langle N, H, P, f_c, (\mathcal{I}_i)_{i \in N}, (u_i)_{i \in N} \rangle$ ist dann gegeben, wenn für jeden Spieler i bei jeder Informationsmenge $I_i \in \mathcal{I}_i$ und zwei beliebigen Verzweigungen aus dieser Menge $h^1 \in I_i$ und $h^2 \in I_i$ die vorhergehenden eigenen Informationsmengen und gemachte Züge gleich sind $X_i(h^1) = X_i(h^2)$, wo $X_i(\circ_{k=1}^K a_k) = \circ_{L \colon P(\circ_{l=1}^{L-1} a_l) = i}^K a_L$ gilt. (Zu jeder Aktion ist nur eine einzige Informationsmenge zugeordnet.)*

Falls man jeder Informationsmenge eines Spielers eine Verteilung zuordnet und diese Zuordnung als Strategie genauer als *Verhaltensstrategie* bezeichnet (Def.7), kann man ein extensives Spiel bei imperfekter Information und perfektem Erinnerungsvermögen (Def.6) in ein Spiel in Normalform verwandeln. Im Falle von endlichen Spielen hat das entstandene Spiel in Normalform mindestens ein Nash-Gleichgewicht. Nicht alle Nash-Gleichgewichte aus

2.2. SPIELTHEORIE

der Normalform sind in der extensiven Form als Gleichgewichte gültig – ein Spieler kann noch während der Ausführung seiner ursprünglichen Verhaltensstrategie von ihr abweichen und dadurch das Abweichen anderer Spieler hervorrufen.

DEFINITION 7 (Verhaltensstrategie) *Die Verhaltensstrategie eines Spielers i ist die Zuordnung $(\beta_i(I_i))_{I_i \in \mathcal{I}_i}$. $\beta_i(I_i)$ ist eine Verteilung über $A(I_i)$.*

In extensiven Spielen bei perfekter Information wird das von Selten vorgeschlagene *teilspielperfekte* Gleichgewicht [Sel65] verwendet. Ein ähnliches Konzept wurde speziell bei *Nullsummenspielen* noch von Zermelo 1913 und von Neumann 1928 betrachtet [Zer13, von28]. Das teilspielperfekte Gleichgewicht ist eine Zuordnung von den zu wählenden Aktionen zu allen Verzweigungen, wobei keine Verteilungen über die Aktionen benutzt werden. Die Idee des teilspielperfekten Gleichgewichts besteht darin, in jedem Unterbaum eines endlichen Spiels sukzessive ein Gleichgewicht von den Blättern zu der Wurzel zu finden. Dieses Verfahren wird als *Rückwärtsinduktion* bezeichnet. Leider kann man das bei imperfekter Information schon rein technisch nicht anwenden, weil einige Teilbäume über Informationsmengen miteinander verbunden sind.

Zum Beschreiben rationalen Verhaltens in extensiven Spielen bei imperfekter Information und perfekten Erinnerungsvermögen wird allgemein das *sequenzielle Gleichgewicht* [KW82] genutzt (Def.8). Das sequenzielle Gleichgewicht besteht nicht nur aus Verhaltensstrategien der einzelnen Spieler, sondern es besitzt zusätzlich eine Menge von Wahrscheinlichkeitsverteilungen über Geschichten für jede Informationsmenge aus der Sicht des Besitzers dieser Informationsmenge. Das Gleichgewicht besteht daher nicht nur aus Verhalten sondern auch aus Annahmen der einzelnen Spieler. Diese Annahmen braucht man um das Verhalten in Informationsmengen zu rationalisieren, die im Gleichgewicht nicht erreicht werden.

DEFINITION 8 (Sequenzielles Gleichgewicht) *Ein sequenzielles Gleichgewicht in einem extensiven Spiel bei imperfekter Information und perfekten Erinnerungsvermögen $\langle N, H, P, f_c, (\mathcal{I}_i)_{i \in N}, (u_i)_{i \in N} \rangle$ ist das Paar (β, μ), falls (O-Auszahlung) $\forall \beta'_i : u_i(O(\beta, \mu)) \geq u_i(O((\beta_j)_{j \neq i} \wedge \beta'_i, \mu))$ und es gibt eine Folge $((\beta^n, \mu^n))_{n=1}^{\infty}$, die zu (β, μ) konvergiert, und jede Informationsmenge eine Eintrittswahrscheinlichkeit hat, die größer als 0 ist.*

SATZ 2 (Existenz sequenzieller Gleichgewichte) *Jedes endliche extensive Spiel bei imperfekter Information und perfektem Erinnerungsvermögen hat mindestens ein sequenzielles Gleichgewicht.*

KAPITEL 2. GRUNDLAGEN

Die Existenz sequenzieller Gleichgewichte (Satz 2) lässt sich mit Hilfe des *Trembling-Hand perfekten* Gleichgewichts nachweisen [van92]. Bei Trembling-Hand Perfektheit [Sel75] wird davon ausgegangen, dass jeder Spieler kleine Fehler macht bzw. seine Strategie mit einer „zitternden Hand" ausführt. Das Auftreten kleiner Abweichungen führt dazu, dass jede Informationsmenge erreicht werden kann, d.h. eine Eintrittswahrscheinlichkeit knapp über null hat, wie es beim sequenziellen Gleichgewicht gefordert ist. Die Existenz des Trembling-Hand perfekten Gleichgewichts impliziert die Existenz eines sequenziellen Gleichgewichts [KW82]. Trembling-Hand perfekte Gleichgewichte sind eine Untermenge der Nash-Gleichgewichte und existieren in Spielen in Normalform und extensiver Form [OR94].

2.2.4 Algorithmen für Spiele

Spiele wie Dame, Schach, Backgammon usw. werden als Szenarios genutzt, in denen Intelligenzen, menschliche wie künstliche, miteinander verglichen werden. Diese extensiven Nullsummenspiele zweier Personen bei perfekter Information müssen ein Gleichgewicht haben [Zer13]. Bei einem vorhandenen Gleichgewicht muss aber der Sieger eines Spiels von vornherein bekannt sein. Leider sind die Gleichgewichte in diesen Spielen nicht bekannt, weil sie noch niemand bestimmt hat. Analytisch ist es schwer diesem Problem beizukommen, denn „... bereits beim Schachspiel reichen die Fähigkeiten selbst des besten Spieltheoretikers nicht aus, auch nur angeben zu können, ob der Spieler mit den weißen oder mit den schwarzen Figuren bei rationalem Verhalten gewinnen wird ..."[BEG04, S. 162]. Es gibt tatsächlich immer noch keine analytische Lösung für Schach. Das bedeutet, dass für die Bestimmung der Gleichgewichte d.h. optimaler Lösungen in einem Spiel es grundsätzlich ausreichender Rechenkapazitäten bedarf, die bei größeren Spielen für alle bekannten realen Spieler einfach nicht verfügbar sind. Als Konsequenz teilen sich Algorithmen für das Lösen von Spielen, wie es auf der Abb.2.3 dargestellt ist, in zwei Gruppen – die für optimale Lösungen und die für schnelle Lösungen, wobei optimale Lösungen zeitaufwendig und schnelle Lösungen suboptimal sind. In diesem Abschnitt wird die erste Gruppe vorgestellt und im Abschnitt 2.3.2 die Zweite.

Um optimale Lösungen d.h. Gleichgewichte zu finden gibt es allgemeine Methoden, die auf einer großen Klasse von Spielen funktionieren, und auf bestimmte kleinere Unterklassen von Spielen spezialisierte Methoden [NRTV07, als Überblick]. Abb.2.4 zeigt die am häufigsten erwähnte Untermengen der Spiele sowie entsprechende Beispiele. In [NWSLB04] gibt es eine feinere Ein-

2.2. SPIELTHEORIE

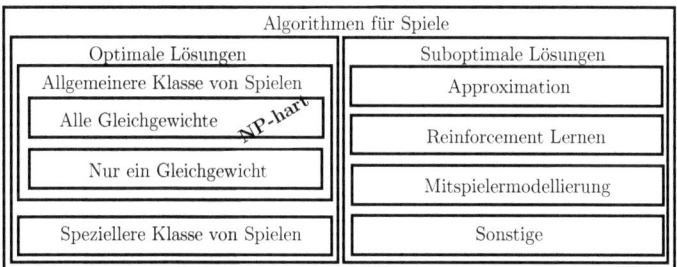

Abbildung 2.3: Grobe Einteilung der Algorithmen für Spiele.

teilung mit 35 verschiedenen Klassen. Aber auch bei den Gleichgewichten gibt es verschiedene Arten, wie schon in den vorigen Abschnitten erwähnt. Da es in einem endlichen Spiel mehrere oder sogar unendlich viele Gleichgewichte geben kann und nicht alle Gleichgewichte gleichwertig sind, ist man in vielen Fällen nur an einem bestimmten Typ von Gleichgewichten interessiert. In der Normalform kann z.B. ein bestimmtes Gleichgewicht dominieren, d.h. für alle Spieler bessere Auszahlungen bieten als ein anderes. Bei Spielen in extensiver Form, die in Normalform umgewandelt worden sind, erfüllen nur teilspielperfekte Gleichgewichte bzw. sequenzielle Gleichgewichte die Bedingung eines Gleichgewichts. Generell sind Nash-Gleichgewichte eine allgemeine Form von Gleichgewichten bei vollkommen rationalen Spielern und die meisten anderen Gleichgewichtsarten sind Verfeinerungen von Nash-Gleichgewichten [van92]. Daher wird es als vorteilhaft gesehen zuerst alle Nash-Gleichgewichte zu finden und einige wenige aus dieser Menge auszuwählen [MM96]. Dass das menschliche Verhalten in Spielen von Gleichgewichten abweicht, wird erst im Abschnitt 2.3.3 besprochen. Es ist jedoch ein weiteres Argument, dass nur durch Bestimmung aller Gleichgewichte eines Spiels der Grad dieser Abweichung beurteilt werden kann.

Das fundamentale Problem bei der Berechnung spieltheoretischer Lösungen ist das Finden aller Nash-Gleichgewichte in gemischten Strategien bei einem n-Personen-Spiel in Normalform (siehe Abb.2.3). Dieses Problem ist NP-hart [GZ89] – der Aufwand steigt schneller als polynomiell zur Größe des Problems. Es ist nachvollziehbar, da die maximale Zahl der möglichen Gleichgewichte exponentiell mit der Anzahl der Spieler und Strategien steigt und man Spiele konstruieren kann, die diese Obergrenze erreichen [MM94, McL99]. Kurz gefasst sind die Standardalgorithmen für dieses Problem vom Typ *simpliziale Unterteilung*, basieren auf den Arbeiten von Scarf

KAPITEL 2. GRUNDLAGEN

	Ohne Natur *Ken*	Nullsummenspiele *Poker*
Backgammon	*Schach*	*Monopoly*
		Perfekte Inform.
2-Personen	*Gefangenendilemma*	*OPEC Verhandlungen*

Abbildung 2.4: Klassen (fett) diskreter Spiele bei vollständiger Information mit Beispielen (kursiv).

[Sca67] und nutzen den Homotopie-Ansatz [Eav72]. Beispielimplementierungen finden sich in den Arbeiten von McKelvey und McLennan [MM96] sowie Herings und Peeters [HP05].

Für Spiele mit nur zwei Spielern d.h. Bimatrizen wird der Lemke-Howson-Algorithmus [LH64] verwendet. Grundsätzlich findet dieser Algorithmus mindestens ein Gleichgewicht, aber es gibt keine Garantie, dass er alle Gleichgewichte findet. Er kann zusätzlich durch *Polymatrixapproximation* dazu verwendet werden, auch n-Personen-Spiele zu lösen [Ros71, Wil71]. Dazu existiert auch eine erste Implementation [GW04].

Speziellere Klassen von Spielen wie Nullsummenspiele zweier Personen können mit einfacheren Methoden behandelt werden. Ein Nullsummenspiel zweier Personen in Normalform kann durch eine einfache Matrix der Auszahlungen des ersten Spielers dargestellt werden, weil sie die mit -1 multiplizierten Auszahlungen des zweiten Spielers sind. Die Lösungen eines solchen Spiels sind die Lösungen des dazu konstruierten linearen Ungleichungssystems. Das Lösen linearer Ungleichungssysteme wird auch als *lineares Optimieren* bzw. *lineares Programmieren* [Dan66] bezeichnet. Zur Lösung eines linearen Ungleichungssystems gibt es zwei bekannte Methoden in polynomieller Zeit – den 1947 von George Dantzig an der RAND vorgeschlagenen Simplex-Algorithmus [Dan63] zur Findung mindestens einer Lösung und die Methode zweifacher Beschreibung *DDM* [MRTT53, FP96] zur Findung aller Lösungen. Nach der Methode zweifacher Beschreibung entspricht ein lineares Ungleichungssystem einem mehrdimensionalen Polyeder d.h. ein Gebilde aus Halbhyperräumen und kann in einen Polytop verwandelt werden. Vereinfacht dargestellt sind die Ecken dieses Polytops mögliche Gleichgewichte.

2.3. VERHALTEN IN SPIELEN

Das Finden von Nash-Gleichgewichten in puren Strategien, falls vorhanden, ist ein eher triviales Problem. Bei Spielen in Normalform kommt die wiederholte *Dominanzanalyse* in Frage. Für extensive Spiele bei perfekter Information findet Rückwärtsinduktion teilspielperfekte Gleichgewichte. Die am Anfang dieses Abschnitts erwähnten extensiven Nullsummenspiele zweier Personen bei perfekter Information werden durch die in der Künstlichen Intelligenz wohlbekannten Varianten des Minimax-Algorithmus gelöst [RN03, S.161-189]. Der Minimax-Algorithmus ist ein Spezialfall der Rückwärtsinduktion. Ferner können Spiele bei perfekter Information nicht nur als Bäume, sondern auch als allgemeine Graphen darstellt werden, wobei indentische Unterbäume bzw. gemäß der Terminologie der Künstlichen Intelligenz wiederholte Zustände zusammengefasst werden.

Im weiteren Verlauf der Arbeit wird bei spieltheoretischen Algorithmen auf die frei verfügbare Software GAMBIT [MMT07] bezogen. Diese Software beinhaltet u.a. eine Implementation des Homotopie-Ansatzes [MM96] und kann zur Lösung von Spielen der allgemeinsten Klasse verwendet werden. GAMBIT bietet zusätzlich eine graphische Benutzerschnittstelle zum Darstellen und Editieren der Spiele in beiden klassischen Formen. GAMUT [NWSLB04] ist wiederum eine zu GAMBIT kompatible Software, die Spiele in Normalform verschiedenster Klassen zum Testen spieltheoretischer Algorithmen generieren kann.

2.3 Verhalten in Spielen

2.3.1 Logik des Strategischen Denkens

Als es schon im Abschnitt 2.2.1 beschrieben wurde, ist strategisches Denken in der Spieltheorie ein Denken über das (strategische) Denken und Handeln anderer Agenten. Hier überschneidet sich das Gebiet der Spieltheorie mit dem der Logik, denn Logik ist die Lehre vom Denken bzw. Schlussfolgern. Anderseits muss die Bestimmung eines Nash-Gleichgewichts in einem konkreten Spiel keine logische Schlussfolgerung sein. Sie kann aber u.U. in Logik formuliert werden. Für das strategische Denken d.h. Schlussfolgern über das Schussfolgern anderer kann ein spezieller Formalismus benutzt werden, die *epistemische Logik*. Die epistemische Logik wird in dieser Arbeit nicht direkt verwendet, sondern dient als ein Teil der allgemeinen Grundlagen. Die Einführung in die epistemische Logik beschränkt sich auf das Nötigste.

Epistemische Logik ist in Ähnlichkeit zur Modallogik eine erweiterte Aussagenlogik [Woo02, S. 267ff]. Die Erweiterungen betreffen die Operatoren $\Box_a$

KAPITEL 2. GRUNDLAGEN

(a weiß, dass) und $\Diamond_a$ (a hält für möglich, dass). Das Verb „Wissen" wird in der einschlägigen Literatur oft mit dem allgemeineren „Glauben" ersetzt [FHMV95]. Diese Art von Logik wurde unabhängig durch von Wright und Hintikka vorgeschlagen [von53, Hin62] und von Saul Kripke formal beschrieben [Kri63]. Eine ausreichende Zusammenfassung der bisherigen Arbeiten in diesem Bereich gibt es in [vV02]. Def.9 beschreibt die epistemische Logik formal.

DEFINITION 9 (Epistemische Logik) *Zu Formeln epistemischer Logik gehören alle Formeln der Aussagenlogik und $\Box_a \phi$, $\Diamond_a \phi$, $\phi \wedge \psi$, $\phi \vee \psi$, $\neg \phi$, wenn ϕ und ψ Formeln der epistemische Logik sind und a ein Agent aus der Menge N ist. N ist die Menge der beteiligten Agenten.*

In epistemischer Logik kann man das Wissen des einen Agenten über das des anderen formulieren. Das Beispiel $\Box_{Alice} \Diamond_{Bob} \phi$ bedeutet, dass Alice weiß, dass Bob ϕ für möglich hält. Auch das Konzept gemeinsames Wissens, das für die Rationalität der Spieler in der Spieltheorie gefordert ist, lässt sich mit der epistemischen Logik elegant formulieren. Gemeinsames Wissen C_N unterscheidet sich vom Allgemeinwissen E_N und wird definiert durch Gl.2.1.

$$C_N \varphi = \bigwedge_{i \in \mathbb{N}} E_N^i \varphi, \quad wo \quad E_N \varphi = \bigwedge_{a \in N} \Box_a \varphi \tag{2.1}$$

Das gemeinsame Wissen der Rationalität ermöglicht es den Spielern das rationale Handeln anderer Spieler als solches vorhersagen zu können und davon ausgehend eigene rationale Handlungen zu wählen. Dann weiß ein Spieler auch, dass das rationale Handeln anderer Spieler wiederum auf dem Wissen seiner eigenen Rationalität beruht. Es entsteht auf diese Weise eine beliebig lange Kette von Schlussfolgerungen, bei der die einzelnen Vorhersagen auf der Rationalität basieren.

Die Semantik der epistemischen Logik wird mit Hilfe einer *Kripke-Struktur* (Def.10) dargestellt. Eine Kripke-Struktur ist ein gerichteter Graph. Jeder Knoten entspricht einer Welt, in der bestimmte Aussagen entsprechend π gelten. Die Beziehung $\models$ drückt die Semantik einer Formel in epistemischer Logik gegeben das Tupel $\langle M, w \rangle$ aus. In diesem Tupel ist M eine Kripke-Struktur mit allen den Agenten vorstellbaren Welten, und w ist die Welt, in der sich die Agenten tatsächlich befinden (Referenzknoten). Jede Kante des Graphen gehört einem bestimmten Agenten und drückt aus, dass dieser Agent in der Welt des Ausgangsknotens die Welt des Endknotens der Kante für möglich hält. Falls eine Aussage in allen für möglich gehaltenen Welten eines Agenten aus der Referenzwelt heraus wahr ist, dann ist sie für diesen Agenten wahr (Semantik von $\Box_i$).

2.3. VERHALTEN IN SPIELEN

DEFINITION 10 (Kripke-Struktur) $M = \langle W, \pi, K_1, \ldots, K_n \rangle$ ist eine Kripke-Struktur mit den Elementen:

W – Menge der Knoten, jeder Knoten ist eine (denkbare) „Welt"

$\pi : W \times \Phi \to \{true, false\}$ – Wahrheitsfunktion über Aussagen Φ in einem Knoten aus W

$K_a \subseteq W^2$ – mit Agenten gekennzeichnete gerichtete Kanten zwischen den Knoten aus W. Reflexive Kanten sind möglich.

w – Referenzknoten d.h. die tatsächliche „Welt"

und es gilt:

$(\langle M, w \rangle \models \varphi) \Leftrightarrow \pi(w, \varphi)$

$(\langle M, w \rangle \models \neg \varphi) \Leftrightarrow (\langle M, w \rangle \not\models \varphi)$

$(\langle M, w \rangle \models \varphi \bigwedge \psi) \Leftrightarrow ((\langle M, w \rangle \models \varphi) \bigwedge (\langle M, w \rangle \models \psi))$

$(\langle M, w \rangle \models \varphi \bigvee \psi) \Leftrightarrow ((\langle M, w \rangle \models \varphi) \bigvee (\langle M, w \rangle \models \psi))$

$(\langle M, w \rangle \models \Box_a \varphi) \Leftrightarrow (\forall \langle w, w' \rangle \in K_a : \langle M, w' \rangle \models \varphi)$

$(\langle M, w \rangle \models \Diamond_a \varphi) \Leftrightarrow (\exists \langle w, w' \rangle \in K_a : \langle M, w' \rangle \models \varphi)$

Ein sehr oft erwähntes Beispiel für das Demonstrieren epistemischer Logik ist das *Muddy-children-puzzle* [vV02]. Es gibt eine Menge von aufmerksamen Kindern und sie können perfekt logisch denken. Die Kinder halten es für möglich ein schmutziges Gesicht zu haben. Keiner kann aber erfahren, ob sein Gesicht tatsächlich schmutzig ist oder nicht. Dafür weiss aber jedes Kind um den Zustand der Gesichter anderer Kinder. Eine Aufsichtsperson sagt den Kindern, dass mindestens einer von denen schmutzig sei, falls es wahr ist. Danach beginnt die Aufsichtsperson zu zählen und nach jedem Takt gibt es die Möglichkeit für die schmutzigen Kinder vorzutreten.

Für zwei Kinder, Alice und Bob, ist die Kripke-Struktur des Rätsels in der Abb.2.5 dargestellt. Reflexive Kanten d.h. Kanten mit gleichem Ausgangsknoten und Endknoten sind in dieser Struktur inbegriffen. Jedes der vier möglichen Welten ist mit einem Gesichterpaar gekennzeichnet.●☺ heißt „Alice schmutzig und Bob nicht". Alice hält in der Welt ●☺ die Welten ☺☺ und ●☺ für möglich und weiss daher, dass Bob schmutzig ist. Nach der Ansage der Aufsichtsperson verschwindet für alle Kinder die Welt ☺☺. In den Welten ●☺ und ☺● tritt das jeweils schmutzige Kind im ersten Takt vor. In

KAPITEL 2. GRUNDLAGEN

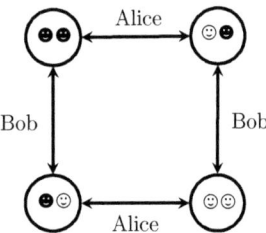

Abbildung 2.5: Muddy-children-puzzle mit zwei Kindern als Beispiel für eine Kripke-Struktur. Reflexive Kanten sind zur Einfachheit weggelassen.

der Welt ●● sind beide Kinder im ersten Takt unsicher, da sie beide gleichzeitig zwei Welten für möglich halten, und treten erst im zweiten Takt vor, weil sie aus dem Nichtvortreten im ersten Takt die korrekte Welt schlussfolgern können.

Man kann nachweisen dass bei n schmutzigen Kinder n Takte nötig sind, bis alle schmutzigen vortreten. Das tatsächliche Denken realer Agenten wie z.b. Menschen unterscheidet sich aber von der idealen Logik [VM08, Web01]. Dennoch korrespondiert das Konzept epistemischer Logik mit *ToM* aus der Psychologie [Tag07] und kann daher eine Grundlage für das Beschreiben des menschlichen strategischen Verhaltens bieten.

2.3.2 Suboptimale Heuristiken

Da das Finden von Gleichgewichten in größeren Spielen meistens nicht in einer vorgegebenen Zeitspanne durchgeführt werden kann, entwickelt man Algorithmen, die effizient suboptimale Lösungen liefern. Spieltheoretisch sind diese Lösungen nicht zu begründen, da sie nicht zu Gleichgewichten führen. Das bedeutet, dass bei einer Kombination suboptimaler Strategien, die Spieler davon profitieren können von diesen Strategien abzuweichen. Bei Benutzung einer suboptimalen Strategie gibt es für den oder die anderen Spieler Strategien, in Kombination mit denen die eigene Strategie nicht das beste Ergebnis liefert und die eigene Strategie ausgetauscht werden muss. Das Entwickeln suboptimaler Heuristiken liefert dadurch keine endgültige Resultate, sondern einen stetigen Wettbewerb. Ein Beispiel dazu ist die Entwicklung der Schachcomputer.

Wie schon in der Abb.2.3 dargestellt werden die suboptimalen Heuristiken in dieser Arbeit in vier große Gruppen geteilt – Approximation, Reinforcement Lernen, Mitspielermodellierung und Sonstige. Die Approximation ist die am weitesten bekannte Technik. Anstatt den ganzen Spielbaum zu erforschen, wird ab einer bestimmten Tiefe die Güte eines Knotens geschätzt [RN03, S. 171ff]. In [BBD+03] führte die Approximation spieltheoretischer Lösungen für Poker zu einem Programm, das gegen andere Pokerspieler mindestens ein Unentschieden erreichen konnte. Reinforcement Lernen bedeutet Lernen durch Experimentieren [Mit97, S. 367–390]. Künstliche Spieler können sich durch Spielen gegen einander verbessern. Ein Beispiel dazu ist TD-Gammon [PB98]. Bei der Mitspielermodellierung, die im Konkurrenzfall als *opponent modeling* bezeichnet wird, werden die Abweichungen anderer Spieler erkannt und ausgenutzt. Ein Beispiel ist *Iocaine Powder* [Egn00]. Dieser Algorithmus modelliert den Gegner im Spiel „Paper, Stein, Schere". Dabei wird auch die gegnerische Modellierung des eigenen Verhaltens modelliert. Dennoch ist die Schachtelungstiefe bei Iocaine Powder im Unterschied zur epistemischen Logik begrenzt.

2.3.3 Menschliches Strategisches Verhalten

Im Abschnitt 2.2.4 wurden die spieltheoretischen Algorithmen sowie deren Aufwand angeführt. Auf Grund des hohen Aufwandes verzichtet man bei vielen praktischen Algorithmen auf optimale Lösungen. Dadurch kann das Verhalten realer künstlicher Agenten vom Gleichgewicht abweichen. Bei realen natürlichen Agenten, wie wir Menschen es sind, kommen außer des Aufwandes für das Bestimmen optimaler Strategie noch eine Menge weiterer Faktoren hinzu.

Das globale Problem beim menschlichen strategischen Verhalten ist das mögliche Scheitern der Nutzung des Konzepts Rationalität – das Verhalten eines Menschen läßt sich nicht immer als Verhalten eines rationalen Agenten vorhersagen. Die Rationalität ist in der Spieltheorie die Voraussetzung für das Vorhersagen des Verhaltens, andererseits ist sie eine Alternative zur Betrachtung eines Agenten als einen üblichen physikalischen Prozess. Ob aber die Menschen als rational betrachtet werden können bzw. sollen, ist zumindest in Psychologie eine umstrittene These [EK05, S. 527–530]. Ein Beispiel einer Argumentation gegen die Rationalität findet sich in [BM06]. Dort schließt man aus den aufgeführten Forschungsergebnissen, dass die Menschen weder die eigenen Präferenzen genau kennen, noch sie strikt verfolgen, noch dass die Entscheidungen auf dem gesamten Wissen basieren.

Die mögliche *Irrationalität* der Menschen bedeutet, dass die Annahme

KAPITEL 2. GRUNDLAGEN

des gemeinsamen Wissens der Rationalität in strategischen Interaktionen von Menschen nicht gelten könnte. Es gibt z.B. offensichtlich mindestens einen Forscher d.h. einen Menschen, der die Menschen für irrational hält. Es kann mindestens eine gültige Formulierung der Form $\exists b \in N : \square^i_{a_j \in N} \neg (rational(b))$ geben. Das bedeutet aber noch nicht, dass Menschen generell irrational sind, sondern nur dass einige Menschen in einigen Fällen (berechtigterweise?) daran scheitern, andere Menschen als rationale Agenten korrekt zu modellieren, und dadurch die Hauptannahme der Spieltheorie bei Spielen mit Menschen nicht funktioniert.

Falls die Definition der Rationalität auf der Fähigkeit zum logischen Schlussfolgern basiert, können Menschen als irrational betrachtet werden, da es erwiesen ist, dass sie beim logischen Schlussfolgern systematisch Fehler machen. Eine der ersten Arbeiten dazu ist die *Wason-Aufgabe* [Was66]. Dieser Umstand bedeutet für viele Forscher, dass die Rationalität der Handlungen eines Menschen nicht in Abhängigkeit von der Korrektheit seines Schlussfolgerns betrachtet wird. Es kann auch angenommen werden, dass Menschen gar kein logisches Schließen für Entscheidungen benutzen [OC01].

Genauer betrachtet bedeutet die Korrektheit des Schlussfolgerns eines Menschen d.h. meist eines Probanden in einem Experiment nur, dass sein Schlussfolgern mit dem von den Experimentatoren definierten „korrekten" Schlussfolgern in der vorgegebenen Problemdefinition übereinstimmt. Dabei kann das Problem missverstanden, die Art des Schlussfolgerns abweichen und die Art des Problems ungewohnt d.h. verschieden von alltäglichen Probleme sein. Probanden stellen sich Probleme in einigen Fälle sogar absichtlich einfacher vor, als sie tatsächlich sind [DW07], um den Aufwand für deren Lösung zu reduzieren.

Als Anreiz wird bei den meisten Experimenten eine leistungsorientierte monitäre Auszahlung eingesetzt [Cam03], was relativ früh schon vorgeschlagen wurde [Cha48]. [CH99] argumentiert, dass dieses Vorgehen einerseits die Daten glaubwürdig macht und anderseits die beobachtete Irrationalität vermindert. Dabei ist auch zu beachten, dass der Anreiz nicht linear zur Geldmenge wächst. Das *Sankt-Petersburg-Paradox* [Ber54] ist ein Beispiel einer Lotterie mit einem unendlich grossen Erwartungswert bei unendlich langen Spielzeit. Bei dieser Lotterie wird eine Münze solange geworfen bis sich die erste „Zahl" ergibt. Der Gewinn ist 2^l Geldeinheiten, wo l die Länge der Sequenz der „Köpfe" ist. Obwohl der mögliche Gewinn unendlich ist, ist kaum jemand bereit einen größeren Betrag einzusetzen. Der Grund dafür liegt in der logarithmischen Abhängigkeit des individuellen Nutzens von der Geldmenge, wie es schon von Bernoulli vorgeschlagen wurde.

Deutlich kontrovers ist das Verhältnis zwischen einigen Forschern aus der

2.3. VERHALTEN IN SPIELEN

Wirtschaftswissenschaft und aus der Soziopsychologie in Bezug auf die Präferenzen des Menschen [Gin00, BM06]. Der in der Soziopsychologie vorgeschlagene Begriff *Homo Economicus* drückt die Kritik an dem vermeintlichen Bild des Menschen in den Wirtschaftswissenschaften als eines individualistischen Nutzensmaximierers aus. Ergebnisse vieler Experimente zeigen tatsächlich, dass Phänomene wie z.b. Gegenseitigkeit und Altruismus ein solches Bild aus der Sicht der Soziopsychologie verwerfen.

Auch wenn die in den vorigen drei Absätzen beschriebene Probleme bei der Modellierung rationalen Verhaltens ausgeschlossen werden können, bleiben außer den begrenzten Ressourcen noch weitere Besonderheiten die Ursachen für ein inkorrektes Schlussfolgern [NB75]. Zwei bekannte menschliche Besonderheiten sind die falsche Einschätzung von Lotterien [KST82] und Kurzzeitorientierung bei den Auszahlungen [LP92]. Die Menschen sind tatsächlich ungenau bei der Einschätzung des Erwartungswerts einer Lotterie und machen systematische Fehler. Kurzzeitige Auszahlungen werden im Vergleich zu langfristigen Gewinnen überschätzt.

Als Resultat der beschriebenen Faktoren weicht menschliches Denken und Verhalten in strategischen Interaktionen selbst bei einfachsten Spielen von den spieltheoretischen Vorhersagen in meisten Fällen ab [Poo95, Cam03]. Die Abweichungen sind signifikant und nicht vollständig auf Fehler bei Experimenten zurückzuführen. Obwohl die Spieltheorie strategische Interaktionen untersucht und wissenschaftlich durch Nobelpreisvergaben etabliert ist, ist sie nicht ohne Weiteres auf strategische Interaktionen von Menschen anzuwenden. Folgendes Zitat erklärt es etwas deutlicher:

'If the data confirm game theory, you might say, the subjects must have understood; if the data disconfirm, the subjects must have not understood. Resist this conclusion. The games are usualy simple, and most experimenters carefully control for understanding ... Physicists and biologists would not have the same reaction if the theory about particles were falsified by careful experimentation ("The particles were confused!") or if birds didn't forage for food as predicted ("If they had more at stake [than survival?] they would get it right!").' [Cam03, S. 22]

Die bisherige Diskussion kann den falschen Eindruck erwecken, dass Menschen generell nicht der Art sind, sich in strategischen Interaktionen nach den spieltheoretischen Vorhersagen zu verhalten. Es gibt Menschen, die nach einem ausreichenden Training selbst solche aufwendige Spiele wie Schach und Poker ähnlich gut wie künstliche Spieler spielen können. Die Aussagen über menschliche Abweichungen gelten für die meisten Menschen in den meisten Spielen. Bei dem konkreten Beschreiben der menschlichen Abweichungen von

KAPITEL 2. GRUNDLAGEN

den spieltheoretischen Vorhersagen beschränkt man sich in dieser Arbeit auf die Verwendung von gemischten Strategien bei wiederholten Matrixspielen sowie Verhalten in wiederholten Ultimatumspielen.

Als *Matrixspiele* werden Spiele in Normalform bezeichnet, für die eine Matrix der Auszahlungen definiert ist (z.B. Abb.2.1). Jeder Spieler d.h. ein Proband im Experiment muss sich für eine der Strategien entscheiden. Das geschieht entweder gleichzeitig oder zeitlich versetzt bei imperfekter Information. Untersucht werden hauptsächlich Spiele mit nur zwei Spielern. Diese Spiele haben zur Erinnerung (Abschnitt 2.2.2) ein oder mehrere Gleichgewichte wenn nicht in puren dann in gemischten Strategien.

Menschen verfehlen statistisch signifikant die optimalen Wahrscheinlichkeiten in (übersichtlichen) Matrixspielen mit einem einzigen Gleichgewicht in gemischten Strategien d.h. *MSE*. Dies zeigt eine Zusammenfassung diverser Studien ab 1954 [Cam03, S. 118–150]. Abb.2.6 zeigt die Abweichungen der beobachteten relativen Häufigkeiten (Y-Achse) zu den spieltheoretisch vorhergesagten Wahrscheinlichkeiten (X-Achse) der Gleichgewichte. Die Abweichungen sind nicht trivial und die bisher entwickelten Modelle, die diese Abweichungen erklären, sind zwar besser als die Spieltheorie dennoch nicht exakt in ihren Vorhersagen.

Bei Matrixspielen mit mehreren Gleichgewichten sind bisher Untersuchungen nur von Nicht-Nullsummenspielen bekannt [Cam03, S. 336–405]. Bei Nicht-Nullsummenspielen mit mehreren Gleichgewichten ist eine *Koordination* wichtig, die es den Spielern ermöglicht, ein Gleichgewicht mit für alle Spieler höheren Auszahlungen auszuwählen. Die Abwesenheit der Koordination wurde jedoch bei Menschen beobachtet. Das Verhalten menschlicher Spieler beim Kampf-der-Geschlechter als Beispiel solcher Spiele liegt in etwa zwischen Gleichverteilung und dem MSE [CDFR94]. Es konnte eine bessere Koordination bei einseitiger Kommunikation im Kampf-der-Geschlechter festgestellt werden. Einseitige Kommunikation bedeutet, dass nur einer der beiden Spieler kommunizieren darf. Bessere Koordination gilt auch für eine zeitliche Abfolge der Entscheidungen ohne perfekte Information. Beides führt dazu, dass die Spieler nicht mehr gleichwertig sind.

Die Abweichung der relativen Häufigkeiten ist nicht die einzige Besonderheit. Bei wiederholtem Spielen muss noch eine zufällige Folge von Entscheidungen produziert werden. Für jedes Spiel in einer Folge von gleichen Spielen muss sich ein Spieler jedesmal zufällig entscheiden. Die Produktion einer Folge unvorhersagbarer Entscheidungen ist aber für menschliche Spieler nicht selbstverständlich [Wag72] – sie schneiden sehr schlecht dabei ab. Die bei Studien gesammelten Daten [Kar92, BR94] zeigen, dass bei den von Menschen produzierten Zufallsfolgen z.B. die Wiederholungen seltener

2.3. VERHALTEN IN SPIELEN

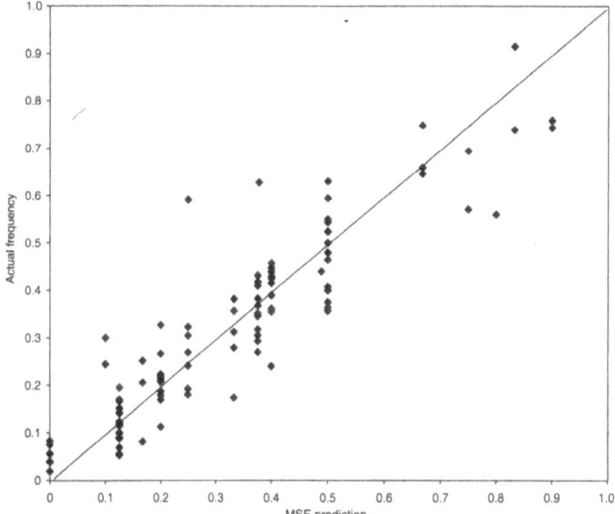

Abbildung 2.6: Abweichungen relativer Häufigkeiten der Strategien verschiedener Experimente von MSE-Wahrscheinlichkeiten [Cam03]. Zu den MSE-Wahrscheinlichkeiten auf der X-Achse sind Punkte zugeordnet, die die relativen Häufigkeiten aus den Experimenten darstellen – Punkte, die nicht auf der diagonalen Linie stehen, sind Abweichungen.

KAPITEL 2. GRUNDLAGEN

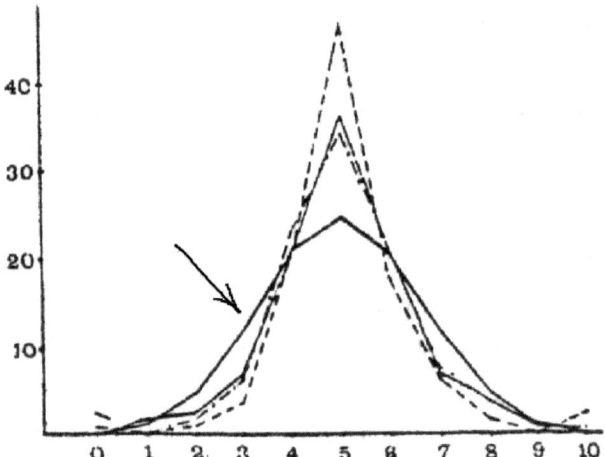

Abbildung 2.7: Abweichungen der relativen Häufigkeitsverteilungen menschlich produzierter subjektiv zufälliger Sequenzen [Kar92]. Die zugehörige theoretische Wahrscheinlichkeitsverteilung bei 10 Bernoulli-Experimenten ist mit dem Pfeil markiert. Die Y-Achse drückt die Wahrscheinlichkeiten in % aus.

2.3. VERHALTEN IN SPIELEN

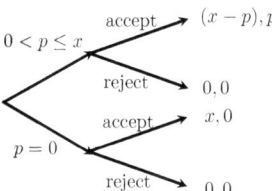

Abbildung 2.8: Ultimatumspiel in extensiver Form. Alice fängt an und kann sich zwischen einer beliebigen Teilung ($p > 0$) und einer Selbstbeanspruchung ($p = 0$) des Betrags x entscheiden. Bob kann sich danach zwischen **accept** und **reject** entscheiden.

vorkommen, als es bei einem echten Zufall zu erwarten wäre. Generell ist die Wahrscheinlichkeit einer menschlichen Entscheidung in wiederholten Matrixspielen nicht unabhängig von den vorhergehenden Entscheidungen d.h. zu einem gewissen Maß vorhersagbar. Abb.2.7 zeigt den Unterschied zwischen der theoretischen Verteilung bei 10 Bernoulli-Experimenten (z.B. Wurf einer Münze) und den Durchschnittswerten der durch Menschen produzierten Zufallsfolgen. Die menschlichen Verteilungen haben eine kleinere Varianz als die theoretisch zu erwartende Verteilung. Als Grund für diese Ergebnisse wird häufig das begrenzte Kurzzeitgedächtnis [Mil56] für die bisherigen Entscheidungen genannt – Menschen gleichen den Mittelwert der eigenen Zufallsfolge zu früh aus.

Ultimatumspiele sind eine weitere Klasse von Spielen, in denen menschliches Verhalten von spieltheoretischen Vorhersagen abweicht [Cam03, S. 43ff]. Abb.2.8 zeigt ein einfaches Ultimatumspiel in extensiver Form. Alice bekommt ihren Teil des Betrags x nur dann, wenn Bob ihre Aufteilung akzeptiert. Daraus folgt, dass der Bob zugeordnete Anteil größer Null sein muss, damit Bob einen Grund hat, die Entscheidung zu akzeptieren. Andererseits muss Bob jeden positiven Betrag akzeptieren, da er sonst nichts bekommen würde. Entsprechend der Spieltheorie muss Alice den kleinst möglichen Betrag p Bob anbieten und Bob es akzeptieren. In Wirklichkeit variiert das Verhältnis des Anteils p zum Betrag x je nach Kultur, Geschlecht, sozialer Stellung usw. der Probanden im zweistelligen Prozentbereich. Selbst im Diktatorspiel d.h. „Bob kann nicht ablehnen" ist dieser Anteil nicht gleich Null. Dieses Verhalten ist u.U. ein Argument gegen das Modell „Homo Economicus".

Kapitel 3

Verwandte Arbeiten

3.1 Spielbeschreibungssprachen

3.1.1 Spieltheoretische Formalismen

Die allgemeinen Repräsentationen sind die Normalform (Abschnitt 2.2.2) und die extensive Form (Abschnitt 2.2.3). Beide Formen führen zu für praktische Zwecke unnötig großen Representationen der Spiele [KP97]. Die Entwicklung eines praktischen Formalismus für die Repräsentation einer großen Klasse von Spielen in Softwaresystemen ist verständlicherweise nicht der Gegenstand der Spieltheorie.

Es gibt jedoch in der diskreten nichtkooperativen Spieltheorie Ansätze n-Personen-Spiele in Normalform oder in extensiver Form bzw. deren Unterklassen kompakter zu repräsentieren [Pap07]. Als wichtigste gehören dazu chronologisch angeordnet *Auslastungsspiele* [Ros73], *Graphenspiele* [KLS01], MAID [KM01], *Lokaleffektspiele* [LBT03] und *Aktionsgraphenspiele* [BLB04]. 2-Personen-Spiele in extensiver Form bei imperfekter Information und perfektem Erinnerungsvermögen können um gelöst zu werden in die sequenzielle Form umgewandelt anstatt in Normalform dargestellt werden [KMv94]. Die Motivation für diese Arbeiten ist die Suche nach einer kompakteren Spieldarstellung für ein effizienteres Finden von Gleichgewichten. MAID wird im nächsten Abschnitt behandelt.

In Auslastungsspielen, kann jeder Spieler bestimmte Untermengen von sogenannten Faktorenmengen als pure Strategien auswählen. Sie sind durch Verkehrsprobleme inspiriert – eine Faktorenmenge besteht aus Straßen und jeder Spieler muss eine bestimmte Route d.h. eine Untermenge der Straßen auswählen. Die Auszahlungen der Spieler sind die inversen Kosten der genommenen puren Strategien. Die Kosten einer puren Strategie ist die Summe

3.1. SPIELBESCHREIBUNGSSPRACHEN

der darin enthaltenen Faktoren. Die Kosten für das Aufnehmen eines Faktors in seine Untermenge sind für alle Spieler gleich und werden durch eine Funktion ausgedrückt, die abhängig von der Anzahl der Spieler ist, die den gleichen Faktor ausgewählt haben. Auslastungsspiele haben mindestens ein Gleichwicht in puren Strategien. Auslastungsspiele sind eine Untermenge von n-Personen-Spielen.

Bei Graphenspielen ist jeder Spieler ein Knoten eines Graphen. Die Knoten des Graphen alias Spieler haben Verbindungen zu anderen Knoten. Jeder Spieler hat wie bei Spielen in Normalform eine Menge an Strategien. Die Auszahlung eines Spielers hängt über eine Funktion von seiner Strategie und der Strategie der mit ihm verbunden Spieler ab. Allgemein kann man jedes Spiel in Normalform in ein Graphenspiel umwandeln. Die Größe eines Graphenspiels ist nur bei bestimmten Spielen kleiner als in Normalform – die Anzahl der Kanten wird mit der Anzahl der Matrixeinträge verglichen. Besonders bei 2-Personen-Spielen bringt die graphische Form keinen Vorteil. Generell ist das Finden von Nash-Gleichgewichten in Graphenspielen NP-hart [Kea07]. Vorteile d.h. weniger Verbindungen entstehen dann, wenn Auszahlungen der Spieler nicht von Strategien aller Spieler abhängig sind. Es existiert sogar ein Lösungsalgorithmus in polynomieller Zeit bei Graphen, die aus einem einzigen Pfad oder einer einzigen Schleife bestehen [EGG06].

Lokaleffektspiele sind Spiele, bei denen jeder Spieler die gleiche Anzahl von Strategien hat. Jede Strategie ist wie bei Auslastungsspielen mit Kosten verbunden. Mehrere Spieler können die gleiche Strategie auswählen. Dadurch lässt sich ein Histogramm der gewählten Strategien der Spieler aufbauen. Die Kosten einer Strategie sind die Summe der Effekte jeder einzelnen von mindesten einem Spieler gewählten Strategie in diesem Histogramm. Der Effekt einer Strategie ist um so größer, je mehr Spieler diese Strategie auswählen, und wird durch eine Funktion ausgedrückt. Im Gegensatz zu Auslastungsspielen müssen Lokaleffektspiele kein Nash-Gleichgewicht in puren Strategien haben. Lokaleffektspiele sind eine Unterklasse der n-Personen-Spiele.

DEFINITION 11 (Aktionsgraphenspiel) *Das Tupel $\langle N, \mathcal{S}, \nu, u \rangle$ ist ein Aktionsgraphenspiel. N ist die Menge der Spieler. $\mathcal{S}$ ist die Menge der Strategiemengen der Spieler. ν ist eine Nachbarschaftsbeziehung. u ist die Auszahlungsfunktion.*

Zu einem Aktionsgraphenspiel $\langle N, \mathcal{S}, \nu, u \rangle$ (Def.11) gehört ein nichtgerichteter Graph, bei dem die Knoten die einzelnen Strategien der Spieler sind. Ein Spieler i hat eine Menge der Strategien S_i. $\mathcal{S}$ ist ein Kartesisches Produkt der Strategiemengen (Gl.3.1) bzw. die Menge der Ausgänge, wie in Normalform. $\mathcal{S}$ ist die Menge der Knoten des Graphen, die durch eine Vereinigung

KAPITEL 3. VERWANDTE ARBEITEN

der Strategiemengen der Spieler definiert wird, wobei es Überschneidungen dieser Mengen geben kann (Gl.3.2).

$$\mathcal{S} \equiv \sum_{i \in N} S_i \tag{3.1}$$

$$S \equiv \bigcup_{i \in N} S_i \tag{3.2}$$

$\triangle$ ist die Menge aller möglichen Histogramme der Spieler über die Strategien. Wenn $D \in \triangle$ ein Histogramm ist, dann ist $D(s)$ die Anzahl der Spieler, die s ausgewählt haben. Die Nachbarschaftsbeziehung $\nu(s)$ für eine Strategie alias Knoten $s \in S$ ist die Menge der damit verbundenen Knoten. Die Auszahlung für eine Strategie hängt von dem Histogramm der mit ihr verbundenen Strategien ab (Gl.3.3).

$$u \colon S \times \triangle \to \mathbb{R}, \text{ wo } \forall s' \in \nu(s) \colon D(s') = D'(s') \Rightarrow u(s, D) = u(s, D') \tag{3.3}$$

Aktionsgraphenspiele können alle Spiele in Normalform ausdrücken. Die Kompaktheit der Darstellung eines Spiels wird durch Überschneidungen zwischen den Strategiemengen sowie eine Reduktion der Verbindungen im Graphen erreicht. Abb.3.1(rechts) zeigt die Auszahlungsmatrix eines Konsensusspiels wie z.B. Links- vs. Rechtsverkehr, bei dem jeder Spieler nur zwei Strategien 0 und 1 hat. Die höchste Auszahlung gibt es übertragen auf den n-Spieler-Fall, wenn alle die gleiche Strategie wählen. Abb.3.1(links) zeigt den Graphen dieses Spiels als n-Personen-Aktionsgraphenspiel. Die gestrichelten Linien umfassen die Strategiemengen der Spieler. Die Auszahlungsfunktion kann man ausdrücken als $u(s, D) = D(s)/(D(0) + D(1))$. Aktionsgraphenspiele nehmen in sich alle Elemente anderer Formalismen für kompaktere Darstellung von Spielen auf, deshalb werden nur sie hier ausreichen erläutert. Und wie bei anderen Formalismen existieren bei Aktionsgraphenspielen Vorschläge zur Berechnung von Gleichgewichten.

Das Problem der Umwandlung eines extensiven Spiels in Normalform liegt darin, dass die Normalform exponentiell größer als der ursprüngliche Baum sein kann, denn jede Kombination der Entscheidungen an den Verzweigungen muss in Normalform als pure Strategie auftauchen. Eine gemischte Strategie ist dann eine Mischung über diese pure Strategien. Wenn das Spiel aber nicht mehr als zwei Spieler beinhaltet, kann die extensive Form in sequenzielle Form umgewandelt werden. Für die *sequenzielle Form* [KMv94] wird eine gemischte Strategie im Unterschied zur Normalform als eine Gewichtung über die Wurzelpfade eines Spielers zum Erreichen aller Knoten des Baumes ausgedrückt. Eine solche Mischung ist nicht in der Summe gleich

3.1. SPIELBESCHREIBUNGSSPRACHEN

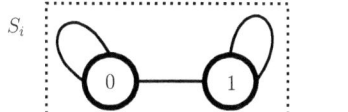

Abbildung 3.1: Beispiel eines 2-Personen-Spiels als ein Aktionsgraphenspiel und in Normalform. Es gibt nur zwei Strategien 0 und 1.

eins sondern an spezielle Constraints gebunden. Ob der entsprechende Knoten tatsächlich erreicht wird, hängt vom Zufall sowie von der gemischten Strategie des Mitspielers. Ein Spiel in sequenzieller Form ist nicht kleiner als in extensiver Form, sondern es bringt den Vorteil, dass die Lösung bei Nicht-Nullsummenspielen in exponentieller Zeit abhängig von der Größe des Baumes und nicht von der Größe der dazu gehörigen Normalform berechnet werden kann.

3.1.2 MAID

Multiagenteneinflussdiagramme MAID sind entwickelt worden, um Spiele aus der Sicht eines beteiligten Agenten mit Hilfe von *Bayesnetzen* darzustellen [KM01, KM03]. Ein Bayesnetz ist ein gerichteter zyklenfreier Graph $G \subseteq (\mathbb{N}_0^N)^2$ (hier eine Menge von Kanten) über Variablen $X_0, \ldots, X_N$. Jedem Knoten (=Variable) eines Bayesnetzes ist eine Menge legaler Werte zugeordnet. Jedem legalen Wert x_c einer unbelegten Variable X_c ist eine Wahrscheinlichkeit $P(X_c = x_c)$ zugeordnet. Diese Wahrscheinlichkeit kann nur von der Wahrscheinlichkeitsverteilung über die Werte bzw. Belegung ($\equiv$) der Variablen an den eingehenden falls vorhandenen Kanten $X_{j:\ (j,c) \in G}$ abhängig sein (Gl.3.4). Der Ausdruck $P(X_c = x_w | \{X_j = x_{jk}\}_{j:\ (j,c) \in G})$ für beliebige w und k wird als *bedingte Wahrscheinlichkeitsverteilung CPD* bezeichnet. CPD werden meist als Tabellen angegeben.

$$P(X_c = x_c) = \begin{cases} 1, & \text{wenn } X_c \equiv x_c \\ 0, & \text{wenn } X_c \equiv x_w \neq x_c \\ \sum_k (P(X_c = x_c | I_{*k}) \prod_j P(I_{jk})), & \\ \quad \text{wo } (j,c) \in G \ \& \ I_{jk} = \{X_j = x_{jk}\} \text{ sonst} \end{cases}$$

(3.4)

KAPITEL 3. VERWANDTE ARBEITEN

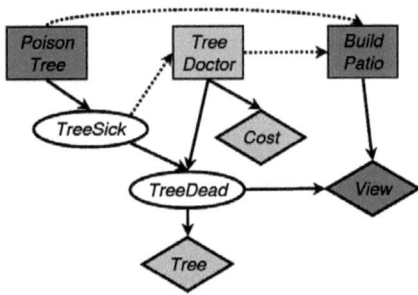

Abbildung 3.2: Ein Beispiel für MAID [KM01]. Einfache Knoten sind rund, Entscheidungsknoten Rechtecke und Auszahlungsknoten Rauten. Dunkelgraue Knoten gehören Alice und hellgraue Bob. Kanten, die die Verfügbarkeit der Information für eine Entscheidung ausdrücken, sind gestrichelt.

MAID sind *Einflussdiagramme* mit mehreren Agenten und Einflussdiagramme [HM84] sind wiederum entscheidungstheoretische Bayesnetze mit drei Arten von Knoten – einfache Knoten, Entscheidungsknoten und Nutzwertknoten. In MAID hat jeder Entscheidungsknoten und jeder Nutzwertknoten einen der Agenten als Besitzer. Ein Agent kann die Belegung seiner Entscheidungsknoten beeinflussen und hat eine Präferenzordnung über die legalen Belegungen seiner Nutzwertknoten.

Die CPD an einem Entscheidungsknoten D_c wird als eine *Entscheidungsregel* bezeichnet. Die Menge der Eingangskanten $(*,c) \subset G$ legt die bei einer Entscheidung verfügbare Information fest. Die Entscheidungsregeln können deterministisch sein, indem für jede Belegung der Variablen $X_{j:\,(j,c)\in G}$ ein bestimmter Wert die Wahrscheinlichkeit 1 (alle anderen 0) zugewiesen bekommt. Die Menge der Entscheidungsregeln für alle Entscheidungsknoten eines Agenten ist eine Strategie. Ferner lässt sich zu einem MAID ein Spiel in extensiver Form generieren, dessen Verhaltensstrategien zu den Strategien in MAID äquivalent sind. Der Graph eines Spiels in MAID kann exponentiell kleiner als in extensiver Form sein und falls eine kompakte Darstellung von CPD möglich ist, kann man aus einem Spiel in extensiver Form MAID erstellen, ohne es zu vergrößern. Ein genereller Beweis für die Verkleinerung durch die Darstellung in MAID wurde in der Quelle [KM03] nicht angegeben.

Abb.3.2 zeigt ein Beispiel von MAID. Es werden nur die relevanten Teile dieses übernommenen Beispieles beschrieben. Es gibt Alice und Bob. Ali-

3.1. SPIELBESCHREIBUNGSSPRACHEN

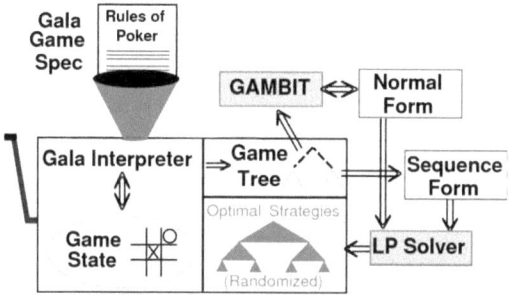

Abbildung 3.3: Architektur des Gala-Systems [KP97].

ce überlegt sich Bobs Baum zu vergiften (**Poison Tree**), um einen besseren Blick von der geplanten Veranda (**Build Patio**) zu haben. Ob der Baum vergiftet wurde oder nicht, kann Bob nicht feststellen. Er kann aber feststellen, dass der Baum krank ist (**TreeSick**). Ein Experte (**Tree Doctor**) kann für gewisse Kosten (**Cost**) die Überlebenswahrscheinlichkeit des Baumes erhöhen. Alle Entscheidungsknoten haben binäre Wertebereiche. Hier sieht man, dass der Graph von MAID das Spiel intuitiv und kompakt veranschaulichen kann. Was man auf dieser Abbildung ausgelassen hat, sind die CPD und die Präferenzordnungen.

Um ein in MAID beschriebenes Spiel zu lösen, bedarf es eines speziellen Algorithmus, auf den es hier nicht näher eingegangen wird, der vereinfacht beschrieben die Gesamtstruktur in kleinere Einheiten spaltet [KM03]. Zu den kleineren Einheiten können dann Spiele in extensiver Form generiert werden und effizient mit Hilfe von dem schon im Abschnitt 2.2.4 erwähnten GAMBIT gelöst werden.

3.1.3 Gala

Die *Gala*-Sprache sowie das Gala-System ist eine Verbindung zwischen Spieltheorie und Künstlicher Intelligenz [KP97]. Abb.3.3 zeigt die Architektur des Gala-Systems. Die Gala-Sprache beschreibt ein Spiel mit Hilfe von Logik (**Gala Game Spec**). Auf der Basis der logischen Beschreibung eines Spiels kann der Gala-Interpreter ein extensives Spiel bei imperfekter Information erstellen. Die extensive Form kann dann an GAMBIT weitergeleitet werden. GAMBIT löst das Spiel, wobei das Spiel meist in die Normalform

KAPITEL 3. VERWANDTE ARBEITEN

umgewandelt wird. Die in der Spieltheorie übliche Umwandlung in die Normalform ist aber nicht immer der schnellste Weg um optimale Lösungen für konkrete extensive Spiele bei imperfekter Information zu finden. Daher wird im Gala-System auch die Darstellung eines Spielbaumes in sequenzieller Form [KMv94] bei 2-Personen-Nullsummenspielen benutzt. Beim Lösen von 2-Personen-Nullsummenspielen bei imperfekter Information (Abbschnitt 2.2.4) bedarf es wie in der Normalform so auch in der sequeniellen Form des Lösens eines *linearen Programms* (LP-Solver). Das Gala-System nutzt dafür außer GAMBIT kommerzielle Software wie CPLEX und MATLAB.

Die Autoren von Gala führen drei Motive für ihren Ansatz auf:

1. Dadurch, dass man mit Gala komplexere Spiele ausdrücken und automatisch lösen kann, als die in der spieltheoretischen Literatur üblichen abstrakten „kleinen" Spiele, lässt sich das Verhalten in realen strategischen Interaktionen besser erklären, als wenn man den Sachverhalt verfälschend vereinfachen würde. Solche „kleine" Spiele wurden ferner als „toy games" bezeichnet [KMv94].

2. Die Werkzeuge der Spieltheorie können nur von Experten benutzt werden. Gala bietet durch die logikbasierte Spielbeschreibungssprache eine einfachere Schnittstelle zu diesen Werkzeugen.

3. Die Abwesenheit leicht einsetzbarer Implementationen spieltheoretischer Algorithmen verhindert das Nutzen von spieltheoretischen Lösungen bei autonomen künstlichen Agenten.

Die Gala-Sprache ist eine deklarative Sprache und basiert auf der Syntax von Prolog. Laut den Autoren imitiert Gala die Art und Weise, wie Spiele in natürlicher Sprache beschrieben werden. Eine Spielbeschreibung in Gala ist ein Fakt bestehend aus dem Namen des Spiels und dessen Definition *game(<Spielname>, <Definition>)*. Die Definition ist eine Abbildung zwischen Schlüsseln und mehrelementigen Werten *<Schlüssel>:<Wert>*. In der Abb.3.4 ist ein Beispiel einer solchen Beschreibung des Spiels *Nim* mit einem Pott und zwei Spielern, Alice und Bob. Es befinden sich 7 Streichhölzer in diesem Pott, jeder Spieler kann und muss abwechseln zwischen 1 und 3 Streichhölzern aus diesem Pott entnehmen. Alice fängt an. Der Spieler, der als Letzter nichts mehr entnehmen kann, gewinnt.

Die Schlüssel fallen in zwei Kategorien - Beschreibung der Bestandteile des Spiels wie *players*, *variables* und die Beschreibung der Veränderungen während des Spiels wie *flow*, *pick*, *empty*. Werte der Schlüssel der ersten Kategorie sind Listen von globalen Variablen (in eckigen Klammern und getrennt mit Kommas), die während des Spiels mit $ abgefragt und mit

3.1. SPIELBESCHREIBUNGSSPRACHEN

```
game(nim,
    [players : [alice, bob],
     params : [maxTake = 3]
     variables : [control = alice, amount = 7],
     flow : (repeat(pick, until(empty))),
     pick : (choose($control, take(Matches),
                    (between(1, $maxTake, Matches), Matches =< $amount)),
             amount gets $amount - Matches,
             reveal($opponent, took($control, Matches)),
             if($control = alice,
                control gets bob,
                control gets alice)
            ),
     empty : (if($amount = 0,
                 outcome(wins($control)))
    ]).
```

Abbildung 3.4: Beschreibung des Spiels Nim in Gala.

gets gesetzt werden können. Außer globalen Variablen existieren auch lokale Variablen. Die Namen der lokalen Variablen fangen mit einem Großbuchstaben an wie z.B. *Matches*. Schlüssel der zweiten Kategorie verweisen auf Listen von Operationen (in runden Klammern und getrennt mit Kommas). Ein Schlüssel der zweiten Kategorie ist wahr, wenn alle seiner Operatoren ausgeführt werden können. Die drei wichtigsten Operatoren der Gala-Sprache sind *choose*, *reveal* und *outcome*. Es sind auch bedingte Anweisungen wie z.B. *if(<Wenn>,<Dann>,<Sonst>)* sowie Schleifen wie z.B. *repeat(<Hauptteil>, <Abbruch>)* möglich. Der Schlüssel *flow* ist ebenfalls ein festgelegtes Wort in der Gala-Sprache und der Wert dieses Schlüssels drückt den Ablauf des Spiels ψ aus. $\mathcal{V}$ drückt die Belegung der globalen Variablen aus. $\mathcal{F}_i$ ist eine geordnete Menge der Fakten des Wissensstands des Spielers i. Dadurch kann ein Knoten des zu generieren Spielbaumes als das Tupel $(("\psi", \mathcal{V}), \mathcal{F}_1, \ldots, \mathcal{F}_k, \ldots, \mathcal{F}_N)$ ausgedrückt werden. Hier wird die Originalnotation für "ψ" übernommen. Der nächste Schritt aus ψ wird als "$< Operator >, \psi'$" ausgerückt. Der Spielbaum ist noch kein Spiel in extensiver Form, sondern eine Vorstufe dazu.

Der Operator *choose* erzeugt eine Verzweigung und braucht drei Parameter – Spieler *Player*, Schablone *Template* und Randbedingung *Constraint*. Die möglichen Züge A müssen nicht einzeln definiert, sondern sie sind alle Ausprägungen der Schablone, die der Randbedingung entsprechen. Ein Knoten des Spielbaumes

$$(("choose(Player, Template, Constraint), \psi", \mathcal{V}), \mathcal{F}_1, \ldots, \mathcal{F}_k, \ldots, \mathcal{F}_N)$$

KAPITEL 3. VERWANDTE ARBEITEN

wird für $Player = k$ und jeden Zug $a \in A$ aus der Menge der möglichen Züge in die Knoten

$$((\text{``}\psi\text{''}, \mathcal{V}/a), \mathcal{F}_1, \ldots, (\mathcal{F}_k \circ choosing(A) \circ choose(a)), \ldots, \mathcal{F}_N)$$

verzweigt, wobei $\mathcal{V}/a$ die durch a geänderte Belegung der Variablen bedeutet. Bei Zügen der Natur wird $Player$ durch $nature(\mu)$ ersetzt, wo μ eine Verteilung ist. Ein Zug der Natur wird in die Knoten

$$((\text{``}\psi\text{''}, \mathcal{V}/a), \mathcal{F}_1, \ldots, \mathcal{F}_k, \ldots, \mathcal{F}_N)$$

verzweigt, wobei die Wahrscheinlichkeit jedes Zweigs durch $\mu(a)$ definiert wird.

Der Operator *reveal* braucht zwei Parameter – Spieler *Player* und Fakt *Fact*. *reveal* legt fest, dass ein Spieler einen Fakt aus dem aktuellen Spielstand erfährt. *reveal* bewirkt keine Verzweigung, sondern es verändert den Knoten

$$((\text{``}reveal(Player, Fact), \psi\text{''}, \mathcal{V}), \mathcal{F}_1, \ldots, \mathcal{F}_k, \ldots, \mathcal{F}_N)$$

bei $Player = k$ zum Knoten

$$((\text{``}\psi\text{''}, \mathcal{V}), \mathcal{F}_1, \ldots, (\mathcal{F}_k \circ Fact_\mathcal{V}), \ldots, \mathcal{F}_N).$$

Der Operator *outcome* erzeugt ein Blatt des Spielbaums. Der Spielbaum ist ein Baum, bei dem jede Verzweigung durch *choose* erzeugt wurde. Leider wurde in der Arbeit [KP97] kein Algorithmus zur Umwandlung des Spielbaums in ein Spiel in extensiver Form bzw. in sequenzieller Form vorgestellt – der Spielbaum beinhaltet keine expliziten Informationsmengen. Die angestrebte praktische Nutzbarkeit von Gala wird zumindest durch die Lösbarkeit von 2-Personen-Nullsummenspielen bei imperfekter Information in polynomieller Zeit begründet.

3.1.4 GDL

Für die Entwicklung einer kompakten Spielbeschreibungssprache gibt es in der Künstlichen Intelligenz noch ein weiteres Motiv, als die die bei Gala aufgelistet wurden. In einer Reihe von Arbeiten [Pel92, Pel96] wurde zum ersten Mal ein entscheidendes Problem suboptimaler Heuristiken erwähnt. Dieses Problem d.h. der Ursprung für das Motiv ist deren Spezialisierung auf ein bestimmtes Spiel. Ein Programm, das z.B. Schach gut spielen kann, ist nicht verwendbar für z.B. Dame, obwohl beide Spiele strukturell sehr ähnlich sind.

3.1. SPIELBESCHREIBUNGSSPRACHEN

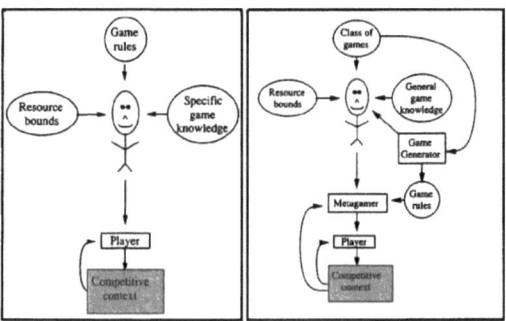

Abbildung 3.5: Veranschaulichung der Art und Weise, wie eine generelle Spielbeschreibungssprache (rechts) eine starke Spezialisierung von Heuristiken auf bestimmte Spiele (links) verhindern soll [Pel96].

Auch die Konzepte, die einem solchen Programm zu Grunde liegen, können in etwas anderen Spielen meistens weniger sinnvoll sein. Solche Konzepte sind z.B. spezielle Lernverfahren, Planungsalgorithmen und Approximationsfunktionen. Die Abb.3.5 drückt dieses Problem graphisch aus. Wenn ein Forscher (das lächelnde Männchen links) aus der Künstlichen Intelligenz ein Programm zu einem bestimmten Spiel entwickelt, werden die Kenntnis der Spielregeln sowie das spezielle Wissen über das Spiel beim Anstreben höchster Effizienz ausgenutzt. Dadurch sinkt der Wiederverwendungsgrad der Ergebnisse.

Die vorgeschlagene Lösung für dieses Problem ist das Entwickeln einer Heuristik für eine Klasse von Spielen. Der zu entwickelnde Metaspieler (Metagamer) muss in der Lage sein, jedes Spiel aus dieser Klasse zu lösen. Das bedeutet, dass die konkreten Spielregeln in irgendeiner Form vor dem Spiel dem Metaspieler mitgeteilt werden müssen – wohlbemerkt dem Spieler und nicht dem Programmierer. Diese Form ist eine Spielbeschreibung in einer speziellen Spielbeschreibungssprache. Der chronologisch erste Vorschlag einer solchen Sprache basiert auf imperativem Pseudocode [Pel92]. Leider nimmt der erste Ansatz keinen Bezug auf die Spieltheorie. Bei der ersten Sprache wird der Terminus „schach-ähnlich" d.h. das Akronym SCL benutzt, um deren Mächtigkeit zu beschreiben. Die korrekte Bezeichnung heißt extensive symmetrische 2-Personen-Nullsummenspiele bei perfekter Information und ohne Züge der Natur. Diese Sprache ist zu speziell für den weiteren Verlauf und wird nicht weiter betrachtet. Der zweite Ansatz [GLP05, gdl09] ist lo-

KAPITEL 3. VERWANDTE ARBEITEN

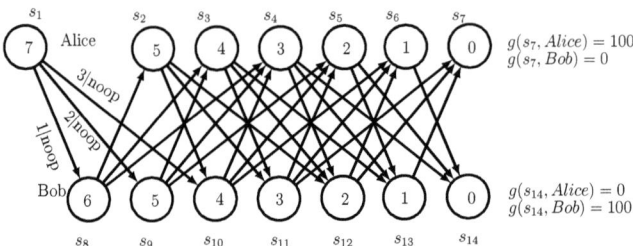

Abbildung 3.6: Nim mit 7 Streichhölzern, dargestellt als GDL-Spielmodell.

gikbasiert, hat jedoch keinen Bezug zu Gala. Die zweite Sprache heißt GDL und ist erheblich mächtiger. Sie kann alle extensiven n-Personen-Spiele ohne Natur bei perfekter Information und eine Untermenge bei imperfekter Information beschreiben - imperfekte Information beschränkt sich bei GDL auf simultane Züge.

Ein extensives Spiel bei perfekter Information wird für GDL als ein endlicher gerichteter Graph modelliert. Jeder Knoten dieses Graphen ist ein Zustand im Spiel. Dieses Modell kann man auch als einen endlichen Automaten bezeichnen. Das Spielmodell für GDL besteht aus folgenden Elementen:

S eine endliche Menge von Zuständen

$r_1, \ldots, r_n$ eine endliche Menge von $n \in \mathbb{N}$ Rollen bzw. Spielern

$I_1, \ldots, I_n$ endliche Mengen von Zügen für jeden Spieler

$l_1, \ldots, l_n$ Mengen von legalen Zügen für jeden Spieler in jedem Zustand, wo $l_i \subseteq I_i \times S$

$\nu \colon I_1 \times \ldots \times I_n \times S \to S$ eine Menge von Zustandsübergängen

$s_1 \in S$ ein Startzustand

$g \colon \mathbb{N}_1^n \times S \to \mathbb{N}_0^{100}$ eine Auszahlungsfunktion für jeden Spieler in jedem Zustand

$t \subset S$ eine Menge von Endzuständen

3.1. SPIELBESCHREIBUNGSSPRACHEN

Abb.3.6 zeigt das GDL-Spielmodell für das Spiel Nim, das schon im vorigen Abschnitt beschrieben wurde. Die Kreise sind die unterscheidbaren Zustände. Ein Zustand wird durch die Zahl der noch verbleibenden Streichhölzer (Zahlen in den Kreisen) sowie durch den Spieler (obere für Alice, untere für Bob), der in diesem Zustand am Zug ist, definiert. Der Startzustand ist s_1. s_7 und s_{14} sind Endzustände. Jede Kante ist als eine Kombination von simultanen Zügen der beiden Spieler definiert (getrennt mit |). Die Zahlen 1 bis 3 an den aus dem Startzustand ausgehenden Kanten drücken die entnommenen Mengen an Streichhölzern aus. *noop* bedeutet kein Zug. An allen anderen Kanten sind die Züge zur Einfachheit ausgelassen. Bei GDL sind nur ganzzahlige Auszahlungen zwischen 0 und 100 möglich. 100 bedeutet, dass das Ziel vollständig erreicht wurde. Bei Nim heißt das, dass ein Spieler gewonnen hat. 0 bedeutet das Gegenteil.

Nim ist ein Spiel bei perfekter Information und eignet sich dafür GDL mit der Gala-Sprache beispielhaft zu vergleichen. Allgemeine Spiele bei imperfekter Information wie z.B. Poker (Abb.2.4) lassen sich mit dem GDL-Spielmodell nicht ausdrücken, weil Spieler nur innerhalb der simultanen Züge über die Züge anderer Spieler nicht informiert sind. Die Natur lässt sich einbringen, indem man einen zufällig entscheidenden Spieler einbindet, das heißt aber nicht, dass das jetzige GDL-Spielmodell Beschreibungsmöglichkeiten für die Verteilungen über die Zufallszüge beinhaltet.

Die Zustände im GDL-Spielmodell sind nicht atomar, sondern sie bestehen aus Einzelteilen, die unabhängig von einander verändert werden können. Die Veränderungen an den Einzelteilen können bei mehreren Zustandsübergängen identisch sein. Dadurch kann man mehrere Zustandsübergänge mit einer einzigen Regel zusammenfassen. Nach den Autoren kann man sich einen Zustand als eine *Datenbank* vorstellen. GDL beschreibt die Struktur dieser Datenbank sowie deren Veränderungen abhängig von den Zügen der Spieler. Der Aufbau der GDL ist von einer Untermenge von Prolog *datalog*⁻ abgeleitet [LHH+08]. *datalog*⁻ ist *datalog* plus Negation. Datalog-Sprachen werden in den deduktiven Datenbanken verwendet [KE06]. Der Unterschied von *datalog* zu Prolog ist die Entscheidbarkeit des Terminierungsproblems, die durch das Verbot von zusammengesetzten Termen und Funktionen sowie Stratifikation bezüglich Rekursion und Negation erreicht wird [DEGV97]. Dennoch kann der zeitliche Aufwand der Datalog-Programme exponentiell zur Größe der Datenbank sein. GDL ist zwar eine Modifikation von *datalog*⁻, bleibt aber trotzdem eine Untermenge von Prolog. Im Unterschied zu *datalog*⁻ sind Funktionen sowie die Relation *distinct* bei GDL erlaubt. Da die Rekursion in *datalog*⁻ begrenzt ist, sind die Spiele endlich. Die bei GDL verwendete Syntax ist KIF [Gen09] in Prefix-Notation.

KAPITEL 3. VERWANDTE ARBEITEN

GDL benutzt die Operatoren *role, init, true, does, next, legal, goal, terminal* und ist definiert [ST09] als:

Term ist entweder eine Konstante oder eine Variable (mit Prefix ?) oder eine Funktion bzw. eine Relation f angewandt auf eine Menge von Termen $(f\ t_1\ \ldots\ t_n)$.

Atom ist eine Relation r angewandt auf eine Menge Termen $(r\ t_1\ \ldots\ t_n)$.

(*distinct* $t_1\ t_2$) ist nur dann wahr, wenn die Terme t_1 und t_2 syntaktisch unterschiedlich sind.

Literal ist entweder ein Atom a oder ein negiertes Atom (*not* a).

Regel ist ($\Leftarrow a\ l_1\ \ldots\ l_n$), wobei a ein Atom ist, l_i Literale sind und die Implikation $\bigwedge_{i=1}^n l_i \Rightarrow a$ gilt. Der Ausdruck $\bigwedge_{i=1}^n l_i$ ist der Regelrumpf für den Regelkopf a.

(*role p*) : Die Konstante p ist ein Spieler. Dieser Ausdruck taucht nie innerhalb eines Literals d.h. auch nie in einer Regel auf.

(*init a*) : Das Atom a gilt im Startzustand. Dieser Ausdruck taucht nur im Regelkopf auf, bei dem der Regelrumpf keine Ausdrücke mit *true, does, next, legal, goal* oder *terminal* beinhaltet.

(*true a*) : Das Atom a gilt im aktuellen Zustand.

(*does p a*) : Das Atom a ist der Zug des Spielers p im aktuellen Zustand. Die Ausdrücke mit *true* und *does* tauchen nur im Regelrumpf auf.

($\Leftarrow$ (*next a*) $l_1\ \ldots\ l_n$) : Das Atom a gilt im nächsten Zustand, falls die Konjunktion der Literale l_i gilt. *next* gibt es nur im Regelkopf.

($\Leftarrow$ (*legal p a*) $l_1\ \ldots\ l_n$) : Das Atom a ist ein legaler Zug des Spielers p im aktuellen Zustand, falls die Konjunktion der Literale l_i gilt.

($\Leftarrow$ (*goal p m*) $l_1\ \ldots\ l_n$) : Der Spieler p bekommt im aktuellen Zustand die Auszahlung m, falls die Konjunktion der Literale l_i gilt.

($\Leftarrow$ *terminal* $l_1\ \ldots\ l_n$) : Der aktuellen Zustand ist ein Endzustand, falls die Konjunktion der Literale l_i gilt.

Abb.3.7 zeigt die Beschreibung des Spiels Nim in GDL. Mit *role* werden die beiden Spieler, Alice und Bob, definiert. Dann ist die Zahl der Streichhölzer im Pott mit (*amount* 7) angegeben und Alice ist am Zug. Die beiden

```
(role alice) (role bob)
(init (amount 7)) (init (control alice))
(<= (next (amount ?xm))
    (true (control ?p))
    (does ?p (take ?matches))
    (true (amount ?x))
    (- ?x ?matches ?xm))
(<= (next (control ?p)) (role ?p) (not (true (control ?b))))
(possible 1) (possible 2) (possible 3)
(<= (legal ?p (take ?matches))
    (true (control ?p))
    (true (amount ?y))
    (possible ?matches)
    (not (> ?matches ?y)))
(<= (legal ?p noop) (role ?p) (not (true (control ?b))))
(<= (goal ?p 100) (true (amount 0)) (true (control ?p)))
(<= (goal ?p 0) (true (amount 0)) (not (true (control ?p))) )
(<= terminal (true (amount 0)))
```

Abbildung 3.7: Beschreibung des Spiels Nim in GDL. In dieser Beschreibung fehlen noch Definitionen für „-" und „>" als z.B. (− 5 2 3) und (> 5 3).

Spieler sind abwechseln dran, was durch die Regeln mit *control* ausgedrückt wird. In der jetzigen Definition hat GDL keine vordefinierten arithmetischen Relationen und Funktionen. Diese müssen zur Zeit in der Spielbeschreibung enthalten sein. Mit *possible* sind mögliche Züge angegeben. Die Auszahlungen im Endzustand sind mit *goal* definiert. Ein Beweis dafür, dass jedes GDL-Spielmodell sich in GDL-Sprache beschreiben lässt, wurde in bisherigen Veröffentlichungen nicht angegeben.

3.2 Spielinfrastrukturen

3.2.1 Klassische Implementationen

Es werden hier einige neue Begriffe wie z.B. *Spielinfrastruktur* eingeführt, um die verwandten Arbeiten im Bereich der Spielverwaltung genauer einzuordnen. Als eine Spielinfrastruktur (Abb.3.8) werden hier alle Teile einer *Spielimplementation* außer der spiellösenden Algorithmen bezeichnet. Die Spielimplementation ist wiederum die Menge realer Umstände einer strategischen Interaktion, die zwar wahlweise mit menschlichen Spielern dennoch innerhalb eines Computersystems stattfindet. Die menschlichen Spieler sind

KAPITEL 3. VERWANDTE ARBEITEN

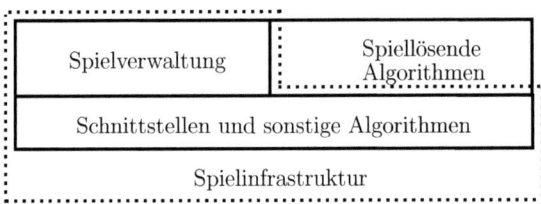

Abbildung 3.8: Teile einer Spielimplementation. Die spiellösende Algorithmen können durch menschliche Spieler ausgetauscht werden.

dabei die einzigen möglichen natürlichen Komponenten einer Spielimplementation. Es gibt verschiedene Möglichkeiten, eine Spielinfrastruktur zu konstruieren. Zu einer Spielinfrastruktur gehört vor allem eine Spielverwaltung. Als eine Spielverwaltung wird hier der Teil einer Spielimplementation bezeichnet, der für die Repräsentation der Spielregeln d.h. für das Empfangen der Spielerzüge, die konformen Zustandsübergänge sowie deren Veröffentlichung zuständig ist. Außer einer Spielverwaltung gehören Teile wie z.B. Benutzerschnittstellen zu einer Spielinfrastruktur.

Es ist bisher keine Arbeit zur Übersicht der möglichen Konstruktionsarten einer Spielverwaltung für wissenschaftliche Zwecke bekannt. Das Gleiche gilt folglich auch bei Spielinfrastrukturen. In der auf Spiele bzw. strategische Interaktionen bezogenen wissenschaftlichen Literatur tauchen hauptsächlich zwei klassische Grundtypen auf. Der erste Typ ist eine monolithische Implementation. Die gesamte Implementation ist dabei ein einziges Programm, das nur auf einem Computer ausgeführt werden kann. Diese Art der Implementation ist weit verbreitet. Sie wurde in einigen wissenschaftlichen Programmierwettbewerben verwendet [Pre94, Bil99, usw.]. Die spiellösenden Algorithmen der Teilnehmer wurden als Bibliotheken in das Gesamtprogramm zur Evaluation eingebunden. Das Interagieren mehrerer menschlicher Spieler zusätzlich zu den künstlichen Spielern bei einer monolithischen Implementation ist nur über *Hot-Seat* oder spezielle Hardware wie Spielkonsolen möglich.

Die zweite Möglichkeit ist ein Client-Server-Modell [CDK05]. Client-Server-Architekturen werden meist bei Implementationen angewendet, in denen mehrere Menschen miteinander interagieren sollen [GP07a, ELLT09, z.B.] und wo dieses mit monolithischen Implementationen umständlich ist. Server und Clients können auf verschiedenen Computern ausgeführt werden. Der Server beinhaltet dabei die Spielverwaltung und die Clients stehen für die einzelnen Spieler. Die Spielregeln bestimmen die Form des zugehörigen

3.2. SPIELINFRASTRUKTUREN

Netzwerkkommunikationprotokolls zwischen dem Server und den Clients und die Clients müssen sich zu diesem Protokoll konform verhalten. Die Clients können entweder künstlich oder Schnittstellen zu menschlichen Spielern sein. Schnittstellen zu menschlichen Spielern können auch als *Proxy-Agenten* bezeichnet werden [GP07a]. Ein spielverwaltender Server wird als *Gameserver* bezeichnet. Zusätzlich kann es den Clients erlaubt sein, miteinander nach dem Peer-to-Peer-Prinzip ohne die zentrale Spielverwaltung zu kommunizieren.

Wie man es schon vermuten kann, lässt sich eine Spielbeschreibungssprache mit einer Client-Server-Architektur kombinieren. Speziell bei den universellen Spielinfrastrukturen, die ausschließlich für das Durchführen diverser verhaltensspieltheoretischer Experimente mit Menschen verwendet werden, lässt sich in den letzten Jahrzehnten ein Trend in diese Richtung erkennen [GP07b]. Die erste Generation solcher Software wie z.B. *RatImage* [AS95] und *TEEC* [GP07b] sind Bibliotheken, die das Programmieren von Systemen für konkrete Experimente erleichtern. Die zweite Generation bietet die Möglichkeit an, Spiele für die Spielverwaltung sowie für die Benutzer in speziellen Sprachen zu definieren. Dazu gehören *ComLabGames* [KMPZ04] und *z-Tree* [Fis07]. z-Tree wird am häufigsten verwendet [Gä09]. ComLabGames basiert auf Spielbeschreibungen in extensiver bzw. Normalform. Spielbeschreibungen in ComLabGames lassen sich ähnlich wie bei GAMBIT graphisch editieren. Die Spielverwaltung bei z-Tree verwendet eine Datenbank, in der die relevanten Informationen gespeichert werden. Die spielbedingten Veränderungen der Datenbank sowie der Benutzerschnittstellen werden bei z-Tree in einer einfacheren imperativen Programmiersprache definiert. Diese spezielle Programmiersprache ist nicht auf Eigenschaften hin untersucht worden.

Bisher ist nur GDL für die Verwendung einer formal definierten Spielbeschreibungssprache in einer Client-Server-Spielinfrastuktur bekannt [gdl09]. Die Spielverwaltung ist als ein Gameserver implementiert, dessen Verhalten von der Spielbeschreibung in GDL abhängt. Dadurch kann das Netzwerkkommunikationprotokoll der GDL-Spielverwaltung spielunabhängig definiert werden. Die Kommunikation mit den Spielern besteht aus zwei Phasen. In der ersten Phase bekommen die Spieler die Spielbeschreibung und es wird eine gewisse für die Spieler bekannte Zeitspanne *startclock* gewartet, bis jeder Spieler seinen ersten Zug versendet. Falls die Züge vor dem Ablauf dieser Zeitspanne da sind, wird der nächste Zustand von des Spiels berechnet und samt aller gemachten Züge den Spielern zugesandt. Falls einer der Spieler es verpasst, seinen Zug zu versenden, oder einen illegalen Zug versendet, wird für ihn ein zufälliger legaler Zug ausgewählt. In der zweiten Phase passiert das gleiche mit allen weiteren Zügen bis zu einem Endzustand nur mit einer

KAPITEL 3. VERWANDTE ARBEITEN

anderen Zeitspanne *playclock*. Die Spieler bekommen spätestens nach dem Ablauf von *playclock* wie in der ersten Phase den neuen Zustand und die gemachten Züge zugesandt. Bei einem Endzustand wird das Spiel beendet. Die Spieler werden über das Ende des Spiels benachrichtigt.

Der Nachteil der Client-Server-Implementation gegenüber der monolithischen besteht darin, dass die Netzwerkkommunikation zusätzlichen Aufwand in Anspruch nimmt. Vorteilig ist der Fakt, dass bei Client-Server-Implementationen Ressourcen mehrerer Computer genutzt werden können, was die Ausführung beschleunigen kann. Im nächsten Abschnitt wird eine weitere Möglichkeit der Implementation und zwar als ein Multiagentensystem besprochen.

3.2.2 ACE-Modell

Tabelle 3.1: Agententypen des ACE-Modells.

Typ	Tätigkeit
World	Daten über andere Agenten, Allgemeine Umgebung, Eigentumsverhältnisse, Absprachen, Insolvenzverwaltung, Aufzeichnnung von Ereignissen
Market	Registrierung der Nachfrage, Preisentwicklung, Abwicklung des Handels
Firm	Auswahl und Herstellung des Angebots, Verkauf, Maximierung des Profits
Consumer	Feststellung des Bedarfs, Preisvergleich, Kauf, Maximierung des Nutzens

Das ACE-Modell [Tes06] ist ein Konzept zum Aufbau einer Wirtschaftssimulation mit Hilfe eines Multiagentensystems. Die Motivation dahinter ist wirtschaftliche Interaktionen sowie deren Entwicklung mit Hilfe der Simulation vorherzusagen.

Das Modell besteht aus vier Typen von Agenten – *World*, *Market*, *Firm* und *Consumer* (Abb.3.1). Agenten vom Typ World bzw. Market stellen die Verwaltung der Simulation dar. Agenten vom Typ Firm repräsentieren einzelne Firmen, die ihrerseits aus mehreren Agenten (Manager, Angestellte usw.) bestehen können und miteinander im Konkurrenzkampf stehen. Das Ziel einer Firma ist die Differenz zwischen Verkaufserlös und Produktionskosten d.h. den Profit zu maximieren. Dieses Ziel kann eine Firma durch Beobachtung des Markts und eine sinnvolle Auswahl des Angebots erreichen. Die Agenten vom Typ Consumer sind die Verbraucher und haben als Ziel die Produkte der Firmen mit möglichst hohen individuellen Nutzen zu möglichst niedrigen Preisen zu erwerben. Firmen und Verbraucher befinden sich offensichtlich in einer strategischen Interaktion miteinander.

Das ACE-Modell ist ein weiter entwickeltes Konzept einer Spielimplementation als die im vorigen Kapitel erwähnte Beispiele. Auf die Vorteile der Nutzung von Multiagentensystemen in Spielimplementationen wird im Kapitel 5 eingegangen.

3.3 Modelle Menschlicher Spieler

3.3.1 Kognitive Architekturen

Tabelle 3.2: Liste einiger kognitiver Architekturen.

Kürzel	Quelle
4CAPS	ccbi.cmu.edu/4CAPS/
ACT-R	act-r.psy.cmu.edu/
CHREST	people.brunel.ac.uk/~hssrrls/chrest/
Clarion	www.cogsci.rpi.edu/~rsun/clarion.html
CogAff	cs.bham.ac.uk/research/projects/cogaff/
Cogent	cogent.psyc.bbk.ac.uk/
COGNET/iGEN	chisystems.com
CoJack	aosgrp.com/products/cojack/
D-OMAR	omar.bbn.com/
DUAL	alexpetrov.com/proj/dual/
EPIC	eecs.umich.edu/~kieras/epic.html
(L)IDA	ccrg.cs.memphis.edu/projects.html
MicroPsi	micropsi.org
R-CAST	agentlab.psu.edu/
Soar	sitemaker.umich.edu/soar/home

Eine *kognitive Architektur* ist ein Systemaufbau, der menschliches Denken und Entscheiden simuliert [GPY05]. Der Begriff „Architektur" ist eine in der Psychologie verbreitete Bezeichnung für ein Computersystem bzw. Programm, bei dem nicht nur das Verhalten sondern auch die internen Vorgänge von Bedeutung sind. Der Stil der hier folgenden Zusammenfassung ist stark an die ursprünglichen Quellen aus der Psychologie angelehnt und kann Leser

KAPITEL 3. VERWANDTE ARBEITEN

anderer Disziplinen irritieren.
Kognitive Architekturen unterscheiden sich von anderen Systemen durch die aus den psychologischen Theorien hergeleiteten Rahmenbedingungen für den Aufbau [New90]. Diese Rahmenbedingungen beschränken einerseits die Möglichkeiten, andererseits sind sie dazu bestimmt simuliertes Denken den menschlichen Realitäten ähnlicher zu machen. Gleichzeitig werden die Beschreibungsmöglichkeiten standardisiert, was den Vergleich der Modelle vereinfacht. Kognitive Architekturen sind dadurch für das Definieren menschlichen strategischen Verhaltens eine plausible Grundlage.

Tab.3.2 zeigt eine Liste einiger bisher entwickelter kognitiver Architekturen. Es existieren viele Arbeiten [Sun06a], wo die kognitiven Architekturen für Interaktionen zwischen Menschen verwendet wurden, in denen Kooperation, Koordination und Kommunikation im Fokus standen. Für das Modellieren menschlicher Interaktionen im in dieser Arbeit definierten Sinne wurden bisher nur ACT-R und Soar verwendet [RW98]. Eine Erörterung der Vorteile und Nachteile einzelner Architekturen für Verhaltensdefinitionen in strategischen Interaktionen würde den in dieser Arbeit dafür vorgesehenen Rahmen übersteigen. Daher wird hier nur auf ACT-R eingegangen, da die Verwendung von Soar für strategisches Verhalten zum heutigen Zeitpunkt nicht weiter verfolgt wurde.

ACT-R (Version 6.0) [TLA06] besteht aus zwei Ebenen – aus der sym-

Tabelle 3.3: Module von ACT-R.

Modul	zu deutsch	Hirnregion
Productions	Produktionssystem	Basalganglien
Goal buffer	Zielpuffer	Dorsolateraler präfrontaler Cortex
Manual buffer	Aktionspuffer	Motorcortex
Visual buffer	Wahrnehmungspuffer	Parietallappen
Retrieval buffer	Suchpuffer	Ventrolateraler präfrontaler Cortex
Declarative module	Deklaratives Modul	Schläfe/Hippocampus

bolischen und der subsymbolischen. Auf der symbolischen Ebene wird die menschliche Informationsverarbeitung als ein Gebilde aus parallel und asynchron arbeitenden Modulen (Tab.3.3) simuliert. Zu jedem Modul ist eine Hirnregion zugeordnet. Das zentrale Modul ist dabei das *Produktionssystem*. Das Produktionssystem ist ein Speicher mit „WENN-DANN"-Regeln für die Manipulation anderer Module. Weitere fünf Module sind *Zielpuffer, Aktions-*

3.3. MODELLE MENSCHLICHER SPIELER

puffer, *Wahrnehmungspuffer*, *Suchpuffer* und sowie das *deklarative Modul*, das das Gedächtnis darstellt. Das deklarative Modul ist ein Speicher mit sogenannten *Chunks*. Ein Chunk [Mil56] ist eine unabhängige Informationseinheit wie z.B. eine Zahl, ein Wort oder ein Bild.

Die Puffer können jeweils nur eine erheblich kleinere Anzahl von Chunks als das deklarative Modul beinhalten. Der Zielpuffer beinhaltet Ziele, der Aktionspuffer aktuelle Aktionen und der Wahrnehmungspuffer aktuelle Wahrnehmungen. Der Suchpuffer beinhaltet Chunks aus dem deklarativen Modul. Der „WENN"-Teil einer Regel beinhaltet eine Abfrage der Zustände der Puffer und der „DANN"-Teil die nötigen Veränderungen an den Chunks in den Puffern bzw. das Suchen und Laden eines Chunks aus dem deklarativen Modul in den Suchpuffer.

Das „R" in ACT-R steht für den Ansatz der sog. „rationalen Analyse" bei der Definition der subsymbolischen Ebene – Regeln mit einer höheren erwarteten Auszahlung werden bevorzugt ausgeführt und im deklarativen Modul können nur nützliche Chunks gefunden werden. Die subsymbolische Ebene besteht aus einer Menge von nichtlinearen Funktionen, die die Vorgänge in der symbolischen Ebene bestimmen. Diese Funktionen sind daran orientiert, den neuronalen Netzwerken ähnliche Charakteristiken für das System zu erhalten.

Die Auszahlung einer Regel i ist definiert als $U(i) = P_s(i)G - C(i)$. P_s ist die Erfolgswahrscheinlichkeit d.h. der Anteil der Erfolge unter den unternommenen Versuchen. G ist die Gewichtung des zu erreichenden Ziel und $C(i)$ ist der Aufwand d.h. die zeitlichen Kosten für die Ausführung der Regel. Die Wahrscheinlichkeit für die Auswahl einer Regel i ist durch die Gl.3.5 gegeben, wobei der „WENN"-Teil für i und alle j erfüllbar sein muss. u ist ein Parameter, der für gewöhnlich auf 0.5 gesetzt wird.

$$P(i) = \frac{e^{\frac{U(i)}{u}}}{\sum_j e^{\frac{U(j)}{u}}} \tag{3.5}$$

Jeder Chunk i im deklarativen Modul hat einen *Basisaktivierungspegel* $B(i) = ln(\sum_j t_j^{-d})$, der seine Nützlichkeit definiert. t_j ist die vergangene Zeit seit der Chunk i zum j-ten Mal zum Laden in den Suchpuffer gesucht wurde. d ist ein Parameter, der für gewöhnlich auf 0.5 gesetzt wird. Der *aktuelle Aktivierungspegel* ist $A(i) = B(i) + \sum_j W_j S_{ji}$. S_{ji} ist die Ähnlichkeit zwischen dem gesuchten Muster und dem vorhandenen Chunk i bezüglich des Elements j. W ist eine Gewichtung der Elemente eines Chunks. Die Wahrscheinlichkeit, dass ein Chunk zu einem gesuchten Muster gefunden und geladen wird, ist das Ergebnis der Gl.3.6, wo s normalerweise auf 0.4 gesetzt wird. τ ist ein Grenzwert, den der Aktivierungspegel übersteigen muss, da-

KAPITEL 3. VERWANDTE ARBEITEN

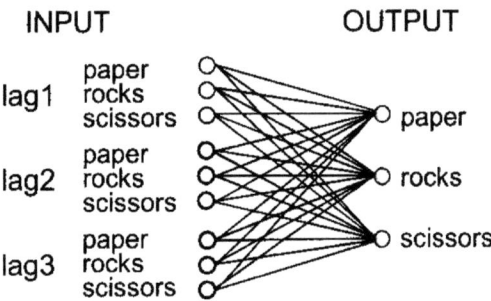

Abbildung 3.9: Das Lag-Modell [WLB06]. **lag1** ist der letzte Zug des Gegners. **lag2** ist der vorletzte und **lag3** der vorvorletzte. Auf der linken Seite ist der aktuelle Zug des Spielers.

mit der Chunk gefunden und geladen werden kann. Die Zeitspanne, bis der Chunk i in den Suchpuffer geladen wird ist definiert als $T_i = Fe^{-A_i}$. Falls der aktuelle Aktivierungspegel mehrerer Chunks den Grenzwert τ übersteigt, wird der tatsächlich zu ladende Chunk i unter den anderen Chunks k mit der Wahrscheinlichkeit aus der Gl.3.7 ausgelost.

$$P(i) = \frac{1}{1+e^{\frac{-(A_i-\tau)}{\sqrt{2}s}}}. \tag{3.6}$$

$$P(i) = \frac{e^{\frac{A_i}{\sqrt{2}s}}}{\sum_k e^{\frac{A_k}{\sqrt{2}s}}} \tag{3.7}$$

Die beschriebenen subsymbolischen Zusammenhänge und Werte der Parameter sind aus den Daten vieler psychologischer Experimenten hergeleitet worden. Implementiert wurde ACT-R in der funktionalen Programmiersprache LISP.

Für wiederholte Nullsummenspiele mit einem Gleichgewicht in gemischten Strategien gibt es das *Lag-Modell* [WL01], das in ACT-R übertragen werden konnte [WLB06]. Es ist nicht das einzige Model – es existieren andere Modelle auch aus anderen Disziplinen [SW94, RP95, ER98, ERSB02, EE07, HCC07, MW08] für diese Art von Spielen. Es gibt dennoch kein eindeutig Beste unter diesen Modellen, welches die Realität menschlichen Verhaltens optimal abbildet. Auch die Definition eines Nachweises für die Realitätsnähe eines Modells unterscheidet sich je nach Quelle. In [WL01] ist angegeben, wie

3.3. MODELLE MENSCHLICHER SPIELER

bei anderen Modellen, dass Nachweise für die Realitätsnähe des Lag-Modells erbracht wurden. Dadurch steht fest, dass in ACT-R realistische Modelle menschlichen strategischen Verhaltens konstruiert werden können.

Für das Lag-Modell wurden Experimente mit dem Spiel „Papier, Stein, Schere" zwischen Menschen und Maschinen sowie auch zwischen nur Maschinen durchgeführt [WL01]. Der Aufbau des Modells ist in Abb.3.9 abgebildet. Man geht davon aus, dass jeder Spieler nach Regelmäßigkeiten im Verhalten des anderen Spielers Ausschau hält, denn falls es tatsächlich Regelmäßigkeiten in Sequenzen gibt, können Menschen diese relativ gut erkennen [WL01]. Dadurch hängt der aktuelle Zug eines menschlichen Spielers von den letzten Zügen des Gegners ab. Diese Abhängigkeit ist in Form eines einschichtigen neuronalen Netzes in Abb.3.9 ausgedrückt, wo jeder mögliche vorhergehende Zug mit jedem möglichen aktuellen Zug über eine gewichtete Kante verbunden ist. Der auszuwählende Zug ist der Zug mit der gewichteten Summe der vorhergehenden Züge. Bei Gleichheit mehrerer höchster Summen wird zufällig für einen Zug entschieden. Die Gewichtungen sind dynamisch und sind am Anfang 0. Beim korrekten Raten des gegen den nächsten Zug des Gegners gewinnenden Zuges, werden die zuständigen Gewichte um 1 erhöht. Falls der geratene Zug ein Unentschieden produziert, werden die zuständige Gewichte entweder unverändert gelassen oder wie bei Niederlage um -1 (der „aggressive" Fall) reduziert. Ein Lag$n$-Modell ist Lag-Modell mit nur **lag1** bis **lag$n$** vorhergehenden Zügen.

Die Evaluationen und Experimente mit dem Lag-Modell zeigten nicht nur, dass die so künstlich produzierten Sequenzen den der Menschen ähneln, sondern das diese Sequenzen auch vorhersagt werden können. Das aggressive Lag2-Modell erreicht durch die Fähigkeit der Vorhersage im Durchschnitt einen statistisch signifikanten Sieg gegen die Menschen [WL01]. Leider ließ sich dieser Erfolg bei einem veränderten Spiel „Rock= 2" nicht wiederholen [RTW04]. In diesem Spiel wurde die Auszahlung beim Gewinn mit Stein verdoppelt. Das Übertragen des Lag-Modells in ACT-R funktioniert durch Speicherung der einzelnen beobachteten Sequenzen des Gegners als Chunks im deklarativen Modul. Je öfter eine Sequenz beobachtet wird, um so höher ist der Basisaktivierungspegel. Die Gesamtheit dieser Pegel kodiert auf diese Weise die Gewichte im Lag-Modell.

3.3.2 Bayesnetze

Die Spielbeschreibungssprache MAID (Abschnitt 3.1.2) wurde in mehreren Arbeiten [GP03, GP07a, z.B.] dazu genutzt, das Verhalten eines Agenten in Abhängigkeit von Spielregeln zu beschreiben. Auch menschliches Verhalten

KAPITEL 3. VERWANDTE ARBEITEN

wurde mit Hilfe MAID-basierter Ansätze modelliert. Diese Modelle basieren aber nicht auf psychologischen Theorien menschlicher Informationsverarbeitung wie im vorigen Abschnitt.

Der Formalismus NID [GP03, GP08] ist eine der Möglichkeiten zur Nutzung von MAID. Bei NID kann jeder der beteiligten Agenten seine eigene Vorstellung über das Spiel entwickeln. Ein NID ist ein gerichteter Graph, der einer Kripke-Struktur (Abschnitt 2.3.1) wie der ältere Vorgänger RMM [GD92] ähnlich ist. Die Ähnlichkeit zu RMM wird bei NID aber nicht erwähnt. Jeder Knoten von NID beinhaltet ein MAID und die Kanten sind mit Namen der Agenten und einer Wahrscheinlichkeit gekennzeichnet. Der Unterschied zu RMM liegt darin, dass MAID statt Normalform verwendet wurde. Die Wahrscheinlichkeit an einer NID-Kante ist der Grad des „Fürmöglich-Haltens". Es gibt einen Hauptknoten *Top-level* entsprechend dem Referenzknoten in einer Kripke-Struktur (Def.10), der die tatsächliche Spielbeschreibung beinhaltet. Reflexive Kanten gibt es nicht. Ein NID kann genauso wie eine Kripke-Struktur zyklisch sein.

Um Gleichgewichte für ein als NID dargestelltes Spiel zu finden, muss man es in MAID umwandeln und für das so entstandene MAID die Gleichgewichte berechnen. Es wurde bewiesen, dass ein NID ob zyklisch oder nicht in ein MAID (d.h. zyklenfrei) umgewandelt werden kann [GP08]. Die Hauptmotivation von NID besteht dennoch nicht darin, es als eine weitere Spielbeschreibungssprache zu nutzen, sondern um damit suboptimales bzw. irrationales strategisches Schlussfolgern und Verhalten beschreiben zu können. Praktisch benutzt wurde dieser Formalismus bisher für eine dem Iocaine Powder (Abschnitt 2.3.2) ähnliche Verhaltensdefinition eines künstlichen Agenten im Spiel „Papier, Stein, Schere".

Ein in MAID (ohne NID) ausgedrücktes Modell menschlicher Spieler wurde für eine Version des Spiels *Colored-Trails* entwickelt [GP07a]. Bei diesem Spiel handelt es sich um ein Brettspiel mit Spielern Alice und Bob mit je einer Spielfigur. Das Spielbrett ist 4×4 groß. Jedes Feld ist unterschiedlich gefärbt und es gibt ein Zielfeld. Jeder Spieler bekommt zu Beginn einer Runde 4 zufällige farbige Marken und seine Spielfigur auf einem zufälligen Feld. Mit Hilfe der Marken kann die Spielfigur dem Ziel näher gebracht werden, indem die nach der Manhattan-Metrik begangenen Felder mit den Feldern gleich gefärbten Marken bezahlt werden. Je näher die Spielfigur dem Ziel ist, um so größer ist die Auszahlung des jeweiligen Spielers. Eine Runde des Spiels besteht aus einer Tauschmöglichkeit für die Marken und dem anschließenden Bewegen der Spielfiguren. Es werden mehrere Runden in Folge gespielt. Die Sequenz der Runden wird an einer zufälligen Stelle abgebrochen. Alice darf in ungeraden Runden ein einziges Tauschangebot vorschlagen und Bob kann

3.3. MODELLE MENSCHLICHER SPIELER

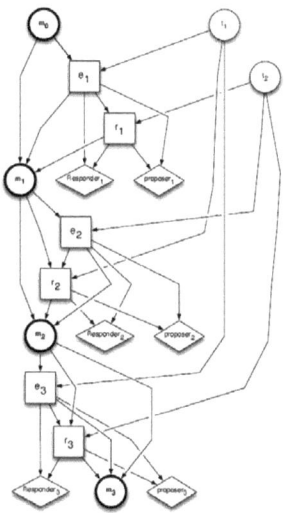

Abbildung 3.10: MAID-Modell der Gegenseitigkeit für drei Runden in Colored-Trails [GP07a]. Die Darstellungsform ist wie bei Abb.3.2. **e** ist der Entscheidungsknoten eines vorschlagenden Agenten (**proposer**) und **r** eines Antwortenden (**Responder**). **t** ist der Typ eines Agenten. Die Nummer der Runde wird durch Indizes ausgedrückt.

dann das Angebot annehmen oder ablehnen. Bei geraden Runden ist es umgekehrt.

Dieses Spiel ist ein wiederholtes Ultimatum (Abschnitt 2.3.3), bei dem die Spieler jede Runde die Rollen tauschen. Einzelne Runden sind von einander unabhängig. Abb.3.10 zeigt die den Menschen unterstellte Sicht auf das Spiel, bei der das Spiel verändert ist. Beide Spieler haben dabei ein gemeinsames Wissen über die in Vorrunden n erreichten Verdienste (merits) m_n d.h. ein Paar aus den Verdiensten beider Spieler. Ein Verdienst ist nach Gl.3.8 die Summe des relativen Grades der Auszahlungsabweichung von einem fairen Angebot in den Vorrunden. Als ein faires Angebot ist ein Tausch definiert, der das Produkt der Auszahlungen beider Spieler maximiert.

$$m_{n+1} = m_n + \frac{\text{Aktuell} - \text{Fair}}{\text{Maximum} - \text{Minimum}} \quad (3.8)$$

KAPITEL 3. VERWANDTE ARBEITEN

Durch das Merken der Verdienste sind die einzelnen Ultimaten aus der Sicht der Spieler nicht mehr unabhängig von einander. Dies bedeutet, dass eine Entscheidung nicht nur in der aktuellen Runde eine Auswirkung hat, sondern auch den weiteren Verlauf des Spiels beeinflusst, da es angenommen wird das *Gegenseitigkeit* in diesem Spiel beim menschlichen Verhalten eine große Rolle spielt.

Um die CPD an den Entscheidungsknoten beider Rollen zu bestimmen, wurde ein Experiment mit 54 Spielsequenzen unterschiedlicher Länge durchgeführt. Die totale Anzahl der Runden aus allen Sequenzen betrugt 287. Die Probanden wurden entsprechend ihrer Gewinne entschädigt.

Es wurden 4 Modelle aufgestellt und evaluiert. Bei den aufgestellten Modellen maximieren die CPD den sog. sozialen Nutzen (social utility) d.h. eine gewichtete Summe von bis zu 4 Komponenten: die aktuelle eigene Auszahlung (1), die aktuelle Auszahlung des Mitspielers (2), den Verdienst des Mitspielers (3) und die erwartete künftige Auszahlung (4). Die passenden Gewichte einzelner Komponenten erreichen den höchsten Likelihood auf den Daten. Maximiert wurde der Likelihood über den Gradientenabstieg. Die Typen der Spieler waren unbeobachtet und konnten mit Hilfe einer Variante des EM-Algorithmus bestimmt werden.

Die vier verglichene Modelle waren die Komponentenmengen {1,2,3}, {1,2,4}, {1,2} und {1,2,3,4}. Den höchsten Likelihood erreichten {1,2,3} und {1,2,4}. Schlechter schnitten {1,2} und {1,2,3,4} ab. Es wurde jedoch kein Informationskriterium wie z.B. das von Akaike [Aka71] aufgestellt, um den Einfluss verschiedener Parameterzahl abzuschätzen. Das dabei bedeutend schlechtere Ergebnis von {1,2} bestätigt die Annahme der Gegenseitigkeit. Die durchschnittliche Wahrscheinlichkeit einer korrekten Vorhersage der binären Entscheidung des Antwortenden war am höchsten für {1,2,3} bei 72%. Die durchschnittliche Wahrscheinlichkeit korrekter Vorhersage der Vorschläge war am höchsten bei {1,2,4} – 51% der von Menschen gemachten Tauschvorschläge lagen unter den oberen 25% der vorhergesagten. Durch diese Ergebnisse wird dieses in MAID ausgedrücktes Modell legitimiert.

Kapitel 4
Sprachen für Spielbeschreibung

4.1 Eingliederung

4.1.1 Motivation

Das Unterkapitel 3.1 gibt eine Übersicht der bisher vorhandenen Beschreibungsmöglichkeiten von Spielen jenseits der klassischen Formalismen. Die klassischen Formalismen wie extensive bzw. Normalform sind davor im Unterkapitel 2.2 vorgestellt worden. Die klassischen Formalismen erfassen zwar die Strukturen allgemeiner strategischer Interaktionen d.h. die Spiele, weisen jedoch zwei Probleme auf.

Die fehlende Möglichkeit zur sparsamen Darstellung ist das erste Problem der klassischen Spielbeschreibungsformalismen aus der Spieltheorie in der Anwendung als ein Teil einer interdisziplinären Forschungsinfrastruktur. Die enorme Größe der Spielbeschreibung in extensiver Form bei Spielen wie z.B. Schach macht es unmöglich, diesen Formalismus zum Beschreiben von Spielen in Softwaresystemen zu nutzen. Hierfür wird der Begriff *Kompaktheit* präzisiert. Kompaktheit einer Spielbeschreibungssprache ist die Möglichkeit durch den Einsatz eines Minimums an der spezifischen Größe der Spielbeschreibung ein Spiel zu repräsentieren. Die spezifische Größe kann als Speicherplatzverbrauch oder Kommunikationsaufwand bei Übertragung definiert werden. Die spezifische Größe einer Spielbeschreibung in einer kompakten Spielbeschreibungssprache darf nicht die spezifische Größe der äquivalenten Spielbeschreibung in einem klassischen Formalismus übersteigen und muss zumindest bei einem Spiel kleiner sein.

Das zweite Problem ist, dass in beiden Formalismen eine für die Realwelt typische Charakteristik und zwar die Zeit fehlt. Auf die Zeit in Spielen wird im Abschnitt 4.2.1 eingegangen, während dieser Abschnitt sich dem ersten

KAPITEL 4. SPRACHEN FÜR SPIELBESCHREIBUNG

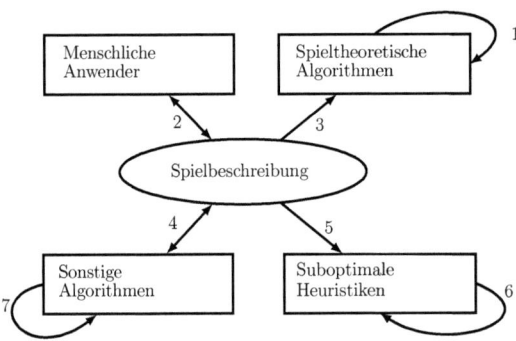

Abbildung 4.1: Spielbeschreibungssprache als Teil einer interdisziplinären Forschungsinfrastruktur – eine Übersicht zur Motivation. Pfeile bedeuten Übertragungen von Spielbeschreibungen (Menschliche Anwender können Spielbeschreibungen lesen und erstellen – es ist ein Pfeil in beide Richtungen).

Problem widmet.

Abb.4.1 zeigt eine Übersicht zur Motivation einer allgemeinen Spielbeschreibungssprache als Teil einer interdisziplinären Forschungsinfrastruktur. Die Allgemeinheit der Sprache bedeutet hier die Größe der Klasse der Spiele, die in dieser Sprache beschreibbar sind. Bei einer interdisziplinären Forschungsinfrastruktur ist ein Maximum an Allgemeinheit wie bei den klassischen Formalismen gefordert, um möglichst viele verschiedene Forschungsbereiche miteinander zu verbinden. Die zu verbindende Instanzen sind in vier Gruppen geteilt und durch Rechtecke dargestellt. Diese Instanzen können eine Spielbeschreibung akzeptieren (eingehende Pfeile), generieren (ausgehende Pfeile) bzw. auf ihr basierend arbeiten (reflexive Pfeile). Die vier Gruppen sind **menschliche Anwender** wie z.B. Spieltheoretiker und Soziologen, **spieltheoretische Algorithmen** z.B. aus der GAMBIT-Bibliothek, **suboptimale Heuristiken** aus der KI und **sonstige Algorithmen** wie z.B. Mechanismusentwurf und Spielverwaltung.

Die zusammengetragenen Motive [Tag09f] für das Entwickeln einer Spielbeschreibungssprache ergeben folgende Liste, wobei die ersten sieben Motive in der Abb.4.1 sinngemäß entsprechende Pfeile annotieren:

1. Es ist nicht effizient für bestimmte Spiele spieltheoretische Lösungsalgo-

4.1. EINGLIEDERUNG

rithmen anzuwenden, die auf deren Beschreibungen in klassischen Formen arbeiten. Unabhängigkeiten von Zügen und Symmetrien können berücksichtigt werden, um eine möglichst redundanzfreie Berechnung einer Lösung zu erreichen (Abschnitt 3.1.1). Eine Spielbeschreibungssprache, in der Spiele kompakt beschrieben werden können, kann die Effizienz der Berechnung der optimalen Lösung verbessern.

2. Reale strategische Interaktionen können komplexe Sachverhalte sein und müssen in solchen Fällen von menschlichen Experten bei klassischen Formalismen wegen der Größe der Spielbeschreibung verfälschend vereinfacht werden (Abschnitt 3.1.3), um mit ihnen umgehen zu können. Eine kompakte und an die menschlichen Anwender angepasste Spielbeschreibung kann dieses Problem lösen.

3. Eine allgemeine und kompakte Spielbeschreibungssprache kann als eine Schnittstelle zu spieltheoretischen Algorithmen verwendet werden. Bei GAMBIT z.B. erfüllen diese Funktion die beiden klassischen Formalismen und dies ist kein kompaktes Austauschformat.

4. Es gibt Anwendungen bzw. Algorithmen, die auf Spielen arbeiten, sie aber nicht lösen. Solche Anwendungen können Spiele z.B. implementieren oder modifizieren. Hier kann eine kompakte Spielbeschreibungssprache als eine Schnittstelle wie z.B. zwischen GDL-Server und GDL-Client dienen.

5. Die Vorteile suboptimaler Heuristiken aus der KI für das Lösen von Spielen kann man mit einem hohen Wiederverwendungsgrad nutzen, wenn man sie basierend auf einer allgemeinen Spielbeschreibungssprache d.h. nicht spezifisch für ein Spiel definiert (Abschnitt 3.1.4). Hier sollte sie als Schnittstelle kompakte Beschreibungen ermöglichen.

6. Analog zu den spieltheoretischen Algorithmen können suboptimale Heuristiken von kompakten Spielbeschreibungen für bestimmte Spiele profitieren. Dazu kann man Spielbäume mit wiederholten Zuständen erwähnen, was in extensiver Form nicht möglich ist.

7. Bei sonstigen Algorithmen, die auf einer allgemeinen Klasse von Spiele arbeiten, kann man nach der Definition der Kompaktheit bemerken, dass eine kompakte Spielbeschreibung zumindest die Speichereffizienz erhöht.

8. Schließlich erleichtert eine kompakte allgemeine Spielbeschreibungssprache die Integration aller vier Instanzen eher als die klassischen Forma-

KAPITEL 4. SPRACHEN FÜR SPIELBESCHREIBUNG

lismen, da für bestimmte Spiele die Größe der Beschreibung und die damit verbundenen Aufwände reduziert werden können.

Motive 1-5 sind schon in bisherigen Ansätzen im Unterkapitel 3.1 partiell angedeutet worden. Motive 6-8 werden in diesem Kapitel noch zusätzlich betrachtet. Abb.4.1 ist der hier vorgestellte Weg die Motive für die Entwicklung einer Spielbeschreibungssprache in einem Gesamtbild zu systematisieren.

Motiv 1 bietet eine Basis für spieltheoretische Formalismen. Die Entwicklung von Gala wurde durch die Motive 2-4 angestossen und von GDL durch das Motiv 5. Als sonstige Algorithmen sind hier u.a. die Spielverwaltungsalgorithmen aus dem Unterkapitel 3.2 gemeint. Als Beispiel für spielmanipulierende Algorithmen kann man den evolutionären Mechanismusentwurf aufführen [Phe07]. Bisher ist der evolutionäre Mechnismusentwurf im Bereich der Auktionen d.h. einer sehr begrenzten Klasse von Spielen angewendet worden. Die Definition von Manipulationen der Spielregeln wie z.B. Mutationen kann mit Hilfe einer allgemeinen Spielbeschreibungssprache allgemeiner vorgenommen werden, was den Wiederverwendungsgrad von solchen Algorithmen erhöht.

Es gibt bisher keine Ansätze, die alle Motive zu befriedigen versuchen. Tab.4.1 gibt eine Übersicht der erwähnten sowie zu erwähnenden Spielrepräsentationssprachen bzw. Formalismen. Die Spalte **Motive** beinhaltet die Nummern der Motive für die Verwendung. Die Spalte **Mittel** beinhaltet die formalen Mitteln, die zur Konstruktion der jeweiligen Sprache genutzt wurden. Gala und GDL sind unabhängig von einander und es gibt vor allem keine universell nutzbare Sprache für eine große Klasse von Spielen unter Berücksichtigung der Zeit. Für die Ziele dieser Arbeit werden Spielbeschreibungssprachen aus den Motiven 2-8 entwickelt. Dabei fallen die Algorithmen zur Erkennung, Simulation und Vorhersage menschlichen Verhaltens in die Kategorie suboptimaler Heuristiken.

4.1.2 Kritik

Als Kritik an einer allgemeinen Spielbeschreibungssprache kann man zwei Argumente aufführen – aufwendigere Algorithmik für die im vorigen Abschnitt angegebene Zwecke als bei spielspezifischen Systemen (1) sowie das Argument gegen Systeme zur allgemeinen Verwendung (2), das nach dem Scheitern von GPS [NS61] entstanden ist.

Das erste Argument bedeutet, dass auf spezielle Spiele angepasste Algorithmen durch Ausnutzung der Besonderheiten eines Spiels in allen Bereichen des Systems einfacher und schneller sein können. Ein Beispiel dazu ist der Vergleich zwischen der Lösung von Poker als allgemeines Spiel [KP97] durch

4.1. EINGLIEDERUNG

Tabelle 4.1: Übersicht der bereits entwickelten Spielbeschreibungsformalismen und Sprachen mit und ohne eine Möglichkeit der Darstellung der Zeit. Nummern in der Spalte **Motive** entsprechend der Abb.4.1.

Ansatz	Motive	Mittel	Mächtigkeit
Auslastungsspiele [Ros73]	1	Funktionen	n-Personen-Spiele, simultaner Zug (Untermenge)
Graphenspiele [KLS01]	1	Graphen, Funktionen	n-Personen-Spiele, simultaner Zug
Lokaleffektspiele [LBT03]	1	Funktionen	n-Personen-Spiele, simultaner Zug (Untermenge)
Aktionsgraphenspiele [BLB04]	1	Graphen, Funktionen	n-Personen-Spiele, simultaner Zug
Sequenzielle Form [KMv94]	1	Matrizen	2-Personen-Spiele bei imperfekter Information
Gala [KP97]	2-4	Logik	n-Personen-Spiele bei imperfekter Information
GDL-Spielmodell [LHH+08]	5	Graphen	n-Personen-Spiele bei perfekter Information ohne Natur plus simultane Züge
GDL [LHH+08]	5	Logik	n-Personen-Spiele bei perfekter Information ohne Natur plus simultane Züge
Kontinuierliche Spiele [San07]	1	Funktionen	2-Personen-Spiele bei imperfekter Information plus Zeit (Untermenge)
Zeitliche Spiele [AD94, TLS00]	6	Funktionen	2-Personen-Spiele bei perfekter Information plus Zeit
Spielpetrinetze [Cle06]	1	Petrinetze	n-Personen-Spiele bei perfekter Information ohne Natur plus simultane Züge
MAID [KM01]	1, 6	Bayesnetze	n-Personen-Spiele bei imperfekter Information

KAPITEL 4. SPRACHEN FÜR SPIELBESCHREIBUNG

das Gala-System und durch ein spezialisiertes System [BBD+03]. Hier muss berücksichtigt werden, dass in einem für allgemeine Spiele konstruierten System zu einigen Spezialfällen vereinfachte Berechnungen ausgeführt werden können. Ein Beispiel dazu ist die Möglichkeit der schnelleren Berechnung der Gleichgewichte für in sequentielle Form übersetzbare extensive Spiele bei GAMBIT.

Das zweite Argument ist konzeptioneller Art. Es geht um das GPS, das theoretisch alle Probleme lösen können müsste, wenn man diese korrekt in der zugehörigen Darstellungsform definierte. Tatsächlich konnte das Programm eine erheblich kleinere Klasse von Problemen lösen [McD76]. Dieses Scheitern führte zu einer entsprechenden Skepsis gegenüber generellen Herangehensweisen, da sie ihre Ziele nicht erreichen könnten und statt dessen unnötig Euphorie verbreiten würden.

Diese zwei Argumente sind immer präsent, wenn es um KI auf der Basis von domänenspezifischen Sprachen für große Problemklassen geht. Die Systeme auf der Basis solcher Sprachen werden daher nicht immer und überall eingesetzt.

4.2 Zeitliche Extensive Form

4.2.1 Zeit in Spielen

In den Abschnitten 2.2.2 und 2.2.3 wurden die zwei klassischen nichtkooperativen diskreten Repräsentationsformalismen der Spieltheorie dargestellt. In beiden Formalismen können zeitlichen Aspekte nur implizit angegeben werden. Differentialspiele, die Zeit berücksichtigen, werden hier nicht betrachtet, da sie nur für bestimmte Spezialfälle betrachtet wurden – sie erfüllten nicht das Ziel der Allgemeinheit (Abschnitt 4.1.1).

Um zu motivieren, dass explizite Berücksichtigung von Zeit bei der Spielbeschreibung für eine reale strategische Interaktion wichtig ist, kann man mehr als ein Argument aufführen. Wie schon in Abschnitt 2.2.4 besprochen, beansprucht die Bestimmung sinnvollen strategischen Verhaltens Zeit. Dadurch hängt eine Entscheidung u.a. davon ab, wieviel Zeit für deren Treffen zur Verfügung steht. Dazu kann man z.B. Verhalten bei Schnellschach (30 min Spieldauer) und bei Blitzschach (5 min Spieldauer) vergleichen. Andererseits gibt es in einigen realen strategischen Interaktionen zeitabhängige Auszahlungen bzw. Kosten. Die Auszahlung eines Spielers kann von seiner Schnelligkeit abhängen, die seine Leistung d.h Gewinn pro Zeit ausdrückt. Ein realer Spieler wie z.B. ein Mensch sollte nicht als ein zeitinvarianter Agent

4.2. ZEITLICHE EXTENSIVE FORM

		Verbrecher	
		<u>W</u>arten	<u>S</u>prengen
Bürger	<u>W</u>arten	0.00004, 0.00004	0, 40
	<u>S</u>prengen	40, 0	0, 0

Abbildung 4.2: Joker's Spiel. Es sind zwei Arten von rationalen Ausgängen denkbar – entweder betätigt nur eine einzige Gruppe den Zünder oder beide.

betrachtet werden – sein Wissen als Basis für seine Entscheidungen verändert sich durch Lernen.

Um die zeitlichen Aspekte in einem konkreten Spiel zu diskutieren, wird hier eine Filmepisode aus „The Dark Knight" von 2008 genommen. Joker, der Antiheld des Films, sorgt dafür, dass zwei Fähren mit fernzündbaren Bomben beladen werden. Beide Fähren befinden sich im offenen Gewässer und die Passagiere können diese Fähren nicht verlassen. Passagiere jeder Fähre bekommen den Zünder für die Bombe der jeweils anderen Fähre und können diese sprengen. Falls keine der Gruppen sich bis Mitternacht dazu entschließt die jeweils andere Gruppe zu töten, werden beide Fähren kurz darauf gesprengt. Zur höheren Anspannung ist die eine Fähre mit verurteilten Verbrechern und die andere mit einfachen Bürgern bemannt.

Abb.4.2 zeigt das Spiel zu diesem Sujet in Normalform, wo die zeitlichen Aspekte implizit berücksichtigt worden sind. Die Auszahlungen sind die durchschnittlichen Restlebenszeiten in Jahren bei den jeweiligen Gruppen. Man geht bei den Auszahlungen von egoistischer Einstellung und davon aus, dass die beteiligten Menschen an der Verlängerung ihrer Restlebenszeit interessiert sind. Wenn beide Gruppen warten, werden sie nur noch bis Mitternacht leben.

In dieser Darstellung hat das Spiel drei Nash-Gleichgewichte – WS, SW und SS. Beim Gleichgewicht SS hätte keine der Parteien einen Vorteil durch Nichtbetätigen ihres Zünders. Dieses Gleichgewicht ist nur dann denkbar, falls das Betätigen des einen Zünders den anderen Zünder nicht sofort unschädlich macht. Im beschriebenen Sujet muss aber die Entscheidung nicht am Anfang feststehen und entgültig sein, sondern sie kann unter Umständen im Verlauf des Zeitinterval bis spätesten Mitternacht getroffen werden. Beim Betätigen des Zünders handelt es sich um eine irreversible Entscheidung, beim Warten aber nicht, denn nach der Entscheidung für das Warten kann man sich doch noch fürs Sprengen entscheiden. Innerhalb der Zeitspanne zwischen dem Betätigen des Zünders und dem Unschädlichwerden des anderen Zünders sind diese Entscheidungen bei imperfekter Information – man weiß es nie, ob im Augenblick der fremde Zünder nicht schon betätigt wur-

KAPITEL 4. SPRACHEN FÜR SPIELBESCHREIBUNG

de. Um eine solche Situation zu beschreiben bedarf es der extensiven Form. In der extensiven Darstellung treffen die beiden Gruppen jeden Augenblick eine Entscheidung bei imperfekter Information bis einer den Zünder betätigt oder es Mitternacht wird. Dieser Entscheidungsdruck wird im Film dadurch abgebrochen, dass einer der Häftlinge den Zünder aus dem Bullauge wirft und dadurch die Entscheidung für das Nichtsprengen endgültig macht.

Es wird hier ein neuer Formalismus zu Darstellung der Zeit in extensiven Spielen eingeführt – die Zeitliche Extensive Form TEFG. TEFG dient als die formale Semantik für die in den nächsten Unterkapiteln entwickelten Sprachen und kann diskrete zeitliche n-Personen-Spiele bei imperfekter Information darstellen – die genauere Definition folgt später.

Als vergleichbare Ansätze d.h. über „temporale Spiele" sind Arbeiten aus der Spieltheorie, der Nebenläufigkeitstheorie und der Regelungstechnik bekannt. Eine aktuelle Arbeit [San07] in der Spieltheorie erweitert extensive Spiele bei perfekter Information und kontinuierlicher Zeit [SS89] zu solchen bei imperfekter Information (Kontinuierliche Spiele). In [San07] werden nur Nullsummenspiele betrachtet. Die Mengen der verfügbaren Züge ist in [SS89] und [San07] zu jedem Zeitpunkt dieselbe, was in realen Interaktionen nicht der Fall sein muss. Generell geht man bei [SS89, McE04] davon aus, dass jeder Zug im extensiven Spiel einen Zeitpunkt besitzt und der Zeitpunkt eines Zuges über den Wurzelpfad strikt steigend ist. Bei TEFG wird ein ähnliches Konzept verwendet – der Zeitpunkt eines Zuges ist steigend aber nicht strikt.

Es gibt einen Ansatz aus der Nebenläufigkeitstheorie [dFH+03], die mit der Regelungstechnik verwandt ist, wo zeitliche Automaten [AD94] mit einem zweiten Spieler erweitert werden. Diese Automaten werden als zeitliche Spiele bezeichnet. Bei [dFH+03] wird aber nur perfekte Information vorausgesetzt. Ein anderer Ansatz aus der Regelungstechnik [TLS00] bezieht sich auf Differentialspiele und betrachtet einen Spieler als einen Regler. Hier werden auch nur zeitliche 2-Personen-Spiele bei perfekter Information modelliert. [dFH+03] und [TLS00] untersuchen suboptimale Heuristiken.

4.2.2 Formale Definition

Abb.4.3 zeigt Strukturaspekte des hier verwendeten Zeitbegriffs [Jas98]. Auf der Ebene **A** wird zwischen linearer Zeit und nichtlinearen Zeitabläufen unterschieden. Bei nichtlinearen Zeitabläufen kann es Ereignisse geben, zwischen denen kein „früher" bzw. „später" gilt. In TEFG wird nur lineare Zeit verwendet, denn in einem Wurzelpfad kann es keine Ereignisse mit unbestimmter Zeitabfolge geben. Die zweite Ebene unterscheidet zwischen kon-

4.2. ZEITLICHE EXTENSIVE FORM

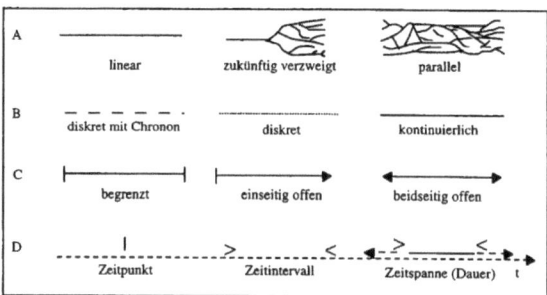

Abbildung 4.3: Strukturaspekte für Zeitmodelle [Jas98].

tinuierlicher und diskreter Zeit. *Chronon* drückt einen festgelegten Zeitabschnitt bei diskreten Zeiteinteilung wie z.B. eine Sekunde aus. Bei diskreter Zeit mit Chronon können Ereignisse nur zu bestimmten Zeitpunkten stattfinden und der Abstand zwischen zwei Ereignissen kann nur ein ganzzahliges Vielfaches eines Chronons sein. Da ein extensives Spiel immer einen Anfangspunkt hat und hier nur endliche extensive Spiele betrachtet werden, muss die Zeit begrenzt (Ebene C) sein. Bei diskreter Zeit mit Chronon ist jeder Zeitpunkt gleichzeitig ein Zeitintervall, wobei die Länge dieses Zeitintervalls genau ein Chronon ist. Ferner können Zeitintervalle und Zeitspannen als Wurzelpfade von Chronons verstanden werden. Zwei Züge, die innerhalb des gleichen Chronons ausgeführt werden, gelten als gleichzeitig d.h. zwangsweise bei imperfekter Information. Umgekehrt, wenn die Züge nicht gleichzeitig sind, dann impliziert das aber noch keine perfekte Information.

Die Definition von TEFG basiert auf der Definition eines üblichen extensiven Spiels, siehe Def.5 aus Abschnitt 2.2.3. Die Höchstzeitdauer eines Spiels wird mit d ausgedrückt und ist bei endlichen Spielen endlich. Die spezielle Zeitfunktion τ ordnet einem Wurzelpfad eine positive Anzahl von Chronons d.h. die Länge des Zeitinvalls zu, indem die Züge dieses Wurzelpfads ausgeführt werden. Der Ursprung des Spiels, ein leerer Wurzelpfad $\oslash$, hat den Zeitpunkt $\tau(\oslash) = 0$ (Bed.1 in Def.12).

DEFINITION 12 (TEFG) *Das Tupel* $\langle N, H, P, f_c, (\mathcal{I}_i)_{i \in N}, (u_i)_{i \in N}, \tau, \nu \rangle$ *ist ein Spiel in zeitlicher extensiver Form bei imperfekter Information und mit perfektem Erinnerungsvermögen, falls das Tupel* $\langle N, H, P, f_c, (\mathcal{I}_i)_{i \in N}, (u_i)_{i \in N} \rangle$ *ein Spiel in extensiver Form bei imperfekter Information und mit perfektem*

KAPITEL 4. SPRACHEN FÜR SPIELBESCHREIBUNG

Erinnerungsvermögen ist, $\tau\colon H \to \mathbb{N}^d$ eine diskrete Zeitfunktion über die Wurzelpfade ist, $\nu\colon L \times N \to \{false, true\}$ eine zeitliche Nachrichtenfunktion mit $L = \{(ha, h'a') \in H^2 \colon \tau(ha) = \tau(h'a') > \tau(h) = \tau(h')\}$ ist und es gilt (Z ist die Menge der abschließenden Wurzelpfade):

1. $\tau(\oslash) = 0$

2. $\forall h, ha \in H\colon (P(h) = c \Leftrightarrow \tau(h) = \tau(ha) + 1) \wedge (P(h) \neq c \Leftrightarrow \tau(h) = \tau(ha))$

3. $\forall ha \in Z\colon \tau(ha) = \tau(h) + 1; Z$ - abschließende Wurzelpfade

4. $\forall h \circ_{k=1}^{K} a_k, h \circ_{k=1}^{K} a'_k \in H\colon \forall i \in N\colon$
   $(\tau(h) = \tau(h\circ_{k=1}^{K} a_k) = \tau(h\circ_{k=1}^{K} a'_k) \wedge h\circ_{k=1}^{K} a_k \in I_i \in \mathcal{I}_i) \Rightarrow h\circ_{k=1}^{K} a'_k \in I_i$

5. $\forall I_i \in \mathcal{I}_i\colon (h, h' \in I_i) \Rightarrow (\tau(h) = \tau(h'))$

6. $\forall (h, h'), (h \circ_{k=1}^{K} a_k, h' \circ_{l=1}^{L} a'_k) \in L\colon \forall i \in N\colon$
   $\tau(h)+1 = \tau(h\circ_{k=1}^{K} a_k) \wedge \nu(h\circ_{k=1}^{K} a_k, h' \circ_{l=1}^{L} a'_k, i) \Rightarrow (h = h' \vee \nu(h, h', i)) \wedge$
   $(\forall M < K, N < L\colon ((h \circ_{k=1}^{M} a_k \in I_i \in \mathcal{I}_i \Rightarrow h \circ_{k=1}^{N} a'_k \in I_i) \wedge a_{M+1} = a'_{N+1}))$

TEFG soll simultane Züge d.h. Züge innerhalb eines Chronons darstellen können. Simultane Züge sind Züge bei imperfekter Information. Simultane Züge können nicht nur von Spielern sondern auch zusammen mit der Natur ausgeführt werden. Pausen werden durch eine Kette von Zügen der Natur dargestellt, wobei jeder Zug für einen einzigen Chronon steht (Bed.2) und keine Alternative besitzt. Ein Zug ist ohne eine Alternative, wenn bei einer Geschichte h die Zugmenge $|A(h)| = 1$ einelementig ist.

Abb.4.4 zeigt eine Pause von 3 Chronons. Die Definition von TEFG ist restriktiv und erlaubt aus der im nächsten Absatz aufgeführten Motivation eine Transition in den nächsten Chronon nur durch einen Zug der Natur. Dadurch muss jeder Teilpfad, die eine Menge simultaner Züge darstellt, mit einem Zug der Natur abgeschlossen werden, um Züge aus dem nächsten Chronon auszuführen. Nach der Bed.3 muss jeder abschließende Wurzelpfad einen Zug der Natur am Ende haben.

Formal bewirken Züge der Spieler keine Transition in den nächsten Chronon. Dadurch ist die Darstellung der simultanen Züge aus der Sicht der Spieler intuitiv korrekt, weil jeder Zug eines Spielers als innerhalb eines Chronons verstanden wird. Auf der Abb.4.5 kann man das entsprechend dieser Definition erweiterte Spiel aus Abb.2.2 sehen. Alice und Bob müssen sich gleichzeitig in Mengen der Alternativen $\{a, b\}$ für Alice und $\{c, d\}$ für Bob entscheiden.

4.2. ZEITLICHE EXTENSIVE FORM

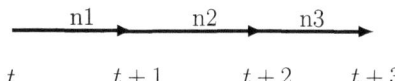

$t \qquad t+1 \qquad t+2 \qquad t+3$

Abbildung 4.4: Pause aus 3 Chronons in der TEFG-Darstellung. t steht hier für den Zeitpunkt des ersten Zuges, d.h. entweder $\tau(\oslash)$ oder $\tau(h)$ bei einer vorhergehenden Geschichte h.

Wird die Zugkombination **ac** gewählt, so ist eine Lotterie über die Ausgänge **acn1** und **acn2** nötig, wobei die Auswahl zwischen **n1** und **n2** gleichzeitig mit den Zügen der Spieler geschieht. Die Verzweigungen nach den simultanen Zügen **ad**, **bc** und **bd** sind einelementig, was den Umstand vereinfacht, dass die Lotterie für **ac** hier keine zwei unterscheidbare Unterbäume bewirkt. Alternativ könnte man die Züge **n3**, **n4** und **n5** durch eine Verzweigung {**n1**,**n2**} mit jeweils zwei indentischen Unterbäumen ersetzen.

Man sieht hier, dass das Verlagern des Zugs der Natur an das Ende die Anzahl der Kanten einer mehrstufigen Verzweigung und die Größe der jeweiligen Informationsmengen klein hält und daher sinnvoll ist. Wäre der Zug der Natur am Anfang des Chronons gestellt, würden die Spieler Alice und Bob die Informationsmengen $\{n1, n2\}$ und $\{n1a, n1b, n2a, n2b\}$ anstatt $\{\oslash\}$ und $\{a, b\}$ haben.

Bed.4 aus Def.12 bedeutet die Unabhängigkeit der simultanen Züge der Spieler innerhalb eines Chronons – es gilt imperfekte Information und keiner der Züge bewirkt das Nichteintreten eines anderen. Joker's Spiel ist ein Beispiel, bei dem Züge einander ausschliessen können, wenn es keine Zeitspanne zwischen einem Knopfdruck und einer Explosion gibt. Ein solcher extremer Fall kann in diskreter Zeit nur durch eine Lotterie modelliert werden. Dazu nimmt man als Beispiel Abb.4.5, bei dem man die Züge **a** und **c** als das Betätigen des Zünders verstehen kann. Das „gleichzeitige" Auftreten dieser Züge innerhalb eines Chronons wird durch eine Lotterie über **n1** und **n2** hinsichtlich des Ausganges entschieden.

Simultane Züge sind nicht die einzige Quelle für imperfekte Information in TEFG. Abb.4.6 zeigt eine Situation bei der Alice den Zug der Natur aus dem Chronon t im Chronon $t + 1$ nicht kennt und daher einen Zug unter imperfekter Information ausführen muss. Der imperfekten Information sind aber nach der Definition Grenzen gesetzt. Erstens, muss sich ein Spieler wegen perfekten Erinnerungsvermögen an seine Züge erinnern können. Wurzelpfade wie z.B. **n1bn8n9n10** und **n2an12n13n14** dürfen nicht in der gleichen Informationsmenge von Alice auftauchen. Zweitens, nach Bed.5 aus Def.12

KAPITEL 4. SPRACHEN FÜR SPIELBESCHREIBUNG

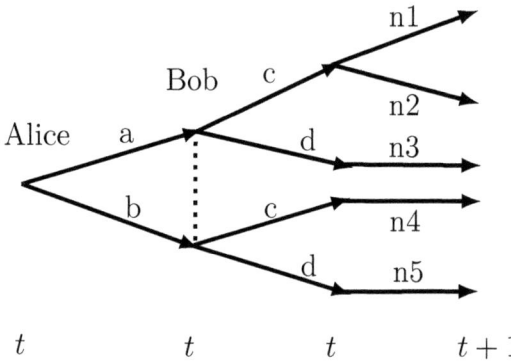

Abbildung 4.5: Eine mehrstufige Verzweigung durch mögliche simultane Züge von Alice und Bob innerhalb eines Chronons in der TEFG-Darstellung.

hat jeder Spieler ein *perfektes zeitliches Erinnerungsvermögen*. Wurzelpfade wie z.b. **n1an3n4** und **n2an12n13n14** können bei perfektem zeitlichem Erinnerungsvermögen nicht in der gleichen Informationsmenge sein. Perfektes zeitliches Erinnerungsvermögen heißt, dass jeder Spieler den Zeitpunkt kennt, an dem er eine Entscheidung trifft.

Der letzte Aspekt von TEFG ist das Verhältnis zwischen imperfekter Information und Zeit. In der Theorie der extensiven Spiele reicht es zu sagen, dass ein Spieler zwei Geschichten zum Zeitpunkt seiner Entscheidung unterscheiden oder nicht unterscheiden kann. Bei perfektem Erinnerungsvermögen können zwei zuerst nicht unterscheidbare Geschichten irgendwann unterschieden werden aber nicht umgekehrt. Der Zeitpunkt, ab wann Geschichten unterscheidbar werden, liegt auf dem Wurzelpfad zwischen zwei nacheinander folgenden Informationsmengen eines Spielers. In Abb.4.6 kann Alice die Geschichten **n1** und **n2** zum Zeitpunkt $t+1$ voneinander nicht unterscheiden. Die Geschichten **n1bn3n4n5** und **n2bn12n13n14** sind zum Zeitpunkt $t+4$ dagegen unterscheidbar. Der Zug der Natur in t wird irgendwann zwischen $t+2$ und $t+4$ für Alice bekannt. Wenn Alice ihre optimale Strategie innerhalb eines Chronons berechnen kann, ist dieser Zeitpunkt irrelevant. Bei längeren Rechenzeiten wird der Zeitpunkt des Unterscheidbarwerdens wichtig und bestimmt je nach suboptimaler kurzfristiger Reaktion der Spieler den Verlauf des Spieles.

Durch die zeitliche Nachrichtenfunktion ν wird Abhilfe zu diesem zuletzt

4.2. ZEITLICHE EXTENSIVE FORM

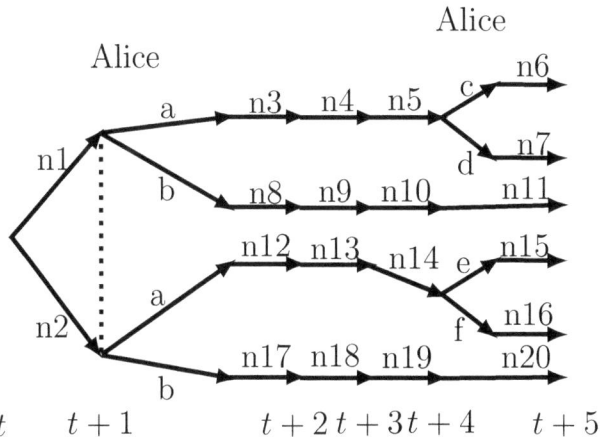

Abbildung 4.6: Zeit und imperfekte Information in TEFG. Bei diesem Spielbaum ist es nicht definiert, ab wann Alice sich nach dem Zug **a** d.h. ab $t+2$ oder ab $t+3$ oder ab $t+4$ auf die Berechnung eines optimalen Zuges auf nur eine Zugmenge aus $\{c,d\}$ und $\{e,f\}$ konzentrieren kann.

beschriebenen Aspekt verschafft. Wenn $\nu(h, h', i)$ wahr ist, dann kann der Spieler i die Wurzelpfade h und h' während eines Chronons nicht unterscheiden. Die Funktion ν unterscheidet sich von Informationsmengen. Sie ist nur über die Wurzelpfade definiert, die mit einem Zug der Natur abschliessen, und sie ist auch in den Chronons für die Spieler definiert, die dort keine Entscheidungen treffen (Siehe L in Def.12). Bed.6 aus Def.12 bedeutet, dass wenn für einen Spieler zwei Pfade zu einem bestimmten Chronon ununterscheidbar sind, dann haben die sich aus dem letzten Chronon verzweigt oder sie waren schon im letzten Chronon für ihn ununterscheidbar. Dabei gilt das perfekte Erinnerungsvermögen, d.h., dass beide Pfade im letzten Chronon gleiche Entscheidungen des genannten Spielers aufweisen müssen. Die Informationsmengen und die Nachrichtenfunktion sind bei der Definition eines Spiels nicht gegenseitig austauschbar.

DEFINITION 13 *Ein Spiel $\langle N, H', P', f'_c, (\mathcal{I}_i)_{i\in N}, (u'_i)_{i\in N}\rangle$ ist ein mit einer einelementigen Verzweigung der Natur an allen Wurzelpfaden mit dem*

KAPITEL 4. SPRACHEN FÜR SPIELBESCHREIBUNG

Prädikat $\widehat{h}$ verlängertes Spiel $\langle N, H, P, f_c, (\mathcal{I}_i)_{i \in N}, (u_i)_{i \in N} \rangle$, falls es gilt:

$$\forall \widehat{hr} \in H \colon H' = \{\widehat{har}\} \cup (H \setminus \{\widehat{hr}\}) \bigwedge P' = P \cup \{\widehat{h} \mapsto c\} \cup \{\widehat{ha} \mapsto P(\widehat{h})\} \bigwedge$$
$$f'_c = f_c \cup \{(\widehat{h}, a) \mapsto 1\} \wedge u' = u \cup \{\widehat{har} \mapsto u(\widehat{hr})\}$$

SATZ 3 *Jede Kombination von Verhaltensstrategien $(\beta_i)_{i \in N}$ im Spiel $\langle N, H, P, f_c, (\mathcal{I}_i)_{i \in N}, (u_i)_{i \in N} \rangle$ ist kompatibel und auszahlungsäquivalent zu mit einer einelementigen Verzweigung der Natur an allen Wurzelpfaden mit dem Prädikat $\widehat{h}$ verlängertem Spiel $\langle N, H', P', f'_c, (\mathcal{I}_i)_{i \in N}, (u'_i)_{i \in N} \rangle$ und umgekehrt.*

BEWEIS von 3 Die Zugauswahl an den Informationsmengen wird durch die Verlängerung bzw. Verkürzung nicht verändert, daher sind Verhaltensstrategien kompatibel. Es gilt für die Wahrscheinlichkeit eines Zuges $p(a) = f_c(h, a)$, falls $P(h) = c$ und $p(a) = \beta_i(I_i)(a)$, falls $a \in A(I_i)$. U_i ist der Erwartungswert der Auszahlung für den Spieler i. Die Erwartungswerte der Auszahlung bei verlängerten Geschichten ändern sich nicht, da die Wahrscheinlichkeit des hinzugefügten Zuges der Natur 1 ist.

$$U'_i = \sum_{\widehat{har} \in Z'} u'(\widehat{har}) \prod_{a'' \in \widehat{har}} p'(a'') =$$
$$\sum_{\widehat{har} \in Z'} f'_c(\widehat{h}, a) u(\widehat{hr}) \prod_{a' \in \widehat{hr}} p(a') = \sum_{\widehat{hr} \in Z} u(\widehat{hr}) \prod_{a' \in \widehat{hr}} p(a') = U_i$$

∎

Ein Spiel in TEFG-Darstellung lässt sich mit Hilfe der klassischen Spieltheorie lösen, indem man die Funktionen τ und ν weglässt und eine extensive Form erhält – nach Def.12 ist $\langle N, H, P, f_c, (\mathcal{I}_i)_{i \in N}, (u_i)_{i \in N} \rangle$ ein extensives Spiel bei imperfekter Information mit perfektem Erinnerungsvermögen. Das umgekehrte Umwandeln ist aber nicht eindeutig, weil die nötigen Informationen für die τ und ν fehlen. Um mit entsprechender zeitlicher Information ein TEFG auf Basis eines extensiven Spiels definieren zu können, muss man einelementige Verzweigungen der Natur (Def.13) nach Bed.2 aus Def.12 einbauen. Ein solcher Zug ist z.B. **n6** auf Abb.4.6. Dies ist ohne weiteres möglich und verändert nicht die Auszahlungen der Verhaltensstrategien aus dem ursprünglichen extensiven Spiel (Satz.3).

In den nächsten Unterkapiteln werden zwei entwickelte Sprachen vorgestellt, die die Bestimmung haben, ein Spiel in der TEFG-Darstellung kompakter als in TEFG zu beschreiben.

4.3 PNSI

4.3.1 Formale Definition

Die erste der vorzustellenden Spielbeschreibungssprachen ist PNSI [Tag09g]. PNSI basiert auf *Petrinetzen* [PW08] und ist inspiriert durch die Verwendung von Petrinetzen bei Modellierungen soziologischer Theorien [vMV03]. Die soziologische Theorie wurde aber in der Quelle ohne einen Bezug zur Spieltheorie modelliert. Daher wird hier kein Bezug darauf genommen. Als Beispiel einer fallspezifischen Modellierung strategischer Interaktionen mit Hilfe von Petrinetzen und einem Bezug zur Spieltheorie kann man [HMLW06] erwähnen. Die Erwähnung weiterer solcher Beispiele ist unnötig, da es hier um die allgemeine Modellierung geht.

Ein Petrinetz ist ein bipartiter gerichteter Graph (Def.14). Die beiden Arten von Knoten heißen Plätze und Transitionen. Plätze können mit einer ganzzahligen Anzahl von Marken belegt werden. Die Tilde „˜" wird hier eingeführt um Verwechselungen mit den vorigen Notationen zu vermeiden. $\tilde{M}$ ist der aktuelle Zustand des Petrinetzes d.h. die aktuelle Belegung der Plätze. Die Transitionen können gefeuert werden (Def.15). Feuerung einer Transition kann nur dann erfolgen, wenn die Plätze an den eingehenden Kanten gleich viele oder mehr Marken haben als die Gewichte an den jeweiligen Kanten. Die Gewichtung einer eingehenden Kante ist die Anzahl der Marken, die an dem angebundenen Platz während des Feuerns verbraucht wird. Bei ausgehenden Kanten stehen Gewichte für die Anzahl entstehender Marken.

DEFINITION 14 *Das Tupel* $PN = \langle \tilde{P}, \tilde{Q}, \tilde{F}, \tilde{W}, \tilde{M} \rangle$ *ist ein Petrinetz.* $\tilde{P}$ *ist eine Menge von Plätzen.* $\tilde{Q}$ *eine Menge von Transitionen, wobei Plätze und Transitionen disjunkt sind* $\tilde{P} \cap \tilde{Q} = \oslash$. $\tilde{F} \subseteq (\tilde{P} \times \tilde{Q}) \cup (\tilde{Q} \times \tilde{P})$ *ist eine Menge gerichteter Kanten zwischen Plätzen und Transitionen.* $\tilde{W}: \tilde{F} \to \mathbb{N}_1^+$ *ist eine Gewichtung der Kanten mit positiven ganzzahligen Werten.* $\tilde{M} \in \mathbb{N}^{|\tilde{P}|}$ *ist die aktuelle Markierung des Petrinetzes d.h. die Anzahl der Marken auch Token für jeden Platz.*

DEFINITION 15 *Der aktuelle Zustand* $\tilde{M}$ *des Petrinetzes* $\langle \tilde{P}, \tilde{Q}, \tilde{F}, \tilde{W}, \tilde{M} \rangle$ *geht durch Feuern einer Transition* $t \in \tilde{Q}$ *in den Zustand* $\tilde{M}' \in \mathbb{N}^{|\tilde{P}|}$ *über, falls gilt:* $\forall p_i \in \tilde{P}: (\tilde{M}_i - \tilde{W}(p_i,t)) \geq 0$ *und* $\forall p_i \in \tilde{P}: \tilde{M}_i' = \tilde{M}_i - \tilde{W}(p_i,t) + \tilde{W}(t,p_i)$. *Die Transition t heißt aktiviert. Die Relation* $\leadsto: \mathbb{N}^{|\tilde{P}|} \times \tilde{Q}^* \times \mathbb{N}^{|\tilde{P}|}$ *beschreibt alle gültigen Folgen gefeuerter Transitionen auch Feuersequenzen genannt und notiert als* $\tilde{M} \overset{t}{\leadsto} \tilde{M}'$.

KAPITEL 4. SPRACHEN FÜR SPIELBESCHREIBUNG

Einem Petrinetz ist ein Transitionssystem zugeordnet. Ein Transitionssystem ist ein Automat. Jeder Zustand dieses Automaten ist eine Markierung des Petrinetzes. Die Zustandsübergänge dieses Automaten sind mit dem Feuern bestimmter Mengen von Transitionen gekennzeichnet. Die Pfade im Automaten bzw. Feuersequenzen sind mit der Relation $\leadsto$ definiert. Um ein Spiel auf der Basis von Petrinetzen zu beschreiben, werden bei PNSI die Feuersequenzen eines Petrinetzes als die Wurzelpfade betrachtet. Dafür wurde für PNSI ein einfaches Petrinetz entsprechend Def.16 erweitert. Eine ähnliche Sichtweise wurde bei [Kan95] vorgeschlagen. Dort wurde jedoch nur eine begrenzte Klasse von Spielen mit zwei Spielern beschrieben.

Bevor PNSI erläutert wird, sind einige verwandte Arbeiten im Bereich der Verbindungen zwischen Spieltheorie und Petrinetzen zu erwähnen. Erstens gibt es einen Ansatz [Cle06] aus der Spieltheorie, in dem Spiele ohne Zeit mit Hilfe von Petrinetzen modelliert wurden, um z.B. Gleichgewichte im wiederholten Gefangenendilemma zu berechnen. Das *Spielpetrinetz*, das dort vorgestellt wurde, ist ähnlich zum Spielmodell von GDL. Der Unterschied liegt darin, dass statt der Zustände Plätze verwendet werden und statt der Zustandsübergänge Transitionen. Eine andere Arbeit [Wes06] modelliert Interaktionen eines Spielers mit seiner Umgebung mit Hilfe einer erweiterten Art von Petrinetzen, der farbigen Petrinetzen. Modellierung von Spielen (mehr als eine Person) mit farbigen Petrinetzen sind in Literatur bisher nicht bekannt.

Einfache Petrinetze drücken zwar ein Transitionssystem aus, haben aber keine explizite Information über die Zeit. Um Petrinetze mit Zeit zu erweitern, gibt es bisher zwei Ansätze – *Zeitpetrinetze* und *zeitliche Petrinetze* [CR05]. Bei den Zeitpetrinetzen wird ein Zeitverhalten über eine Funktion für jede Transition definiert. Bei zeitlichen Petrinetzen kann jede Transition nicht zu einer bestimmten Zeit, sondern sobald sie aktiviert ist, feuern und das Feuern einer Transition entspricht einer Zeiteinheit. Bei PNSI wird der Ansatz der zeitlichen Petrinetze verwendet [TJ09], wodurch die Repräsentation von TEFG ereicht wird.

DEFINITION 16 (PNSI) *Falls* $PN = \langle \tilde{P}, \tilde{Q}, \tilde{F}, \tilde{W}, \tilde{M} \rangle$ *ein einfaches Petrinetz ist, ist PNSI definiert als das Tupel* $PNSI = \langle \tilde{P}, \tilde{Q}, \tilde{F}, \tilde{W}, \tilde{M}, \tilde{I}, \tilde{C}, \tilde{N}, \tilde{D}, \tilde{A}, \tilde{O}, \tilde{H}, \tilde{B} \rangle$ *mit folgenden Bestandteilen, :*

$\tilde{I}$ *– eine Menge von Spielern, leeres Element* ε *ist Natur.*

$\tilde{C} \subset (\tilde{Q}^*)^*$ *– eine Menge von Transitionsmengen genannt Auswahlmengen, wobei* $\tilde{Q} = \{t : t \in c \in \tilde{C}\}$ *und* $\forall c, c' \in \tilde{C} : \forall t \in c : |c| \geq 1 \wedge t \notin c'$ *gelten.*

4.3. PNSI

$\tilde{N} \colon \tilde{C} \to \mathbb{N}$ – *eine nicht-bijektive Nummerierungsfunktion für die Auswahlmengen, wobei Auswahlmengen mit gleichen Nummern gleiche Anzahl von Elementen haben* $\forall c, c' \in \tilde{C} \colon \tilde{N}(c) = \tilde{N}(c') \Rightarrow |c| = |c'|$.

$\tilde{D} \colon \mathbb{N} \to (\mathbb{R}_0^1)^l$ – *eine Zuweisung von Verteilungen von Feuerwahrscheinlichkeiten zu Nummern der Auswahlmengen, wobei es gilt* $\forall n \in \mathbb{N} \colon (\tilde{N}(c) = n \Rightarrow |\tilde{D}(n)| = |c| = l) \wedge \sum(\tilde{D}(n)) = 1$.

$\tilde{O} \colon \mathbb{N} \to \tilde{I} \cup \varepsilon$ – *eine Zuweisung von Spielern bzw. Natur zu Nummern der Auswahlmengen.*

$\tilde{A} \colon \tilde{Q}^s \to \mathbb{R}^{|\tilde{I}|}$ – *eine Auszahlungsfunktion für das simultane Feuern von Transitionen für jeden Spieler. Um aber die auf PNSI basierende graphische Darstellung und Algorithmik zu vereinfachen wird* $s = 1$ *statt* $s = *$ *vorausgesetzt. Bei dieser Vereinfachung gilt* $\tilde{A}(q) = \sum_{t \in q} \tilde{A}(t)$.

$\tilde{H} \colon \tilde{P} \to \tilde{I}^*$ – *eine Menge von Agenten für jeden Platz, die diesen Platz nicht sehen können.*

$\tilde{B} \colon \tilde{I} \to \mathbb{R}$ **bzw.** $\tilde{B} \in \mathbb{R}^{|\tilde{I}|}$ – *aktueller Zustand der Spielerkonten.*

Das Grundkonzept von Def.16 ist die Betrachtung eines Spiel als eine Art Maschine mit für Spieler teilweise sichtbaren Zuständen sowie einer Menge den Spielern zugewiesenen *Schaltern*. Die teilweise sichtbaren Zustände werden durch Verstecken von Plätzen über die Funktion $\tilde{H}$ definiert. Auszahlungen $\tilde{B}$ werden genauso wie bei allen anderen Sprachen nicht versteckt, da es sich um Spiele bei imperfekter Information und nicht bei unvollständiger Information handelt. Ein Schalter ist eine Menge von Zügen, von denen keine zwei gleichzeitig ausgeführt werden. Da es aber mehrere Schalter gibt, können auch mehrere Züge – d.h. für jeden Schalter eins – gleichzeitig ausgeführt werden. Im Unterschied zu Gala und GDL kann ein Spieler in PNSI auch mehrere Züge durch Besitz mehrerer Schalter gleichzeitig ausführen, was bei TEFG erlaubt ist und die Flexibilität der Spielbeschreibungsprache erhöht.

Ein Teil der Züge einiger Schalter bewirkt in bestimmten Zuständen keine Effekte. Solche Züge sind im Unterschied zu GDL stets erlaubt, um zu verhindern, dass Spieler aus dem Wissen der Verfügbarkeit der Züge im Falle imperfekter Information den aktuellen Zustand ableiten könnten. Aus der Menge der verfügbaren Züge kann nicht auf den aktuellen Zustand geschlossen werden, weil diese Menge immer gleich bleibt.

Jeder Schalter besitzt eine Identifikationsnummer $\tilde{N}$. Eine Identifikationsnummer kann mehreren Transitionsmengen alias Auswahlmengen $\tilde{C}$ gleicher

KAPITEL 4. SPRACHEN FÜR SPIELBESCHREIBUNG

Größe zugewiesen werden. Wenn ein Schalter einem Spieler gehört (nach $\tilde{O}$), dann kann er die Verteilung über die Transitionen auf diesem Schalter $\tilde{D}$ verändern d.h. einen Zug ausführen. Eine feuernde Transition verändert nicht nur den Inhalt angebundener Plätze, sondern sie kann auch die Spielkonten aktualisieren, falls die Funktion $\tilde{A}$ nicht 0 liefert. Der Inhalt der Spielerkonten ist im Unterschied zu Plätzen nicht ganzzahlig.

Jeder Schalter kann jederzeit bedient werden. Die Bedienung eines Schalters bewirkt, dass die Transitionen eine neue Feuerwahrscheinlichkeit zugeordnet bekommen. Die Zuordnung neuer Feuerwahrscheinlichkeiten hat nicht immer eine Wirkung – nur eine aktivierte Transition mit positiver Wahrscheinlichkeit kann feuern. Dieser Aspekt ist wichtig um Situationen zu definieren, in denen ein Spieler absichtlich eine nicht aktivierte Transition mit der Wahrscheinlichkeit 1 belegt, um das Spiel in einen Wartezustand zu versetzen.

Def.17 definiert die Zustandsübergänge ($\triangleright$) von PNSI. $q(\triangleright)$ ist eine einem Zustandsübergang gehörende Feuersequenz mit maximaler Anzahl (Bed.4) gleichzeitig feuerbarer Transitionen (Bed.3), wobei für jede Auswahlmenge höchstens eine Transition enthalten sein darf (Bed.1) und $q(\triangleright)$ darf nur Transitionen mit einer positiven Feuerwahrscheinlichkeit enthalten (Bed.2). Ein Spiel ist beendet, wenn keine Transition mehr aktiviert ist (Bed.5). Es muss erwähnt werden, dass der PNSI-Automat Zyklen und sogar reflexive Kanten enthalten kann. Eine reflexive Kante ist z.B. $s \triangleright s$ falls alle aktivierten Transitionen die Wahrscheinlichkeit 0 haben (Bed.2, $q(\triangleright) = \varepsilon$).

DEFINITION 17 (PNSI-Automat) *Das Tupel $\langle s_1, S, \triangleright \rangle$ ist ein PNSI-Automat, falls $s_1 = \langle \tilde{M}, \tilde{B} \rangle \in S = \mathbb{N}^{|\tilde{P}|} \times \mathbb{R}^{|\tilde{I}|}$ der aktuelle Zustand von PNSI ist. $\triangleright \colon S \times S$ ist eine Zustandsübergangsrelation. Jeder Zustandsübergang dauert einen Chronon. Jedem Zustandsübergang $\triangleright$ ist eine Feuersequenz $q(\triangleright) \in \tilde{Q}^*$ zugeordnet, sodass der Zustandsübergang $\tilde{M} \overset{q(\triangleright)}{\leadsto} \tilde{M}'$ möglich ist oder $q(\triangleright)$ leer ist. Es gelten:*

1. $\forall t, t' \in c \in \tilde{C} \colon t \in q(\triangleright) \Rightarrow t' \notin q(\triangleright)$

2. $\forall t \in c \in \tilde{C} \colon (\tilde{D}(\tilde{N}(c))(t) = 0) \Rightarrow t \notin q(\triangleright)$

3. $\forall p_i \in \tilde{P} \colon \sum_{t \in q(\triangleright)} (\tilde{M}_i - \tilde{W}(p_i, t)) \geq 0$

4. $\forall q(\triangleright) \colon \nexists q'(\triangleright) \colon q(\triangleright) \subset q'(\triangleright)$

5. $\forall s = \langle \tilde{M}, \tilde{B} \rangle \in S \colon \begin{cases} s \not\triangleright s', & \text{wenn } \nexists \tilde{M}' \colon \tilde{M} \leadsto \tilde{M}' \\ s \triangleright s', & \text{sonst} \end{cases}$
bei $\not\triangleright$ ist s ein Endzustand

4.3. PNSI

Auf der Basis eines PNSI-Automaten lässt sich ein TEFG-Baum aufbauen. Def.18 gibt die Mindestbedingungen an, die für einen Algorithmus nötig sind um auf der Basis von PNSI ein TEFG aufzubauen. Grundsätzlich entspricht ein Zustandsübergang im PNSI-Automaten einem simultanen Zug in TEFG, dessen Dauer ein Chronon beträgt (Bed.2). Das Verstecken von Plätzen ermöglicht das Festlegen der Nachrichtenfunktion ν (Bed.4). Eher trivial ist Übertragung der Spieler (Bed.1) sowie der Auszahlungsfunktion (Bed.3). Def.18 gibt Raum für Variationen bei der Gestaltung des Algorithmus – die fehlende Restriktion betrifft die genauere Zusammensetzung der Zugsequenz h' aus Bed.1.

DEFINITION 18 (PNSI zu TEFG) *Das Tupel $\langle N, H, P, f_c, (\mathcal{I}_i)_{i \in N}, (u_i)_{i \in N}, \tau, \nu \rangle$ ist ein auf der Basis eines PNSI-Automaten $(s_1, S, \triangleright)$ von $\langle \tilde{P}, \tilde{Q}, \tilde{F}, \tilde{W}, \tilde{M}, \tilde{I}, \tilde{C}, \tilde{N}, \tilde{D}, \tilde{A}, \tilde{O}, \tilde{H}, \tilde{B} \rangle$ aufgebautes TEFG. Dabei ist jeder Geschichte $ha \in H$ und $P(h) = c$ ein Zustand $s \in S$ zugeordnet $ha \propto s$ ($\propto: H \times S$ ist eine Zuordnung). Es gilt mindestens:*

1. *$N = \tilde{I}$ – Die Spieler werden ohne Veränderung übertragen.*

2. *$\varnothing \propto s_1$; $\forall h \propto s, hh' \propto s' : s \triangleright s' \Rightarrow \tau(h) + 1 = \tau(hh')$ – Ein Zustandsübergang entspricht einem simultanen Zug. Elemente der Feuersequenz $q(\triangleright)$ sind über $\tilde{C}, \tilde{N}$ und $\tilde{O}$ entweder den Spielern oder der Natur zugewiesen und bestimmen die Zugsequenz h'.*

3. *$\forall h \in Z : u_i(h) = \tilde{B}'(i) - \tilde{B}(i)$, wobei $\tilde{B}(i)$ der erste Kontostand des Spielers i und $\tilde{B}'(i)$ der letzte Kontostand ist.*

4. *$(\nu(h, h', i) \wedge h \propto s \wedge h' \propto s') \Rightarrow \tilde{M}_i = \tilde{M}'_i$, wobei $\tilde{M}_i$ die Belegung der für den Spieler i unversteckter Plätze $\{p : i \notin \tilde{H}(p)\}$ ist.*

Abb.4.7 zeigt die graphische Definition des Spiels Nim, das mit Sprachen GDL und Gala modelliert wurde. Hier wird eines der Unterschiede der petrinetzbasierten gegenüber logischen Ansätzen deutlich und zwar die Möglichkeit graphischer Darstellung. Kreise aus durchgezogenen Linien stehen für Plätze. Innerhalb der Kreise befinden sich schwarze Punkte. Schwarze Punkte sind Markierungen der Plätze. Der Platz *Bturn* z.B. hat genau ein Token. Rechtecke aus durchgezogenen Linien sind Transitionen. Transitionen und Plätze können mit Pfeilen aus durchgezogenen Linien verbunden werden. Die Pfeile zwischen Transitionen und Plätzen sind mit Gewichten gekennzeichnet, wobei nur Gewichte > 1 explizit dargestellt werden.

KAPITEL 4. SPRACHEN FÜR SPIELBESCHREIBUNG

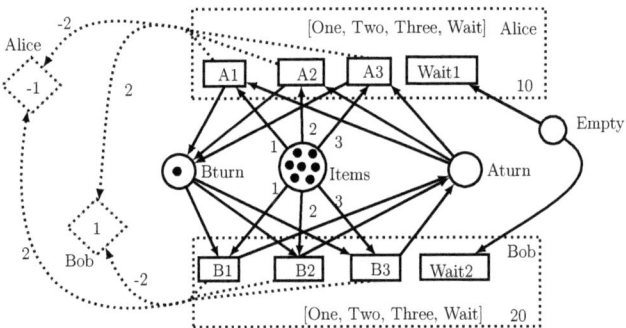

Abbildung 4.7: Nim modelliert in PNSI [Tag08a]. Hier ist der zusätzliche Zug *Wait* (Warten) möglich. *Wait* ist ein zeitabhängiges Element der Spielregeln.

Für die Darstellung der Erweiterung der Petrinetze in PNSI wurden weitere Elemente hinzugefügt. Ein Rechteck aus gepunkteten Linien um Transitionen herum stellt eine Auswahlmenge bzw. einen Schalter dar. Innerhalb einer Auswahlmenge befinden sich dazu gehörende Transitionen, die Nummer der Auswahlmenge, der Besitzer der Auswahlmenge und in eckigen Klammern die Alias der Transitionen. Die Alias der Transitionen in einer Auswahlmenge ist eine praktische Erweiterung, durch die jeder Zug einen Namen statt einer Nummer hat. Auf die Darstellung einelementiger Auswahlmengen wird zur Einfachheit verzichtet. Spielerkonten werden ähnlich wie bei Einflussdiagrammen (Abschnitt 3.1.2) mit Rauten ausgedrückt. Die Auszahlungen der Transitionen werden mit gepunkteten Linien in Richtung der Spielerkonten ausgedrückt.

Die in der Abb.4.7 dargestellte Beschreibung von Nim ist im Vergleich mit den Beschreibungen in Gala und GDL in Abb.3.4 und Abb.3.7 mit dem Zug *Wait* erweitert. Plätze mit dem Suffix *turn* sind belegt, falls der entsprechende Spieler am Zug ist. *Wait* drückt für einen Spieler, der am Zug ist, die Möglichkeit aus, eine unbestimmte Zeit zu warten, bevor ein Zug ausgeführt wird. Falls eine Transition mit dem Präfix *Wait* mit der Feuerwahrscheinlichkeit 1 belegt wird, verändert sich der Zustand des Spiels ab dem Zeitpunkt, wo der zugehörige Spieler dran ist, nicht mehr. Der Platz *Items* ist der Pott mit den Streichhölzern. Wenn *Items* leer ist, ist keine der Transitionen im Spiel aktiviert und das Spiel ist beendet.

So wie bei anderen Sprachen bedarf es bei textuellen Spielbeschreibungen

4.3. PNSI

in PNSI einer Syntax. Für die Syntax der PNSI wird YAML (JSON ist eine echte Untermenge von YAML) [BKEI04] benutzt. YAML ist eine an menschliche Nutzer besser angepasste Serialisierungs- und Konfigurationssprache als die vergleichbare Sprache XML. Beschrieben werden nur die für PNSI wichtigen Merkmale von YAML.

Abb.4.8 ist die Darstellung des Spiels aus Abb.4.7 in PNSI YAML Syntax. Jedes Dokument in YAML fängt mit der Zeile $\boxed{\text{---}}$ an. Grundsätzlich kann man in YAML einfache Werte, Listen und Abbildungen in mehreren oder in einer Zeile d.h. inline darstellen, wobei man die Strukturen auch schachteln kann – z.b. Listen von Abbildungen. Auf der obersten Ebene ist PNSI eine Abbildung mit den Schlüsseln: *agents* – Spielerkonten; *numbering* – Auswahlmengen mit Nummern; *numbers* – Nummern mit Besitzern, Verteilungen und Alias; *places* – Plätze; *transitions* – Transitionen. Eine Abbildung eines Schlüssels zu einem Wert wird in YAML mit dem Symbol $\boxed{:}$ ausgedrückt – z.B. zweite Zeile in Abb.4.8. In der gleichen Zeile sieht man, dass bei inline-Schreibweise die einzelnen Schlüsselwertbeziehungen mit Kommata $\boxed{,}$ abgetrennt und in geschweiften Klammern $\boxed{\{\ \}}$ geschrieben werden. Bei der Schreibweise in mehreren Zeilen wird jede weitere Verschachtelungsstufe durch eine zusätzliche Einrückung um zwei Leerzeichen $\boxed{\ }$ kodiert. Listen werden entweder in mehreren Zeilen mit dem Symbol $\boxed{-}$ oder inline mit Kommata $\boxed{,}$ und eckigen Klammern $\boxed{[\ ]}$ geschrieben. In den Zeilen 4 und 5 finden sich Beispiele dafür.

agents beinhaltet eine Abbildung zwischen Spielernamen $\tilde{I}$ und den aktuellen Kontoständen $\tilde{B}$. *numbering* beinhaltet eine Liste von Abbildungen mit den Schlüsseln: *actions* – Auswahlmenge $c \in \tilde{C}$; *number* – Nummer $\tilde{N}(c)$. Jede Nummer n verweist auf eine Abbildung mit den Schlüsseln: *aliases* – Alias; *distribution* – Verteilung $\tilde{D}(n)$; *owner* – Besitzer $\tilde{O}(n)$. Einem Platz p ist eine Abbildung mit folgenden Schlüsseln zugeordnet: *tokens* – aktuelle Markierung $M(p)$; *hidden* – Menge der von der Einsicht ausgeschlossenen Spieler $\tilde{H}(p)$. Und die Schlüssel einer Abbildung, die einer Transition t zugeordnet wird, sind folgende: *incoming* – Plätze an eingehenden Kanten $\tilde{P} \times t \subset \tilde{F}$ samt der Gewichte der Kanten $\tilde{W}(\tilde{P} \times t)$; *outgoing* – Plätze an ausgehenden Kanten $t \times \tilde{P} \subset \tilde{F}$ samt der Gewichte der Kanten $\tilde{W}(t \times \tilde{P})$; *payoff* – Auswirkungen auf die Kontostände der Spieler $\tilde{A}$. Die Auswirkungen auf die Kontostände können im Gegensatz zur Definition nur für jede Transition allein definiert werden. Es vereinfacht wie schon erwähnt die Implementation.

YAML besitzt zwei Elemente, die eine sparsame Darstellung erlauben. Man kann erstens Schlüssel mit leeren Werten weglassen. Beispiele dafür sind die Plätze *Empty* und *Aturn*. *hidden* wurde in der Abb.4.8 eingefügt, um die Möglichkeit des Versteckens der Plätze zu zeigen, kann aber entfernt wer-

KAPITEL 4. SPRACHEN FÜR SPIELBESCHREIBUNG

```
    ---
    agents: {Alice: -1.0, Bob: 1.0}
    numbering:
      - {actions: [A1, A2, A3, Wait1], number: n10}
5     - {actions: [B1, B2, B3, Wait2], number: n20}
    numbers:
      n10:
        aliases: &acts [One, Two, Three, Wait]
        distribution: &dist [0.0, 0.0, 0.0, 1.0]
10      owner: Alice
      n20: {aliases: *acts, distribution: *dist, owner: Bob}
    places:
      Empty: {}
      Items: {tokens: 7, hidden: []}
15    Aturn: {}
      Bturn: {tokens: 1}
    transitions:
      Wait1: &w {incoming: {Empty: 1}}
      Wait2: *w
20    A1:
        incoming: {Items: 1, Aturn: 1}
        outgoing: &at {Bturn: 1}
        payoff: &ap {Alice: -2.0, Bob: 2.0}
      A2: {incoming: {Items: 2, Aturn: 1}, outgoing: *at, payoff: *ap}
25    A3: {incoming: {Items: 3, Aturn: 1}, outgoing: *at, payoff: *ap}
      B1:
        incoming: {Items: 1, Bturn: 1}
        outgoing: &bt {Aturn: 1}
        payoff: &bp {Alice: 2.0, Bob: -2.0}
30    B2: {incoming: {Items: 2, Bturn: 1}, outgoing: *bt, payoff: *bp}
      B3: {incoming: {Items: 3, Bturn: 1}, outgoing: *bt, payoff: *bp}
```

Abbildung 4.8: Beschreibung des Spiels Nim aus der Abb.4.7 in PNSI YAML Syntax. *hidden* in der Zeile 14 ist in dieser Darstellung überflüssig und wird nur zu Demonstrationszwecken eingefügt.

den. Zweitens kann man Wiederholungen durch Referenzen vermeiden. Ein Referenzname fängt mit dem Symbol $\boxed{\&}$ und kann einem Wert zugewiesen werden. Ein anderer Wert, der den gleichen Inhalt hat, kann durch den Referenznamen angefangen mit $\boxed{*}$ ersetzt werden. Im Beispiel ist die Verteilung für die Nummer **n20** die gleiche wie für **n10**, was über **dist** referenziert wird.

4.3.2 Spielverwaltung

Aufbauend auf der Definition von PNSI sowie des zugehörigen PNSI-Automaten (Def.16, Def.17) wird hier der implementierte Spielverwaltungalgorithmus vorgestellt. Der Algorithmus kann mit allen drei Spielimplementationsvarianten aus dem Unterkapitel 3.2 kombiniert werden. Die Spielverwaltung ist ähnlich wie die GDL-Spielverwaltung durch eine Iteration realisiert. Jeder Schritt der Iteration bei der GDL-Spielverwaltung dauert nicht länger als die Zeitspanne *playclock*. Ein Schritt kann bei GDL auch schneller abgeschlossen werden, falls alle benötigten Züge der Spieler früher ankommen. Im Unterschied zu GDL dauert ein Schritt der Iteration bei PNSI-Spielverwaltung genau einen Chronon.

Alg.4.1 stellt einen Schritt der Iteration der PNSI-Spielverwaltung in Pseudocode dar. In der ersten Zeile werden die Verteilungen $\tilde{D}$ an den Spielern zugehörigen Nummern entsprechend den zugesandten Anweisungen der Spieler geändert. Dabei beschränken sich die Werte in Verteilungen auf ganzzahlig d.h. 0 oder 1. Die Einschränkung auf Ganzzahligkeit ermöglicht direkte Kontrolle der Spieler über die eigenen Züge. Eine Anweisung eines Spielers muss dadurch aus Nummer und Alias der Position mit Feuerwahrscheinlichkeit 1 bestehen. Während eines Chronons können mehrere Anweisungen versendet werden. Zeilen 2-29 führen einen Zustandswechsel $\triangleright$ durch. Zeilen 30-39 sind dafür zuständig die Änderungen des Zustands den Spieler zu versenden. Hier unterscheidet sich die PNSI-Spielverwaltung von der GDL-Spielverwaltung, da bei GDL der komplete Zustand versendet wird.

Die Zeilen 2-9 realisieren Bed.5 aus Def.17. *enough_incoming_tokens* ist wahr für eine aktivierte Transition. Falls keine der Transitionen aktiviert d.h. die Menge *active* leer ist, wird *finish_game* ausgeführt, wodurch das Spiel beendet wird. In der Zeile 11 bestimmt ein Zufallsexperiment für eine Auswahlmenge entsprechend der zugehörigen Verteilung die ausgewählte Transition. Diese Zeile ist vor allem für die der Natur gehörenden Auswahlmengen wichtig, da dort die Verteilungen nicht nur aus 0 und 1 bestehen. Die Menge *tobefired* ist eine Untermenge von *activ*, in der alle Transitionen nicht nur aktiviert sondern auch ausgewählt sind (Bed.1-2 aus Def.17).

KAPITEL 4. SPRACHEN FÜR SPIELBESCHREIBUNG

Algorithmus 4.1 : Ein Schritt der Iteration der PNSI-Spielverwaltung.

```
 1  implement_altering_commands_from_players;
 2  foreach ta in Transitions do
 3      if enough_incoming_tokens(ta) then
 4          active.add(ta);
 5      end
 6  end
 7  if active.empty then
 8      finish_game;
 9  end
10  foreach c in Choice_sets do
11      tc = c.choose_randomly_transition_according_to_distribution;
12      if active.contains(tc) then
13          tobefired.add(tc);
14      end
15  end
16  while not tobefired.empty do
17      tf = tobefired.remove_at_index(random_value);
18      if enough_incoming_tokens(tf) then
19          abolish_incoming_tokens(tf);
20          changed.add(tf.incoming);
21          q(▷).add(tf);
22      end
23  end
24  while not q(▷).empty do
25      tp = q(▷).remove_first;
26      produce_outgoing_tokens(tp);
27      produce_payoffs(tp);
28      changed.add(tp.outgoing);
29  end
30  foreach a in PNSI.agents do
31      foreach p in changed do
32          if not hidden(p, a) then
33              send(a, p.id, p.value);
34          end
35      end
36      foreach p in amounts do
37          send(a, p.id, p.value);
38      end
39  end
```

4.3. PNSI

Um die tatsächlich simultan zu feuernde Transitionsfolge $q(\triangleright)$ zu bestimmen, werden die Transitionen aus *tobefired* in den Zeilen 16-29 in einer zufälligen Reihenfolge (Zeile 17) simultan gefeuert bis die Menge leer ist oder keine aktivierte Transition mehr enthält (Bed.2-3 aus Def.17). Die in den folgenden Zeilen zu versendenden Änderungen werden dabei in der Menge *changed* registriert (Zeilen 20 & 28).

Der zeitliche Aufwand des angegebenen Algorithmus zur Spielverwaltung steigt höchstens polynomiell zur Größe von PNSI, genauer $O(|\tilde{Q}|(|\tilde{Q}| + |\tilde{P}|ln(|\tilde{P}|) + |\tilde{I}|ln(|\tilde{I}|)))$. Dieser Umstand ist durch die Tatsache begründet, das ein Zustandswechsel in Petrinetzen als eine Matrixaddition formulierbar ist. Man muss zusätzlich erwähnen, dass dieser Algorithmus nach jedem Schritt unterbrochen werden und erst später fortgesetzt werden kann. Dabei wird der aktuelle Zustand d.h. die Belegung von Plätzen, Spielerkonten und Wahrscheinlichkeitsverteilungen an den Auswahlmengen dauerhaft in einer Datei bzw. einer Datenbank gespeichert und bei dem Fortsetzen wieder hochgeladen. Dadurch ist eine Spielverwaltung basierend auf PNSI persistent konstruiert werden.

4.3.3 Spielbaumgenerierung

Abb.4.9 zeigt das Muddy-children-puzzle aus dem Abschnitt 2.3.1 für zwei Kinder, Alice und Bob, modelliert in PNSI. Dieses Rätsel ist als ein Spiel bei imperfekter Information mit Zeit modelliert. In der Beschreibung des Rätsels muss die Aufsichtsperson zählen d.h. jeder Takt ist mit einem simultanen Zug der Kinder verbunden. Um das Verhalten der Kinder zu rationalisieren sind ähnlich wie in [Web01] Bestrafungen (-10000) für falsches Vortreten sowie Belohnungen ($+100$) für richtiges Vortreten eingeführt worden. Jeder simultane Zug (vortreten oder nicht) der beiden Agenten dauert in dieser Darstellung ein Chronon.

Die Abbildung zeigt den Anfangszustand des Rätsels. Am Anfang sind die Konten der Spieler leer und *Start* ist der einzige Platz, der markiert ist. Die Plätze *dirtyA* und *cleanA* drücken den Zustand des Gesichtes von Alice aus und sind nicht gleichzeitig markiert. Das gleiche gilt für Plätze *dirtyB* und *cleanB* und den Spieler Bob. Die gepunkteten Rechtecke um diese Plätze drücken aus, dass sie für den jeweiligen Spieler versteckt sind.

Die Auswahlmenge {*dirtyAlice, dirtyBob, dirtyBoth*} ist mit einer sinnvollen Verteilung assoziiert, die aber in der Abbildung nicht dargestellt wurde. Im ersten Chronon feuert eine dieser Transitionen zufällig entsprechend dieser Verteilung und entscheidet darüber, welche der Welten ●☺, ☺● und ●● gelten soll.

KAPITEL 4. SPRACHEN FÜR SPIELBESCHREIBUNG

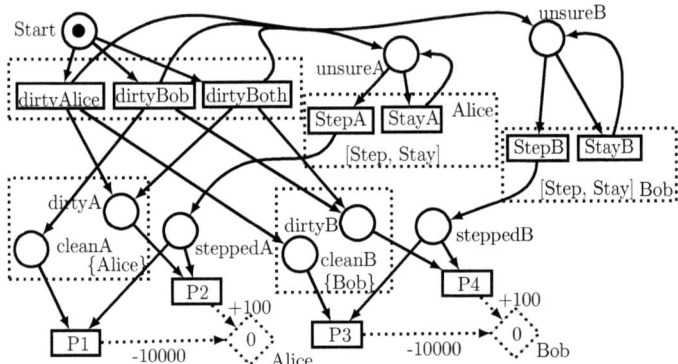

Abbildung 4.9: Muddy-children-puzzle modelliert in PNSI [TJ09].

Im zweiten Chronon werden die Plätze *unsureA* und *unsureB* markiert. Markierte Plätze mit dem Präfix *unsure* drücken den Zustand eines Spielers aus, in dem er noch nicht vorgetreten ist. Und markierte Plätze mit dem Präfix *stepped* drücken den Zustand aus, in dem er vorgetreten ist. Jeder Spieler besitzt eine Auswahlmenge, an der er sich zwischen *Stay* und *Step* entscheiden kann. Anschließend bestimmen die Transitionen mit dem Präfix *P*, welche Auszahlungen die Spieler abhängig von dem Zustand und deren Zügen erhalten.

Wie schon im Abschnitt 4.3.1 besprochen, lässt sich ein TEFG-Baum auf der Basis einer PNSI-Spielbeschreibung aufbauen. Def.18 basiert auf Def.17 und erlaubt für das Design des tatsächlichen Algorithmus mehrere Möglichkeiten. Hier wird eine Implementation beschrieben, die konform zum Alg.4.1 ist [Tag09e]. Der gesamte Algorithmus ist relativ umfangreich und und hat als Eingabe PNSI sowie die Anzahl der Chronons für die TEFG generiert werden soll. Zuerst wird der Algorithmus (Alg.4.2) beschrieben, der für einen Chronon bzw. einen simultanen Zug TEFG erstellt.

Der Algorithmus für ein Chronon ist nur in seinen Hauptoperationen dargestellt, weil die Details variabel konstruiert werden können. Die Zeile 1 im Alg.4.2 bewirkt die Initialisierung des Objekts *step*, das alle relevanten Informationen eines simultanen Zuges beinhaltet. Danach werden alle Auswahlmengen, die mindestens eine aktivierte Transition beinhalten, ausgewählt (Zeilen 2-9). Das geschieht, weil die Verteilungen an den Nummern, die diesen Auswahlmengen zugeordnet sind, einen Einfluss auf den Spielzustand im nächsten Chronon haben. Die Nummern, die von den Spielern kontrolliert werden, werden in eine Liste aufgenommen (Zeilen 5-7).

In der Zeile 10 werden alle möglichen auswählbaren Transitionsfolgen aus

---

Algorithmus 4.2 : PNSI zu TEFG, einzelner Chronon [Tag09e].
Data : PNSI, EFG

1 create(step)
2 **foreach** c in $PNSI.choice\_sets$ **do**
3   **if** $PNSI.contains\_any\_active\_transition(c)$ **then**
4   step.choice_sets.add(c)
5   **if** $has\_owner(c.number)$ **then**
6   step.ownednumbers.add(c.number)
7   **end**
8   **end**
9 **end**
10 step.firing_alternatives = create_all_firing_alternatives(step.choice_sets)
11 **foreach** $transitions\_set$ in $step.firing\_alternatives$ **do**
12   alternative = calculate_probabilities_and_turns(transitions_set)
13   **if** $alternative.probability = 0$ **then**
14   step.firing_alternatives.remove(transition_set)
15   **else**
16   remove_dead_transitions_from_alternative(transitions_set)
17   resolve_conflicts_if_needed(transitions_set)
18   **end**
19 **end**
20 **foreach** $number$ in $step.ownednumbers$ **do**
21   EFG.add_to_leafs(step.branches(number))
22 **end**
23 EFG.add_a_choice_node_to_each_leaf(step)
24 **return** EFG.get_leaves(step)

---

den Auswahlmengen mit mindesten einer aktivierten Transition berechnet. Die Elemente der Liste *firing_alternatives* beinhalten alle möglichen Besetzungen der Variable *tobefired* aus Alg.4.1. In der Zeile 12 werden für jede Transitionsfolge aus *firing_alternatives* die Wahrscheinlichkeiten sowie die nötigen Züge der Spieler bestimmt. Die Wahrscheinlichkeit einer Transitionsfolge ist das Produkt der Wahrscheinlichkeiten jeder einzelnen Transition der Folge. Falls die Wahrscheinlichkeit 0 ist, wird die Transitionsfolge gelöscht (Zeilen 13-14). Gleich 0 ist die Wahrscheinlichkeit, wenn die Transi-

KAPITEL 4. SPRACHEN FÜR SPIELBESCHREIBUNG

Algorithmus 4.3 : PNSI zu TEFG, mehrere Chronons.

1 initialize(TEFG, border_nodes)
2 **foreach** i: $0<i\leq chronons$ **do**
3   **foreach** *node in border_nodes* **do**
4   node_leaves = do_one_chronon(PNSI_state_of(node), TEFG.EFG))//Alg.4.2
5   exchange_personal_nodes(PNSI, TEFG, node)
6   new_border_nodes.add(node_leaves)
7   **end**
8   check_news_function(PNSI, TEFG, border_nodes, new_border_nodes)
9 **end**

---

tionsfolge z.B. Transitionen beinhaltet, die nicht zum gleichen Alias in über Nummer verbundenen Auswahlmengen zugeordnet sind. In der Zeile 16 werden alle nicht aktivierten Transitionen aus den Transitionsfolgen gelöscht. Dabei können auch leere Transitionsfolgen entstehen – keine Transition wird gefeuert wie z.B. beim Zug *Wait* in Nim. Und schließlich wird jede Transitionsfolge in der Zeile 17 auf gleichzeitige Feuerbarkeit aller Transitionen geprüft. Das geschieht wegen der Zeile 18 aus Alg.4.1, wo vorher aktivierte Transitionen durch sequenzielles Feuern deaktiviert werden können. Falls die Transitionsfolge nicht gleichzeitig feuerbar ist, wird sie in feuerbare Untermengen aufgespalten, die mit entsprechenden Wahrscheinlichkeiten versehen werden.

In den Zeilen 20-22 wird der aktuelle EFG-Baum, der die Grundlage für TEFG ist, mit einer mehrstufigen Verzweigung aus simultanen Zügen der Spieler erweitert. Die Veränderungen der Verteilungen an den Nummern der ausgewählten simultanen Züge haben einen Einfluss auf den nächsten Spielzustand. In der Zeile 23 wird jede Zugkombination der Spieler mit einer Verzweigung über die Züge der Natur, die auch einelementig sein kann, abgeschlossen. Im Anhang B wird ein generierter EFG-Baum für einen Chronon einer komplexeren PNSI-Struktur demonstriert. Die dort dargestellte PNSI-Struktur drückt ein Spiel aus, das sich nicht an einem realen Sachverhalt orientiert und darum keine sinnvolle Bezeichnung hat.

Alg.4.2 liefert in der Zeile 24 die neuen Blätter von TEFG zurück. Diese aktuellen Blätter von TEFG werden im übergeordneten Algorithmus (Alg.4.3) für das Behandeln mehrerer Chronons mit der Variable *border_nodes* referenziert. Am Anfang gibt es nur einen einzigen Knoten in dieser Menge und zwar die Wurzel. In der Zeile 1 werden bei Alg.4.3 TEFG und *border_nodes* mit dem Inhalt der Wurzel initialisiert.

In den Zeilen 2-9 von Alg.4.3 wird TEFG suksessive für die gegebene Anzahl von Chronons *chronons* aufgebaut. In der Zeile 4 wird für jeden Blattknoten aus *border_nodes* der Alg.4.2 aufgerufen, wodurch der jeweilige Knoten erweitert wird. Da aber einige Blattknoten für einige Spieler entsprechend der Nachrichtenfunktion nicht auseinander gehalten werden können, müssen die Informationsmengen der simultanen Züge an solchen Knoten mit einander verbunden bzw. hinzugefügt werden (Zeile 5). Nachdem alle nicht terminale Blattknoten erweitert wurden, befinden sich die neuen Blattknoten in der Menge *new_border_nodes*. In der Zeile 8 wird bestimmt, welche dieser Knoten für welche Spieler ununterscheidbar sind.

Abb.4.10 zeigt einen EFG-Baum. Dieser EFG-Baum ist der um die Zeitfunktion, die Nachrichtenfunktion und die einelementigen Verzweigungen der Natur (nach dem Satz 3) reduzierte TEFG-Baum, der für 3 Chronons aus der PNSI-Struktur in Abb.4.9 generiert wurde. Diese Abbildung wurde mit Hilfe von GAMBIT automatisch generiert. Züge der Natur sind mit grauen und Züge der Spieler mit schwarzen Linien dargestellt. Jeder Knoten hat einen eindeutigen Namen, der mit dem Prefix „nd" anfängt (**Root** ist eine Ausnahme). Die dünnen senkrechten schwarzen Linien verbinden Knoten und symbolisieren Informationsmengen. Die Informationsmengen werden mit einem Namen versehen, der aus der Spielernummer (1 für Alice und 2 für Bob), einem Doppelpunkt und der Nummer der Informationsmenge besteht. **1:4** heißt z.B. die vierte Informationsmenge von Alice. Die erste Verzweigung an der Wurzel **Root** und lässt eine der möglichen drei Welten ●☺, ☺● oder ●● entstehen. Wenn alle Spieler schon im zweiten Chronon vortreten, werden im dritten Chronon nur noch Auszahlung verteilt und das Spiel ist beendet. Ein Beispiel dazu ist die Knotensequenz **Root-nd4-nd15-nd16**.

Wie schon im Abschnitt 2.2.4 besprochen kann GAMBIT die Gleichgewichte berechnen. Für das Spiel in Abb.4.10 besteht die Ausgabe von GAMBIT aus 16 d.h. 2^4 Gleichgewichten in puren Strategien. Diese Gleichgewichte variieren nur an vier Informationsmengen mit binären Entscheidungen **1:2**, **1:3**, **2:5** und **2:6**. Diese Variationen bewirken aber keine Auszahlungsunterschiede. Eines dieser Gleichgewichte wird durch Wahrscheinlichkeiten (0 oder 1) an den Zügen der Spieler dargestellt.

Die Lösung von GAMBIT zeigt, dass einer der Spieler in den Welten ●☺ und ☺● vortreten wird, während in der Welt ●● alle stehen bleiben. Da die Züge im letzen d.h. dritten Chronon nicht ausgezahlt werden können, braucht man 4 Chronons, um auch das mögliche Vortreten in der Welt ●● zu beobachten.

Leider ist in der PNSI-Spielbeschreibung des Muddy-children-puzzles ein

KAPITEL 4. SPRACHEN FÜR SPIELBESCHREIBUNG

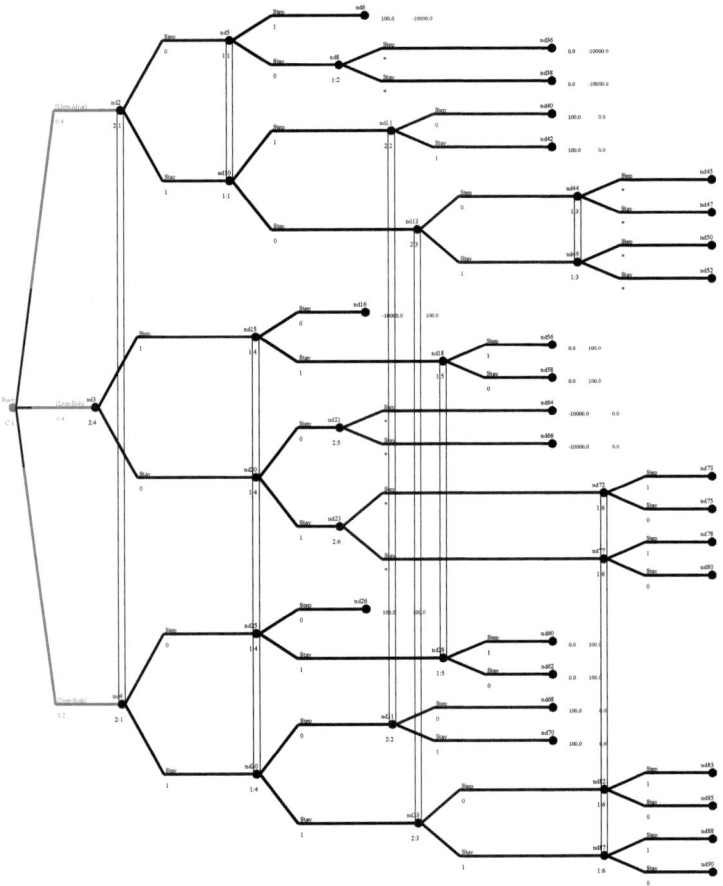

Abbildung 4.10: Spiel in extensiver Form automatisch generiert auf der Basis der Darstellung von Muddy-children-puzzle in PNSI in Abb.4.9 für 3 Chronons. Die Abbildung wurde ebenfalls automatisch mit GAMBIT generiert.

4.3. PNSI

Problem nicht berücksichtigt worden. Dieses Problem besteht darin, dass ein schmutziger Spieler in der Situation ☻☺ bzw. ☺☻ die gleiche Auszahlung bekommt, ob er gleich im zweiten Chronon oder später im dritten Chronon vortritt. Das führt dazu, dass das Nichtvortreten eines Spieler nicht mehr eindeutig das Sehen eines anderen schmutzigen Spielers bedeutet. Aushilfe schafft in diesem Falle eine negative Auszahlung für das Zögern, das sich problemlos in die PNSI-Spielbeschreibung einbauen lässt (negative Kanten von Transition mit dem Prefix „Stay" zu Spielerkonten). Da aber dieses Problem noch in keiner Abhandlung über Muddy-children-puzzle erwähnt worden ist, kann man es als eine Beispielleistung des vorgestellten Konzept betrachten, solche verborgene Details in Spielbeschreibungen zu entdecken.

4.3.4 Eigenschaften von PNSI

Im vorigen Abschnitt wurde beschrieben, wie das Transitionssystem eines Petrinetzes zum Konstruieren eines Spielbaumes aus einer Spielbeschreibung in PNSI benutzt wird. Es wurde dort ein Weg vorgestellt, wie aus einer PNSI-Spielbeschreibung ein TEFG-Baum generiert werden kann. Hier wird der umgekehrte Weg diskutiert. Es ist die im Abschnitt 4.1.1 geforderte Bedingung der kompakten Darstellung zeitlicher extensiver Spiele. Sie kann dadurch erfüllt werden, dass zu jedem TEFG-Baum eine höchstens genauso große PNSI-Spielbeschreibung konstruiert werden kann.

Da PNSI und TEFG Graphen sind, definieren sich deren Größen als die Anzahl der Knoten und Kanten multipliziert mit einem spezifischen konstanten Faktor. Für die Größe von TEFG kann die Anzahl der Kanten und für die Größe von PNSI die Anzahl der Knoten (Plätze und Transitionen) genommen werden. Die Beispiele Nim und Muddy-children-puzzle zeigen, dass eine PNSI-Spielbeschreibung erheblich kleiner sein kann als der dazu gehörige TEFG-Baum. Dadurch fehlt nur noch eine zu Def.17 und Def.18 konforme Konstruktionsvorschrift, die zu jedem TEFG-Baum eine gleichgroße äquivalente PNSI-Spielbeschreibung erstellt. Ein formaler Beweis der Behauptung, dass es eine solche Konstruktionsvorschrift existiert, wird hier aber wegen der Unvollständigkeit von Def.18 nicht angegeben. Stattdessen wird ein Beispiel (Abb.4.11 und Abb.4.12) einer solchen Konstruktion vorgestellt. Dieses Beispiel ist jedoch noch kein Beweis dieser Behauptung.

Jede mehrstufige Verzweigung innerhalb eines Chronons in TEFG ist eine Menge von Sequenzen der Züge der Spieler abgeschlossen mit Zügen der Natur, wobei alle Züge gleichzeitig stattfinden. Die mehrstufige Verzweigung {**ac**,**ad**,**bc**,**bd**} in Abb.4.11 findet zum Zeitpunkt $\tau = 0$ statt und besteht aus

KAPITEL 4. SPRACHEN FÜR SPIELBESCHREIBUNG

möglichen simultanen Zügen wie z.b. **ac** (Alice: a, Natur: c). Im vorgestellten Beispiel sind alle mehrstufigen Verzweigungen innerhalb eines Chronons symmetrisch. Dies muss aber bei Zügen der Natur nicht immer der Fall sein (Bed.4 aus Def.12). Ein Beispiel für einen nicht symmetrischen TEFG-Baum, der einer PNSI-Struktur entspricht ist im Anhang B angegeben.

Jeder Geschichte in TEFG, nach der eine mehrstufige Verzweigung folgt, muss entsprechend Def.18 ein Zustand des PNSI-Automaten d.h. eine Belegung von Plätzen und Spielerkonten zugeordnet werden. Eine Kante im PNSI-Automaten besteht aus gleichzeitig zu feuernden Transitionen und entspricht einem simultanen Zug in TEFG. Für die simultanen Züge zum Zeitpunkt $\tau = 0$ werden zwei Auswahlmengen **1** und **2** erstellt (Abb.4.12), weil die simultanen Züge aus diesem Zustand heraus 2-elementig sind. **1** wird zu Alice zugeordnet und **2** zur Natur.

Der PNSI-Automat von Abb.4.12 ist ein gerichteter zyklenfreier Graph, wobei in PNSI-Automaten auch Zyklen per Definition enthalten sein können. Jedem Zustand ist eine Menge von Plätzen zugeordnet. Die Plätze **A** und **B** sind dem Startzustand zugeordnet und aktivieren falls belegt Transitionen für die simultanen Züge in diesem Zustand. Grundsätzlich wird ein Zustand durch eine ausreichende Belegung der nur ihm zugeordneten Plätze ausgedrückt. Die Belegung der Plätze ist ausreichend, wenn sie die Hürde zur Aktivierung der entsprechenden Transitionen übersteigt. Die Hürde zur Aktivierung einer Transition ist die Gewichtung der eingehenden Kanten. Wenn im Startzustand die Transitionen **a** und **c** gefeuert werden, werden die Plätze **C**, **D**, **E** und **F** belegt. Die Plätze **C** und **D** sind dabei ausreichend d.h. mit 2 Tokens belegt. Dadurch sind nach der Feuerung von {a,c} nur die Transitionen {e,f,g,h} aktiviert. Die Transitionen {i,j} können nicht gefeuert werden, da die Hürde auf 2 gesetzt ist.

Nach dieser Bauweise braucht man für jede Stufe einer symmetrischen mehrstufigen Verzweigung eine Auswahlmenge sowie einen Platz zum Aktivieren der darin enthaltenen Transitionen. Die Hürde an den Transitionen ist die Anzahl der Stufen der vorigen symmetrischen Verzweigung. Dadurch wächst die Größe der PNSI-Struktur linear zur Anzahl der Stufen in mehrstufigen Verzweigungen, während die Größe des TEFG-Baumes exponentiell zu dieser Anzahl wächst.

Es gibt eine Alternative zur Nutzung der Petrinetze für die Definition einer Spielbeschreibungssprache wie PNSI. Es ist die Nutzung einer prädikatenlogikbasierten Beschreibung. Beispiele prädikatenlogikbasierter Ansätze sind GDL und Gala (Unterkapitel 3.1). Auf einen prädikatenlogikbasierten Ansatz wird noch im nächsten Unterkapitel eingegangen. Die Vorteile von Petrinetzen gegenüber dieser Alternative sind die Nebenläufigkeit, die

4.3. PNSI

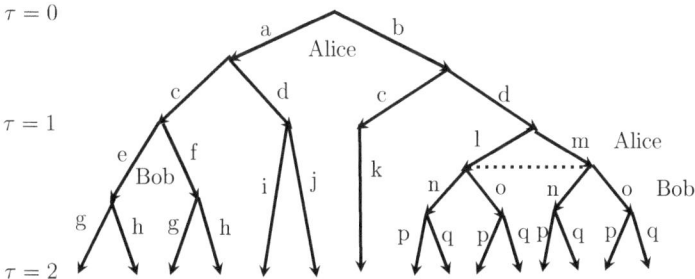

Abbildung 4.11: Beispiel von TEFG zur Konstruktion von PNSI.

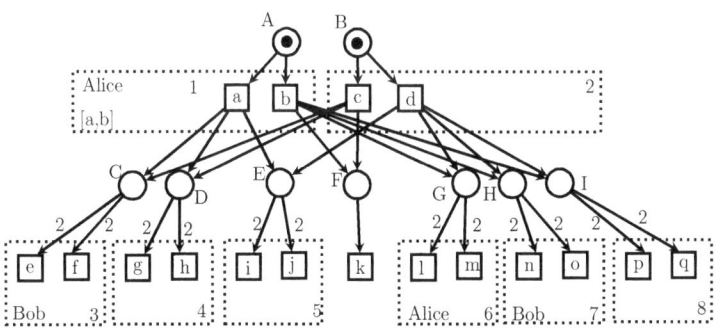

Abbildung 4.12: Beispiel von Konstruktion von PNSI zu TEFG auf Abb.4.11.

103

KAPITEL 4. SPRACHEN FÜR SPIELBESCHREIBUNG

graphische Darstellungsmöglichkeit und der polynomielle zeitliche Aufwand eines Zustandsübergangs (Abschnitt 4.3.2). Die Nebenläufigkeit ist bei den simultanen Zügen eine sinnvolle Modellbildung. Die graphische Darstellung ist wiederum für die menschlichen Nutzer von Vorteil. Der zeitliche Aufwand eines Zustandsübergangs ist selbst bei sicher terminierenden prädikatenlogischen Sprachen wie *datalog* exponentiell [KE06].

Zusammenfassend kann man sagen, dass die Sprache PNSI viele zeitliche extensive Spiele kompakter darstellen kann. Es können ferner Algorithmen für die praktische Nutzung dieser Sprache angegeben, implementiert und verwendet worden sind [Tag09c, Tag09e]. Am kompaktesten ist eine PNSI-Spielbeschreibung bei Spielen, bei denen sich die Zustände sich leicht als Vektoren über natürliche Zahlen kodieren lassen, wie z.B. Nim. Man könnte dennoch diese Sprache weiterentwickeln, sodass diese Sprache alle zeitlich extensiven Spiele noch kompakter durch Nutzung erweiterter Klassen von Petri Netzen darstellen kann.

4.4 SIDL

4.4.1 Formale Definition

SIDL [Tag09a] ist die zweite Spielbeschreibungssprache, die im Rahmen dieser Dissertation definiert und untersucht worden ist. Bei SIDL handelt es sich um eine prädikatenlogische Beschreibung eines Spiels ähnlich wie GDL und Gala. Diese Art der Beschreibung ist angelehnt an den STRIPS-Formalismus [FN71] und den *Situationskalkül* [MH69]. Die STRIPS-ähnlichen Sprachen und der Situationskalkül sind stark mit einander verwandt. Beide Ansätze eignen sich für das Beschreiben von Planungsaufgaben. Um verschiedene Planungssysteme zu vergleichen wird in neuerer Zeit PDDL [McD00] als eine Zusammenfassung der Sprachen für das Beschreiben von Planungsaufgaben eingesetzt. PDDL (sowie dessen Erweiterungen 2.1, 2.2 und 3.0) beinhaltet STRIPS.

In PDDL wird ein Zustand der Welt mit Hilfe von Prädikatenlogik erster Stufe beschrieben. Ein Zustand wird dabei durch eine Menge von atomaren Literalen dargestellt, die für diesen Zustand gelten. Dann gibt es Bedingungen, nach denen bestimmte Aktionen in den zugehörigen Zuständen möglich werden. Das Ausführen einer Aktion bewirkt einen Effekt, d.h. eine Veränderung der Gültigkeit einiger Literale. Bei der Gültigkeit der Literale wird zwischen der Annahme zur *Weltabgeschlossenheit* und *Weltoffenheit* unterschieden. Bei der Weltabgeschlossenheit sind alle nicht vorhandenen Fakten

4.4. SIDL

ungültig. Bei der Weltoffenheit sind alle nicht vorhandene Fakten weder gültig noch ungültig. Beide Annahmen sind gängig und können in PDDL als Parameter verwendet werden.

Falls ein Gegenstand ω durch eine Aktion A vom Ort a zum Ort b bewegt werden muss, wird es unter Annahme der Weltabgeschlossenheit folgendermaßen dargestellt. Es gibt zwei Zustände, in denen jeweils entweder $at(\omega, a)$ oder $at(\omega, b)$ gelten. Die Aktion A hat als Vorbedingung $at(\omega, a)$ und als Effekt $(\neg at(\omega, a)) \wedge at(\omega, b)$. Es bedeutet, dass durch das Ausführen der Aktion A der Fakt $at(\omega, a)$ gelöscht und der Fakt $at(\omega, b)$ erstellt wird. Eine solche Beschreibung einer Aktion ist eine Verallgemeinerung der Beschreibung einer Transition in Petrinetzen, wodurch Petrinetze mit Hilfe von STRIPS-ähnlichen Sprachen dargestellt werden können [Zha91]. Ferner wird „Aktion" als Synonym für „Zug" benutzt.

Hier wird eine aktuelle Variante der Spielbeschreibungssprache SIDL und zwar SIDL2.0 vorgestellt [Tag09f]. In [Tag09a] ist eine frühere Version vorgestellt worden. Die Motivation für SIDL2.0 ist das Erreichen einer kompakteren Darstellung durch prädikatenlogische Definitionen als es bei PNSI der Fall ist. Die formale Definition für SIDL2.0 ist in Def.19 gegeben. Einer Spielbeschreibung in SIDL2.0 liegt eine endliche Menge von Symbolen Σ zu Grunde, mit deren Hilfe einzelne Elemente wie Zustände, Spieler usw. ausgedrückt werden können. Jedem Zustand ist eine Menge von Sequenzen aus Σ auch genannt als Wörter zugeordnet (3). Die in einem Zustand beinhalteten Wörter entsprechen den in diesem Zustand geltenden Fakten. Ein Wort kann auch als ein Chunk in einer kognitiven Architektur (Abschnitt 3.3.1) verstanden werden. Es wird von Weltabgeschlossenheit ausgegangen.

Nach Def.19 sind die Spieler N auch Wörter über Σ^* (1). Das erleichtert die Einordnung der Spieler in Gruppen, da jeder Spieler als ein Vektor der Eigenschaften seiner Rolle im Spiel aufgefasst werden kann. Diese Darstellung ist besonders bei Spielen mit einer sehr großen Anzahl von Spielern sinnvoll, da man für bestimmte Gruppen der Spieler gemeinsame Fähigkeiten leichter definieren kann. Wie in PNSI hat jeder Spieler ein Konto, das mit reellen Werten belegt werden kann (2). Die gültigen Wörter sowie der Vektor der Kontostände der Spieler ergeben zusammen einen Zustand (3).

DEFINITION 19 (SIDL2.0) *Eine Spielbeschreibung in SIDL besteht aus folgenden Elementen, wobei Σ eine endliche Menge von Symbolen ist:*

1. $N \subset \Sigma^*$ eine Menge von Spielern d.h. Wörtern aus Symbolen Σ.

2. $\mathbb{R}^{|N|}$ eine Menge möglicher Kontostände der Spieler.

KAPITEL 4. SPRACHEN FÜR SPIELBESCHREIBUNG

3. $S \subset \{w \circ m \colon w \subset \Sigma^* \wedge m \in \mathbb{R}^{|N|}\}$ eine Menge von Zuständen, jeder Zustand ist eine Menge von Wörtern aus Symbolen Σ sowie ein Vektor der Kontostände der Spieler.

4. $H \colon \Sigma^* \times N^*$ Wahrheitsfunktion für versteckte Wörter.

5. $A \subset \Sigma^*$ eine Menge von Zügen, jeder Zug ist ein Wort aus Symbolen Σ.

6. $I \subset \Sigma^*$ eine Menge von Schaltern.

7. $L \colon I \times \Sigma^{**}$ eine Wahrheitsfunktion, die bestimmt, ob ein Schalter in einem Zustand legal ist. Für Endzustände ist die Menge der legalen Schalter leer.

8. $P \colon I \times \Sigma^{**} \to A^*$ eine Funktion, die jedem Schalter je nach Zustand eine geordnete nichtleere Menge von Zügen zuordnet. Diese Funktion ist bijektiv.

9. $O \colon \{i \circ w \mapsto n \colon w \subset \Sigma^* \wedge i \in I \wedge n \in (N \cup (\mathbb{R}_0^1)^{|P(i,w)|})\}$ eine Zuordnung eines Spielers bzw. einer Verteilung zu einem Schalter abhängig vom Zustand. Es gilt

$$\forall n \in N \colon \forall s, s' \in S \colon \forall l \in I \colon$$
$$\{w \in s \colon \neg H(w,n)\} = \{w \in s' \colon \neg H(w,n)\} \wedge n = O(l,s) \wedge$$
$$(P(l,s) = P(l,s')) \Rightarrow (L(l,s) \Leftrightarrow L(l,s')) \wedge n = O(l,s')$$

10. $\triangleright \colon S \times A^n \to S$ Definition der Zustandsübergänge des SIDL-Automaten. n ist die Zahl legaler Schalter und A^n beinhaltet für jeden legalen Schalter genau einen Zug.

11. $s_{go} \in S$ ein Startzustand.

Bei imperfekter Information mit perfektem (zeitlichen) Erinnerungsvermögen können zwei Zustände für einen Spieler nur dann nicht unterschieden werden, wenn der Zeitpunkt, seine vorhergehende Züge sowie aktuelle Zugmöglichkeiten sich nicht unterscheiden (siehe Unterkapitel 4.2). Um den Fall ausdrücken zu können, bei dem ein Spieler trotz eines perfekten (zeitlichen) Erinnerungsvermögen zwei Zustände nicht unterscheiden kann, wird die Funktion H eingeführt (4), die Wörter versteckt, in denen sich die zwei Zustände unterscheiden. Falls aber der Spieler zwei Zustände durch sein perfektes (zeitliches) Erinnerungsvermögen auseinander halten kann, wird das Verstecken von Teilen dieser Zustände wirkungslos.

4.4. SIDL

Es gibt eine Menge von Zügen A (5). Jeder Zug ist ein Wort über Σ^* und kann als ein Vektor aus Parametern für eine Zustandsmanipulation aufgefasst werden. Die Züge sind in Mengen zusammengefasst und die Kennungen dieser Zugmengen werden als Schalter I bezeichnet (6-8). Ein Schalter ist entsprechend L in einem Zustand legal oder illegal (7). Die einem Schalter zugeordnete Zugmenge ist abhängig vom Zustand (8). Dass die Zugmenge eines Schalters abhängig vom Zustand ist, ist ein Kompromiss mit der Tatsache, dass einige Spiele eine sehr große Anzahl an möglichen Zugmengen haben und dadurch entsprechend große Menge an Schaltern verursachen würden. Andererseits benötigen Züge der Natur eine Wahrscheinlichkeitsverteilung, die an eine feste Anzahl von Zügen in der zugehörigen Zugmenge gebunden ist. Ein Schalter kann abhängig vom Zustand entweder mit einem Spieler oder mit einer Wahrscheinlichkeitsverteilung verbunden werden (9).

Es gelten zwei Bedingungen bei legalen Schaltern (9). Erstens, falls ein legaler Schalter mit einer Wahrscheinlichkeitsverteilung verbunden ist, muss die Wahrscheinlichkeitsverteilung die gleiche Länge wie die Anzahl der dem Schalter zugeordneten Züge haben. Zweitens sollen die einem Spieler in einem Zustand zugeordneten legalen Schalter samt deren Züge eine durch H definierte Ununterscheidbarkeit zweier Zustände nicht aufheben.

Schließlich beinhaltet Def.19 einen Zustandsübergangsautomaten (10). Der SIDL-Automat ist der PNSI-Automat mit dem Unterschied, dass die Zustände statt einer Belegung der Plätze eine Menge von Wörter über Σ^* beinhalten. Jeder Zustandsübergang im SIDL-Automaten entspricht einer mehrstufigen Verzweigung innerhalb eines Chronons in TEFG. Bei einem Zustandsübergang wird für jeden legalen Schalter ein Zug ausgewählt. Die dadurch entstandene Zugmenge bestimmt den nächsten Zustand. Sie ist auch als simultaner Zug zu verstehen. Ein Zustandsübergang dauert genau ein Chronon. s_{go} ist der Startzustand (11).

Aufbauend auf der formalen Beschreibung der Sprache wird hier eine Syntax für SIDL2.0 angegeben. Die Syntax enthält eine den Sprachen für Planungsaufgaben ähnliche Elemente und basiert auf ISO-Prolog [DEDC96]. Folgende sprachliche Elemente sind zum Beschreiben eines Spiel in SIDL2.0 verfügbar:

- Alle ISO-Prolog-Operatoren zur Manipulation von Listen und Zahlen sind erlaubt. Operatoren *init*, *hidden*, *legal*, *switch*, *owned*, *default*, *do* und *payoff* sind Schlüsselwörter von SIDL2.0 und dürfen nur in den Regelköpfen verwendet werden. *player*, *fact*, *create*, *delete*, *tocreate*, *todelete* und *does* sind auch Schlüsselwörter und dürfen nur in Regelrümpfen auftauchen.

107

KAPITEL 4. SPRACHEN FÜR SPIELBESCHREIBUNG

- *init(W):-Condition* – Regeln dieser Art definieren die im Startzustand geltende Wörter. Jedes Wort $W = [a, \ldots]$ wird als eine Liste dargestellt.
- *init(N, M):-Condition* – Spielerkonten im Startzustand. Liste N ist ein Spieler und M ist der Kontostand.
- *player(N)* – Dieser Operator liefert einen gültigen Spieler N zurück.
- *fact(W)* – Dieser Operator liefert ein aktuell gültiges Wort W zurück.
- *hidden(W, P):-Condition* – Wort W ist versteckt für Spieler P. *Condition* darf Atome mit Operator *player* enthalten.
- *legal(I):-Condition* – Liste I ist ein im aktuellen Zustand legaler Schalter. *Condition* darf Atome mit Operatoren *player* und *fact* enthalten.
- *owned(I, D):-Condition* – Schalter A ist einem Spieler oder einer Verteilung D zugeordnet. Eine Verteilung ist entweder eine Liste mit Wahrscheinlichkeiten oder ein Ausdruck $equal(X)$, das eine Gleichverteilung über X Elemente bedeutet. *Condition* darf Atome mit Operatoren *player* und *fact* enthalten.
- *switch(I, A):-Condition* – Liste A ist einer der möglichen Züge für Schalter I. *Condition* darf Atome mit Operatoren *player* und *fact* enthalten.
- *create(W)* – Wort W gilt als Effekt im nächsten Zustand.
- *delete(W)* – Wort W ist als Effekt im nächsten Zustand gelöscht.
- *tocreate(W)* – Liefert ein Wort W zurück, das im nächsten Zustand gelten wird.
- *todelete(W)* – Liefert ein Wort W zurück, das im nächsten Zustand gelöscht ist.
- *does(I, A)* – Liefert den aktuellen Zug A für den Schalter I zurück.
- *do(A):-Condition* – Definition eines Zuges A. *Condition* darf Atome mit Operatoren *player*, *fact*, *create*, *delete* und *does* enthalten.
- *payoff(N, R):-Condition* – Auszahlung R wird auf das Konto von Spieler N addiert. *Condition* darf Atome mit Operatoren *player*, *fact*, *tocreate*, *todelete* und *does* enthalten.

4.4. SIDL

```
init([alice, 7]).
init([alice], 0.0).
init([bob], 0.0).
legal([main]):- fact([_, I]), I > 0.
switch([main], [T]):-
    fact([_, I]), M is min(I, 3), between(1, M, T).
switch([main], [wait]).
owned([main], [A]):- fact([A, _]).
default([main], [1]).
do([wait]).
do([T]):-
    fact([A, I]), NI is I - T,  player([B]), not(A = B), /* PRECOND. */
    delete([A, I]), create([B, NI]).                     /* EFFECT   */
payoff([A], 1.0):- tocreate([A, 0]).
payoff([A], -1.0):- tocreate([B, 0]), not(A = B).
```

Abbildung 4.13: Beschreibung des Spiels Nim in SIDL2.0 basierend auf ISO-Prolog. :- steht für eine Implikation ⇐, , für ein UND und /* */ für ein Kommentar. Variablen sind großgeschrieben und = ist eine Sondervariable.

- *default(I, A):-Condition* – Standardzug A des Schalteres I. Condition darf Atome mit Operatoren *player* und *fact* enthalten.

Mit Regeln für *do* und *payoff* wird die Zustandsübergangsrelation ▷ definiert. Definitionen von *do* sind Regeln, bei denen Bedingungen Abfragen des aktuellen Zustands (*fact*) und Effekte (*create* und *delete*) beinhalten. Diese Regeln ähneln prinzipiell den Regeln aus PDDL. Der Unterschied besteht darin, dass die Züge gleichzeitig stattfinden. Da nicht nur jeder Zug für sich, sondern auch deren Kombination eine Auswirkung auf das Ergebnis haben kann (z.B. Abb.4.5), ist es erlaubt in Vorbedingungen die Züge der anderen Spieler (*does*) abzufragen.

Ein Beispiel einer Spielbeschreibung in SIDL2.0 ist Nim in Abb.4.13. Ein Zustand in Nim ist eine Kombination aus dem Spieler, der am Zug ist, und der aktuellen Anzahl der Streichhölzer. *{[alice, 7]}* ist Startzustand. Am Anfang des Spiels haben beide Spieler, Alice und Bob, 0 auf dem Kontostand. Es gibt nur einen Schalter im Spiel und zwar *[main]*. Dieser Schalter ist legal solange Streichhölzer da sind. Schalter *[main]* beinhaltet die Züge *[X]* von $X = 1$ bis höchstens die Anzahl der Streichhölzer jedoch unter 4 und den Zug *[wait]* (*switch*). Der Schalter *[main]* gehört zu dem Spieler, der gerade am Zug ist, und hat den Standardzug *[1]*. Der Bedingung für einen Zug ungleich *[wait]* besteht aus zwei Teilen - der Abfrage des aktuellen Zustands sowie der Berechnung (*is*) des nächsten Zustandes kommentiert mit *PRECOND* und dem Effekt kommentiert mit *EFFECT*. Nach der Definition

KAPITEL 4. SPRACHEN FÜR SPIELBESCHREIBUNG

```
children([alice, bob, charly, david, eric]).
makedirty([]).
makedirty([C | Cs]):- create([dirty, C]), makedirty(Cs).
init([start]).
init([C], 0.0):- children(Cs), member(C, Cs).
hidden([dirty, C], [C]):- player([C]).
legal([dirt]):- fact([start]).
legal([C]):-
   player([C]), not(fact([start])), not(fact([_, stepped])).
switch([dirt], [dirt | SCs]):-
   children(Cs), getsubset(SCs, Cs), not(SCs = []).
switch([C], [C, S]):- player([C]), member(S, [stay, step]).
owned([dirt], equal(N)):-
   children(Cs), length(Cs, L), N is (2 ^ L) - 1.
owned([C], [C]):- player([C]).
default([C], [stay]):- player([C]).
do([ dirt | DCs ]):-
   fact([start]), delete([start]), makedirty(DCs).
do([_, stay]).
do([C, step]):- create([C, stepped]).
payoff([C], -1.0):-
   not(fact([start])), not(tocreate([C, stepped])).
payoff([C], 100.0):-
   tocreate([C, stepped]), fact([dirty, C]).
payoff([C], -10000.0):-
   tocreate([C, stepped]), not(fact([dirty, C])).
```

Abbildung 4.14: Beschreibung von Muddy-children-Puzzle für eine erweiterbare Menge von Kinder in SIDL2.0.

von *legal* terminiert das Spiel, wenn keine Streichhölzer mehr da sind. Nach der Definition von *payoff*, bekommt der Spieler, der dann am Zug ist, die Auszahlung 1, während der Andere die Auszahlung −1 bekommt. Die Operation *between* ist zusätzlich definiert, aber in der Spielbeschreibung wegen Trivialität ausgelassen. *between(X, Y, Z)* liefert alle natürlichen Zahlen Z aus dem Intervall $[X, Y]$ zurück.

Das zweite Beispiel ist eine Beschreibung eines Spiels bei imperfekter Information und zwar des Muddy-children-puzzles in Abb.4.14. Diese Beschreibung enthält zwei speziell definierte Regeln *children* und *makedirty*. *children* enthält eine Liste aller beteiligter Kinder. *makedirty* erstellt Wörter der Form *[dirty, C]* für eine Liste von Kindern und darf nur in Bedingungen für *do*-Regeln benutzt werden. Mit Hilfe von *children* und *member* („enthalten in") lassen sich die Kontostände codesparend definieren. Mit *hidden* wird definiert, dass die Spieler den eigenen Zustand nicht kennen. Der Schalter *[dirt]*

4.4. SIDL

hat als Züge alle möglichen nichtleeren Untermengen der Menge der Spieler. Die Untermengen werden von einer zusätzlichen Operation *getsubset* berechnet. Die Anzahl N der nichtleeren Untermengen einer Menge der Größe L ist $2^L - 1$ und wird für die dem Schalter *[dirt]* zugeordneten Gleichverteilung berechnet (*equal(N)*). Jeder Spieler *[C]* besitzt einen gleichnamigen Schalter *[C]* mit den Zügen *[C, stay]* und *[C, step]*. Die Auszahlungen sind beim Stehenbleiben -1.0, beim korrekten Vortreten 100 und beim falschen Vortreten -10000. Die Menge der Kinder kann bei *children* erweitert werden, ohne das andere Teile verändert werden müssen. Eine Beschreibung des komplexeren Spiels Schach gibt es im Anhang C.

Einige Spiele wie z.b. Nim, Muddy-children-Puzzle oder Schach lassen sich mit Hilfe von SIDL2.0 kompakter darstellen, als es mit PNSI oder mit GDL der Fall ist (Vgl. z.B. Abb.3.7, Abb.4.7 und Abb.4.13). Andererseits ist die Berechnung des neuen Zustandes beim Zustandsübergang durch die Mächtigkeit von ISO-Prolog generell nicht entscheidbar. Trotzdem ist die Verwendung dieser Sprache bei besonders großen Spielen sinnvoll, da sie durch eine hohe Kompaktheit die formale Repräsentation komplexerer Spiele durch menschliche Nutzer erleichtert.

4.4.2 Spielverwaltung

Hier wird ein Algorithmus für die Spielverwaltung basierend auf SIDL2.0 vorgestellt. Da in SIDL2.0 Spiele prädikatenlogisch beschrieben werden, ist es sinnvoll, einige Teile des Algorithmus als logische Operationen zu definieren. Alg.4.4 ist eine vereinfache Definition dieses Algorithmus. **lcall** steht im Pseudocode für das Ausführen logischer Operationen sowie der Rückgabe der Ergebnisse mit „*solutions*". *assert* steht in ISO-Prolog für das Erstellen eines gültigen Terms. *retract* löscht einen Term. In den Zeilen 1-6 wird der Startzustand initialisiert. Danach werden die Zeilen 7-30 solange iteriert, bis keine legalen Schalter mehr da sind. In der Zeile 31 wird das Spiel beendet.

In den Zeilen 8-10 werden innerhalb der Zeispanne eines Chronons Befehle von Spielern empfangen und falls sie gültig sind, werden Fakten mit *does* für die jeweiligen Schalter erstellt. Nach dem Ablauf der Zeitspanne eines Chronons werden in den Zeilen 11-13 die Züge der Natur entsprechend der Verteilungen mit Hilfe eines Zufallszahlengenerators festgelegt. In den Zeilen 14-16 wird für jeden legalen Schalter jewels ein Zug ausgeführt. Das Ausführen eines Zuges bewirkt noch keine Veränderung des aktuellen Zustands, sondern es berechnet nur die nötigen Veränderungen (Fakten mit *todelete* und *tocreate*). In den Zeilen 17-19 werden entsprechend den *goal*-Regeln die

KAPITEL 4. SPRACHEN FÜR SPIELBESCHREIBUNG

Algorithmus 4.4 : Spielverwaltung basierend auf SIDL2.0.

1 foreach *F* in *lcall(init(F)).solutions* do
2   lcall(assert(fact(F)));
3 end
4 foreach *(N, M)* in *lcall(init(N, M)).solutions* do
5   lcall(assert(account(N, M)));
6 end
7 while *lcall(legal(_))* do
8   while *chronon_not_expired* do
9   assert_does_for_an_incomming_command;
10   end
11   foreach *(I,D)* in *lcall(legal(I)∧owned(I,D)∧dist(D)).solutions* do
12   assert_randomly_does(I,D);
13   end
14   foreach *(I,A)* in *lcall(legal(I)∧(does(I,A)∨default(I,A))).solutions* do
15   lcall(do(A));
16   end
17   foreach *(N,P)* in *lcall(goal(N,P)).solutions* do
18   lcall(retract(account(N,M))∧assert(account(N,M+P)));
19   end
20   foreach *(F)* in *lcall(tocreate(F)∨todelete(F)).solutions* do
21   send_unhidden_changes_to_players(F);
22   end
23   foreach *(N,M)* in *lcall(account(N,M)).solutions* do
24   send_to_players(N,M);
25   end
26   foreach *(F)* in *lcall(todelete(F)).solutions* do
27   lcall(retract(todelete(F))∧retract(fact(F)));
28   end
29   foreach *(F)* in *lcall(tocreate(F)).solutions* do
30   lcall(retract(tocreate(F))∧assert(fact(F)));
31   end
32   lcall(retractall(does(_,_)));
33 end
34 end_the_game;

neuen Kontostände berechnet. In den Zeilen 20 bis 25 werden die Spieler über die Veränderungen falls nicht versteckt informiert. Und schließlich, in Zeilen 26-32 werden die Veränderungen des Zustand vervollständigt und alle Fakten mit *does* entfernt. Das Behalten der Fakten mit *does* würde die Befehle aus einem Chronon fälschlicherweise in den nächsten übertragen.

Kapitel 5

Implementation der Spielinfrastruktur

5.1 Spielrealisierung

5.1.1 Spielerklassifikation und Spielregelnerkennung

Das Thema dieses Kapitel ist der Entwurf und die Implementation eines Softwaresystems, das in dieser Arbeit als Spielinfrastruktur bezeichnet wird. Die Einordnung der Begriffe ist in Abb.3.8 im Unterkapitel 3.2 dargestellt. Eine Spielimplementation ist eine Möglichkeit der *Spielrealisierung* mit Hilfe eines Computersystems. Als Spielrealisierung wird hier die Gesamtheit der Umstände einer realen strategischen Interaktion bezeichnet, deren Struktur in Form eines Spiels dargestellt werden kann. Die nun folgende Diskussion über Spielrealisierungen ist grundlegend für den Entwurf eines solchen Softwaresystems.

Eine reale Situation, in der sich ein Agent befindet, beinhaltet nur in bestimmten Fällen eine strategische Interaktion mit anderen Agenten. Selbst wenn mehrere rationale Agenten (Abschnitt 2.1.1) in einer Umgebung durch ihre Handlungen die Effekte ihrer Handlungen gegenseitig beeinflussen, muss es noch keine strategische Interaktion sein, falls die Agenten einander als solche nicht wahrnehmen (Abschnitt 2.2.1). Falls beispielsweise Alice und Bob als Beispiel einander gegenseitig beeinflussen, ist Bob ein Teil der Umgebung für Alice und umgekehrt. Alice kann (muss nicht) den entsprechenden Teil ihrer Umgebung als einen „rationalen Agenten Bob" wahrnehmen. Falls Alice Bob als einen rationalen Agent wahrnimmt, dann ist er für sie autonom, intelligent und hat eine Präferenzordnung über die Effekte seiner Handlungen.

Um einen Teil der Umgebung als einen rationalen Agenten wahrzuneh-

5.1. SPIELREALISIERUNG

men, muss das Konzept „rationaler Agent" für die interagierende Agenten bekannt sein. Ein rationaler Agent muss nach seiner Definition nicht mit dem ihn bezeichnenden Konzept „rationaler Agent" vertraut sein. Ein „rationaler Agent" ist nichts anderes als ein Modell, anhand dessen ein rationaler Agent die Entwicklung seiner Umgebung mit darin enthaltenen rationalen Agenten vorhersagen kann, denn die Handlungen eines rationalen Agenten haben stets den seines Wissens nach meist subjektiv bevorzugten Effekt. Zur Einfachheit der Argumentation wird hier der Begriff *strategischer Agent* eingeführt. Ein strategischer Agent ist ein rationaler Agent, der mit dem Konzept „rationaler Agent" und mit dem Konzept „strategischer Agent" vertraut ist. Dieser Begriff wird in anderen Werken [Con99, z.B.] anderes belegt verwendet. Ein strategischer Agent ist sich dessen bewusst, als rationaler bzw. strategischer Agent von anderen strategischen Agenten wahrgenommen werden zu können. Ob ein Agent strategisch ist oder nicht, kann durch den Entwurf der Spielinfrastruktur nicht beeinflusst werden.

Falls strategische Agenten, deren Handlungen einander beeinflussende Effekte haben, einander als strategische Agenten wahrnehmen, darf man es als eine strategische Interaktion betrachten. Man kann ferner anhand der Struktur dieser strategischen Interaktion mit Hilfe der Spieltheorie Vorhersagen über deren Verhalten treffen. Die einander wahrnehmenden strategischen Agenten ermöglichen dies durch Erfüllung der geforderten Voraussetzung für ein gemeinsames Wissen der Rationalität. In der Realität kann jedoch ein physikalischer Prozess (oder ein nicht-strategischer Agent) als ein strategischer Agent oder ein strategischer Agent als ein physikalischer Prozess (oder als ein nichtstrategischer Agent) fälschlicherweise klassifiziert werden. Menschen können beispielsweise von anderen Menschen durch z.B. Inkompatibilität der verwendeten Logiken fälschlicherweise als irrational modelliert werden können (Abschnitt 2.3.3). Dieses Problem wird im weiteren Verlauf als *Spielerklassifikationsproblem* bezeichnet. Durch dieses Problem ist die tatsächliche Menge der beteiligten strategischen Agenten nicht immer ein gemeinsames Wissen dieser Agenten.

Außer der Klassifikation der Spieler, müssen die wechselseitigen Beziehungen zwischen den Handlungen der Agenten sowie deren Präferenzordnungen d.h. die Spielregeln erkannt werden. Die Spielregeln müssen in der Realität nicht in expliziter Form wie bei gesellschaftlichen Brettspielen oder bei dem GDL-Server (Abschnitt 3.2.1) vorliegen. Daraus ergibt sich ein mit dem Spielerklassifikationsproblem eng verknüpftes *Spielregelnerkennungsproblem*. Die beiden Probleme bei nicht-expliziter Spielbeschreibung müssen die beteiligten Agenten selbst bewältigen. Unzulänglichkeiten beim Lösen dieser Probleme sind Gründe dafür, dass die korrekte Beschreibung des Spiels kein

KAPITEL 5. IMPLEMENTATION DER SPIELINFRASTRUKTUR

gemeinsames Wissen der beteiligten Agenten sein könnte. Falls die korrekte Beschreibung des Spiels kein gemeinsames Wissen ist, spricht man von Spielen bei unvollständiger Information. Die Agenten können zwar nach Harsanyi Spiele bei unvollständiger Information in Spiele bei imperfekter Information umwandeln (Abschnitt 2.2.3), indem sie Erwartungen über die mögliche Spielermengen und die Spielregeln konstruieren, dennoch sind diese Erwartungen kein Teil der Spielinfrastruktur und können durch sie nicht kontrolliert werden. Daher ist eine explizite Spielbeschreibung der einzige Weg durch den Entwurf der Spielinfrastruktur sicherzustellen, dass die Spieler ein vorher definiertes Spiel bei imperfekter Information tatsächlich spielen.

Nur einige der vorhandenen Spielrealisierung beinhalten eine explizite Spielbeschreibung (1) und nur einige der vorhandenen expliziten Spielbeschreibungen bewirken allein eine Spielrealisierung (2). Im ersten Fall, beim Erstellen einer expliziten Spielbeschreibung anhand einer Spielrealisierung durch einen unbeteiligten Agenten (z.B. einen Spieltheoretiker) tauchen wieder die beiden vorher besprochenen Probleme auf – Spielerklassifikation und Spielregelnerkennung. Diese Probleme verkomplizieren das Modellieren realer Sachverhalte in Form eines Spiels. Ein in der Einleitung erwähntes Beispiel dafür ist die spieltheoretische Modellierung des Spiels Chicken. Die realen Sachverhalte werden in Spieltheorie meist vereinfacht modelliert, um sämtliche Aufwände zu reduzieren [KP97]. Bei Spielinfrastrukturen wie z.B. dem GDL-Server, die auf einer Spielbeschreibung basieren, wird aus einer Spielbeschreibung eine Spielrealisierung erstellt. Die explizite Spielbeschreibung wird bei dem GDL-Server den Spielern vor dem Spiel mitgeteilt, sodass es bis auf die Zeitabläufe gewährleistet ist, dass die Spieler kein durch die Spielinfrastruktur teilweise unkontrolliertes Spiel bei unvollständiger Information spielen. Die zeitlichen Abläufe können dabei nicht durch Spieler beeinflusst werden. Bedingt durch die Bauart des Servers entspricht das tatsächliche Spiel der vorher angegebenen Spielbeschreibung.

5.1.2 Natürliche Spielrealisierung als Vorbild

Man kann zwischen Spielrealisierungen durch ein Computersystem d.h. Spielimplementationen und Spielrealisierungen durch natürliche Umstände unterscheiden. Eine ähnliche Unterscheidungsmöglichkeit besteht zwischen künstlichen und natürlichen Planungsaufgaben. Durch vereinfachendes Modellieren einiger natürlicher bzw. als natürlich konstruierter strategischer Interaktionen sind in der spieltheoretischen Literatur sprechende Namen für die charakteristischen mathematischen Strukturen eingeführt worden. Solche Beispiele

5.1. SPIELREALISIERUNG

		Bob – Kleiner Affe	
		Schütteln	Warten
Alice – Großer Affe	Schütteln	5, 3	4, 4
	Warten	9, 1	0, 0

Abbildung 5.1: Auszahlungsmatrix für Großer-Kleiner-Affe [Gin00, S.9].

sind Chicken, Gefangenendilemma, Kampf-der-Geschlechter usw..
Die natürlichen Spielrealisierungen lassen sich je nach Art des Aufbaus unterscheiden [Tag09a], wie folgende Beispiele zeigen werden. Ein Beispiel ist die natürliche Spielrealisierung zum Spiel *Großer-Kleiner-Affe* [Gin00, S.9]. Dieses Spiel hat die in Abb.5.1 dargestellte Auszahlungsmatrix. Es sind zwei Affen beteiligt, deren Größen sich unterscheiden. Diese Affen mögen Früchte fressen, die nur nach dem Schütteln des entsprechenden Baumes am Boden eingesammelt werden können. Jeder der Affen ist dazu fähig, den Baum zu schütteln, falls er auf den Baum hinauf klettert. Der den Baum schüttelnde Affe kann wegen der Zeitspanne des Herunterkommens weniger Früchte einsammeln, als der am Boden wartende. Jeder Affe meidet daher den Fall, in dem er den Baum selbst schütteln muss. Hinzu kommt, dass das Schütteln für den größeren Affen einen wesentlichen Energieverlust bedeutet. Bei diesem Spiel ist es wichtig zu bemerken, dass die Spielregeln allein durch physikalische Gegebenheiten realisiert werden – es bedarf keiner Entscheidung eines Agenten wie beim Gefangenendilemma.

Beim Gefangenendilemma ist es anderes. Dort muss für die Realisierung sämtlicher Spielregeln der Staatsanwalt aufkommen. Der Staatsanwalt ist de facto der dritte jedoch am Spiel unbeteiligte Agent, der für das Gefangenendilemma notwendig ist. Ähnlich wie beim GDL-Server beschreibt der Staatsanwalt den Gefangenen d.h. den beteiligten Spielern die Spielregeln und verspricht entsprechend dieser Regeln zu handeln. Dieses wird im angloamerikanischen Rechtssystem als „plea bargain" bezeichnet. Dafür wird sogar ein spezieller Vertrag zwischen Staatsanwalt und Zeuge unterschrieben [Lar00]. Im Unterschied zum GDL-Server sollte der Staatsanwalt nicht als ein einfaches System, sondern als ein rationaler Agent betrachtet werden. Er braucht einen Grund für die Einhaltung der Regeln. Entsprechend den vorgeschlagenen Regeln zu handeln ist tatsächlich eine rationale Entscheidung des Staatsanwalts. Er würde sonst sein Versprechen brechen und dadurch seine Reputation beschädigen.

Die physikalischen Gegebenheiten und die am Spiel unbeteiligten Agenten sind nicht die einzigen, die die Spielregeln realisieren können. Die spielenden Agenten selbst können auch für die Einhaltung der Spielregeln sorgen.

KAPITEL 5. IMPLEMENTATION DER SPIELINFRASTRUKTUR

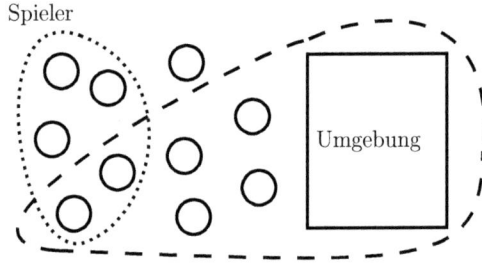

Realisierung der Spielregeln

Abbildung 5.2: Modell einer Spielrealisierung [Tag09a]. Kreise stellen Agenten und Rechteck die Umgebung dar. Die gepunktete Linie kreist die Spieler und die gestrichelte die möglichen Instanzen für die Realisierung der Spielregeln ein.

Dazu gehören z.B. Brettspiele, in denen die Spieler entsprechend der Spielregeln die Präferenzordnungen und die legalen Zugmöglichkeiten übernehmen. Zur Zeit gibt es kaum sichere Antworten darauf, warum Menschen überhaupt solche strategische Interaktionen erfinden und realisieren. Die meist vertretene Vorstellung ist, dass die absichtlich konstruierte strategische Interaktionen wie z.B. Schach eine Möglichkeit darstellen, sich in Geschick und Weisheit zu messen [GdR04]. „Games of strategy, such as chess, couple intellectual activity with competition. We can exercise and improve our intellectual skills by playing such games. The competition adds excitement and allows us to compare our skills to those of others." [GLP05]. Nach dieser Vorstellung ziehen die beteiligten Agenten die Einhaltung der Spielregeln den Vorteilen durch Ausführen illegaler Züge vor.

In Abb.5.2 ist eine schematische Zusammenfassung der zuvor erwähnten Möglichkeiten einer natürlichen Spielrealisierung dargestellt. Viele in der Literatur vorkommenden Beispiele sind Mischungen der drei Instanzarten. Diese drei Arten sind die am Spiel beteiligte Agenten, am Spiel unbeteiligte Agenten und die physikalischen Gegebenheiten. Das Buch „Game Theory Evolving" [Gin00] ist eine problemorientierte Einführung in (evolutionäre) Spieltheorie und eignet sich als Quelle einer großen Menge von Beschreibungen natürlicher Spielrealisierungen. Es enthält 53 Spiele. Ein solches Beispiel ist Poker, wo die menschlichen Spieler und die physikalischen Gegebenheiten die Spielregeln realisieren. Einerseits halten sich die Spieler an die Regeln. Andererseits beeinflusst der durch die physikalischen Eigenschaften der konkreten Karten bestimmte Prozess des Mischens des Kartenstapels die tatsächlichen Auftrittswahrscheinlichkeiten der Blätter. Auktionen sind dagegen meist durch einen einzigen Agenten z.b. ein Auktionshaus realisiert. Bei Markteintrittsspielen wird die Menge der Käufe, die zwar Menge der Entscheidungen einzelner Agenten ist, als eine bestimmten volkswirtschaftlichen Gesetzen unterliegende Größe abstrahiert. Ein interessantes Beispiel ist das in der Einleitung erwähnte Chicken (Unterkapitel 1.1). Bei Chicken sind die Regeln einerseits durch die Fahreigenschaften der Fahrzeuge andererseits aber durch die Ansichten der Clique realisiert.

Einzelne Agenten wie z.b. der Staatsanwalt im Gefangenendilemma oder die Mitglieder der Clique bei Chicken können durch deren Verhalten die Struktur der strategischen Interaktion anderer Agenten (absichtlich) beeinflussen. Das folgt zumindest aus der obigen Diskussion. Ein weiteres Beispiel einer absichtlichen Spielrealisierung durch einen Agenten ist Joker's Spiel aus Abschnitt 4.2.1. Der Mechanismusentwurf ist der Schritt vor dem Realisieren eines Spiels, in dem die Spielregeln entworfen werden. Die Fähigkeit eines Agenten Spiele realisieren zu können macht den Mechanismusentwurf erst nutzbar. Der Mechanismusentwurf wäre nutzlos, falls Agenten Spiele nicht realisieren könnten. Man kann daher künstliche Agenten äquivalent der natürlichen Welt gezielt mit dieser Fähigkeit ausstatten.

5.2 FRAMASI

5.2.1 Multiagentensystem als Basis

Im Rahmen dieser Arbeit wird die Architektur FRAMASI [Tag09c] als eine Grundlage für Spielimplementationen von Spielen bei imperfekter Information vorgestellt. FRAMASI beinhaltet drei Arten von Aufgaben für Agenten – *World*, *Player* und sonstige. Dieses Vorgehen bei der Konstruktion der Spielinfrastruktur ähnelt dem des ACE-Systems (Abschnitt 3.2.2).

Ein Agent, der vordergründig die Aufgabe World ausführt, wird als ein Agent vom Typ World bezeichnet. Ein Agent, der vordergründig die Aufgabe Player ausführt, wird entsprechend als ein Agent vom Typ Player bezeichnet. Die World-Agenten sind rational und haben als Ziel möglichst alle verwalteten Spiele entsprechend den explizit definierten Spielregeln durchzuführen. Dadurch besitzen die World-Agenten die im Abschnitt 5.1.2 besprochene Fähigkeit zur Spielimplemetation.

KAPITEL 5. IMPLEMENTATION DER SPIELINFRASTRUKTUR

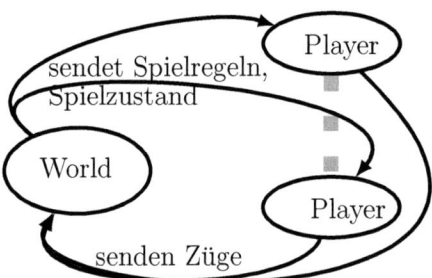

Abbildung 5.3: Das Aufbaukonzept von FRAMASI [Tag09a]. Beziehungen zwischen World und Player. Sonstige Agenten sind ausgelassen.

Abb.5.3 zeigt die Beziehungen zwischen den beiden Agententypen. Agenten vom Typ World senden Spielregeln an Agenten vom Typ Player, verwalten das Spiel und versorgen die mitspielenden Agenten mit Informationen über für die jeweils sichtbaren (imperfekte Information) Änderungen des Spielzustandes. Die Agenten vom Typ Player teilen ihre Züge dem World-Agenten mit. Sonstige Agenten sind für Aufgaben zuständig, die weder die Spielverwaltung noch das Spiellösen beinhalten. Die Basis der aktuellen Implementierung von FRAMASI ist das Multiagentensystem JADE.

Es gibt zwei praktische Vorteile des beschriebenen Vorgehens, speziell der Nutzung eines Multiagentensystems:

Vorteile der Multiagentensysteme :
Als das erste Argument kommen die im Abschnitt 2.1.2 erwähnten Vorteile der Multiagentensysteme wie vor allem die Flexibilität. Zusatzkompetenzen wie z.b. Nutzung externer Hardware [Fis07] können leicht hinzugefügt werden – im Falle von FRAMASI als sonstige Agenten. Gleichzeitig bietet ein Multiagentensystem eine fertige Grundlage für das Verteilen der Systemteile über ein Netzwerk sowie die strukturierte Kommunikation zwischen World- und Player-Agenten. Mit „strukturiert" ist die Nutzung einer speziellen Sprache und Agentenkommunikationsprotokolle (z.B. die Standards aus FIPA) gemeint.

Peer-to-Peer Kommunikation :
Eine Möglichkeit zu einer direkten Kommunikation zwischen den Spielern d.h. Player-Agenten ohne die Beteiligung der Spielverwaltung d.h. der World-Agenten reduziert die Kommunikationsaufwände im System. Das Vorhandensein einer speziellen gemeinsamen Sprache wie z.B. ACL verbessert dies zusätzlich. Diese Kommunikation ist einerseits notwendig um das *Rollenbesetzungsproblem* [GM04, z.B.] am Anfang eines Spiels zu lösen. Anderseits gibt es Spiele, bei denen Kommunikation der Spieler keine direkte Wirkung auf die Auszahlung hat. Dies wird als *Cheap-Talk* [CDFR94, FR96] bezeichnet und kann zwischen den Player-Agenten direkt ausgeführt werden. Cheap-Talk muss nicht ein Teil der Spielregeln sein, weil die einzelnen Meldungen auszahlungsneutral sind und daher nicht als Züge im Spiel betrachtet werden müssen.

Außer den beiden praktischen Vorteilen gibt es noch den konzeptuellen Vorteil der Ähnlichkeit der Spielimplementation mit den natürlichen Vorbildern. Die Fähigkeit des World-Agenten die Spielregeln künstlich zu realisieren ist wie schon im Abschnitt 5.1.2 erwähnt eine übliche Fähigkeit natürlicher Agenten.

Es entsteht durch die Möglichkeit der direkten Kommunikation zwischen den Spielern die Notwendigkeit diese Kommunikation in bestimmten Fällen zu untersagen, wo sie nicht erwünscht ist. Beim Gefangenendilemma beispielsweise ist die Kommunikation der Spieler nicht möglich. In Netzwerken ist dies jedoch problematisch. Zwar existiert speziell bei dem Multiagentensystem JADE ein Agent *Sniffer*, der zur Aufzeichnung dieser Kommunikation verwendet werden kann. Jedoch kann Sniffer diese Kommunikation nicht aufzeichnen, falls die Spieler sie über andere Wege wie z.B. gemeinsame Dateisysteme, Datenbanken oder Webserver durchführen. Dieses Problem taucht auch bei den anderen beiden Arten der Spielimplementation (Abschnitt 3.2.1) auf, solange die Sprache für die Programmierung der Spieler eine Möglichkeit zur Kontaktaufnahme mit anderen beinhaltet. Es ist noch keine endgültige Lösung für dieses Problem bekannt.

5.2.2 FRAMASI-Protokoll

Bei der Architektur FRAMASI handelt es sich hauptsächlich um ein Agentenkommunikationsprotokol, wie sie bei einem Multiagentensystem üblich sind. Die Aufgaben World und Player sind als sog. *Behaviours* d.h. Verhalten der Agenten definiert, die die spielbezogene Kommunikation mit anderen Agenten beinhalten. Im Unterschied zu ACE kann ein Agent auch mehreren Typen

KAPITEL 5. IMPLEMENTATION DER SPIELINFRASTRUKTUR

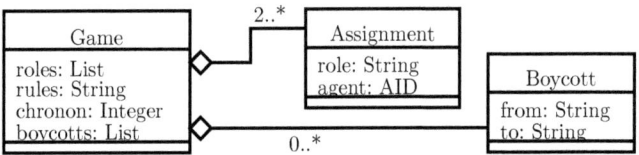

Abbildung 5.4: Ontologie eines Spiels in FRAMASI. Die Rollen der Spieler sind vom Typ **String**. **roles** ist eine Liste mit Elementen vom Typ **Assignment** und **boycotts** enthält Elemente vom Typ **Boycott**. **AID** ist Agent-Identifier.

zugehören – ein Agent kann gleichzeitig mehrere Behaviours haben d.h. mehrere Spielverwalter bzw. Spieler verkörpern.

Das FRAMASI-Protokoll basiert auf einer speziellen Ontologie, die in Abb.5.4 dargestellt ist. Hier wird der Begriff *Rolle* eingeführt. Eine Rolle ist die Gesamtheit der Funktionen und Eigenschaften eines Spielers in einem Spiel und lässt sich durch einen Namen identifizieren. Rollen können durch Player-Agenten besetzt werden.

Ein Spiel **Game** beinhaltet die Besetzungen der Rollen **roles**, Spielregeln **rules**, Mindestzeitabschnitt zwischen zwei Zustandsänderungen der Spielverwaltung **chronon** und die Liste der verbotenen peer-to-peer Kommunikationen zwischen den Rollen **boycotts**. Die Spielregeln beschreiben das jeweilige Spiel sowie die einzelnen Rollen. Die Spielbeschreibung darf jedoch unvollständig sein. Jede Besetzung einer Rolle ist vom Typ **Assignment** und enthält eine in den Spielregeln beschriebene Rolle **role** sowie (falls vorhanden) den sie besetzenden Agenten **agent**. Agent-Identifier (AID) ist in der FIPA-Spezifikation der Typ, mit dessen Instanz ein Agent eindeutig identifiziert ist. Die Liste **boycotts** enthält Elemente vom Typ **Boycott** und kodiert einen gerichteten Graphen mit Rollen als Knoten. Ein **Boycott** enthält zwei Rollen zwischen denen in der definierten Reihenfolge keine Kommunikation stattfinden darf.

Die Einhaltung der Kommunikationsverbote muss wie schon im vorigen Abschnitt besprochen allein seitens der Spieler geschehen, da es für eine sichere Überwachung der Verstöße noch keine Lösung gibt. Auch die Anonymisierung der Agenten kann durch die Agenten umgangen werden.

Abb.5.5 zeigt das FRAMASI-Protokoll. Eine Spielverwaltung wird auf den „Gelben Seiten" DF registriert, wo sie von potenziellen Spielern gefunden werden kann. Danach folgt eine Kommunikation entsprechend dem *FIPA Contract Net Interaction Protocol* SC00029. Der Spieler meldet sich bei dem

5.2. FRAMASI

Welt-Agenten mit dem Namen der Spielverwaltung an (**cfp(serviceID)**) und wartet eine in der Beschreibung auf den gelben Seiten vorher angegebene Zeitspanne **timeout** auf eine Antwort. Im Normalfall wird danach dem Spieler eine Instanz des Spiels entsprechend der Ontologie auf Abb.5.4 zugeschickt (**propose(game)**). Der Spieler kann (Bedingung **b**) eine Rolle auswählen (**accept(role)**) oder seine Beteiligung ablehnen (**reject**). Die Auswahl einer Rolle ist bindend und kann nicht mehr widerrufen werden. Dadurch dient die Besetzung einer Rolle nicht als ein Anzeigen eines eventuellen Interesses, sondern ist eine sichere Angabe für weitere Player-Agenten, die am Besetzen weiterer freier Rollen interessiert sind. Falls die Entscheidung zum Besetzen einer Rolle von anderen Player-Agenten abhängt, können die Agenten dies unter sich verhandeln. Eine Bestätigung (**inform**) schließt im Normalfall das SC00029-Protokoll innerhalb des FRAMASI-Protokolls ab. Ein Spieler kann (Bedingung **a**) abgelehnt (**refuse**) werden oder es kann (Bedingung **c**) beim Besetzen einer Rolle z.B. durch parallele Anfragen zu einem Fehler (**failure**) kommen.

Sobald alle Rollen besetzt sind, wird die Spielverwaltung aus DF gelöscht (**deregister**) und steht weiteren Spielern nicht mehr zur Verfügung. Unmittelbar nach diesen beiden Schritten wird das Spiel gestartet. Die Zeitspanne zwischen zwei Zustandsänderungen beträgt mindestens **chronon**. Spieler können ihre Züge jederzeit an die Spielverwaltung senden (**inform(turn)**). Das Minimum für die Zeitspanne **chronon** hängt von der Leistung des Systems ab und sollte deutlich höher als die Zeitspanne sein, die für die Berechnung eines Zustandsüberganges nötig ist. Ein Spiel wird mit **cancel** abgeschlossen. Player- und World-Agenten können ein außerordentliches Beenden des FRAMASI-Protokolls mit **failure** erwirken. **failure** kann durch einen einzigen beteiligten Agenten ausgelöst werden, gilt aber für alle.

5.2.3 GGMA – Integration von PNSI und SIDL

Verglichen mit einer Client-Server-Spielinfrastruktur erfüllt der World-Agent die Aufgabe des Gameservers d.h. die Spielverwaltung. Wie beim Gameserver kann die Spielverwaltung beim World-Agenten auf einer Spielbeschreibungssprache basiert sein [Tag09c]. Man muss jedoch bemerken, dass FRAMASI unabhängig von einer Spielbeschreibungssprache definiert ist. Die einzig bekannte Spielverwaltung, die auf einer sehr allgemeinen Spielbeschreibungssprache basiert ist der GDL-Server.

Ein World-Agent, der basierend auf einer allgemeinen Spielbeschreibungssprache Spiele verwalten kann, wird als GGMA bezeichnet [Tag09a]. Für

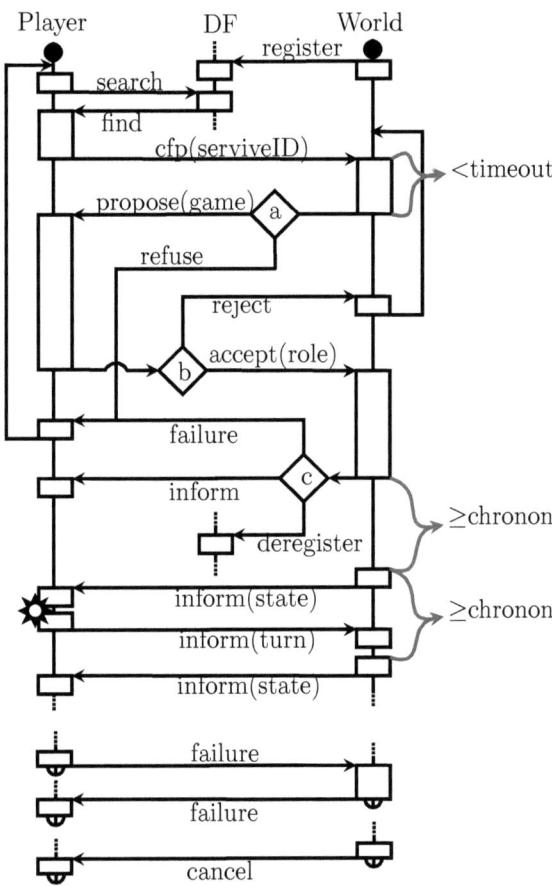

Abbildung 5.5: FRAMASI-Protokoll. • steht für den Start eines Verhaltens und ⭭ für sein Ende. Rechtecke stehen für das Ausführen von Routinen, Rauten sind Bedingungen und mit Pfeilen sind Nachrichten oder Sprünge in der Verarbeitung dargestellt. Der Stern wird in 5.2.4 erklärt.

5.2. FRAMASI

Algorithmus 5.1 : Der Spielverwaltungsalgorithmus bei GDL.
1 send_game_rules_and_wait;
2 **while** *not game_over* **do**
3   **while** *not (all_received or chronon_expired)* **do**
4   receive_commands_from_players;
5   **end**
6   calculate_the_new_game_state;
7   send_the_new_game_state_to_players;
8 **end**

Algorithmus 5.2 : Der Spielverwaltungsalgorithmus bei GGMA.
1 send_game_rules_and_wait;
2 **while** *not game_over* **do**
3   **while** *not chronon_expired* **do**
4   receive_commands_from_players;
5   **end**
6   calculate_the_new_game_state;
7   record_changes_of_the_state;
8   send_the_new_game_state_to_players;
9 **end**

die Spielverwaltung wird eine Zeitdauer für einen Zustandsübergang definiert (Abschnitt 4.3.2), damit die Spielbeschreibung zeitliche Vorgänge in der Spielimplementierung bestimmen kann. Dies lässt sich erreichen, indem man den Zeitabschnitt für GGMA beim FRAMASI-Protokoll genau auf einen Chronon festlegt. Dafür wird der Alg.5.1 von GDL zum Alg.5.2 von GGMA modifiziert (Zeile 3). Die zweite Modifikation betrifft die Zeile 7, in der eine Aufzeichnung der Änderungen des aktuellen Zustandes für das Sammeln von Daten hinzugefügt ist. Das Sammeln von Daten ist wiederum wichtig, um das strategische Verhalten vor allem der menschlichen Spieler analysieren zu können.

Die Spielverwaltungsalgorithmen der beiden im Kapitel 4 entwickelten Sprachen – Alg.4.1 und Alg.4.4 – lassen sich von den Operationen her auf Alg.5.2 abstrahieren. Auf diese Weise kann man PNSI und SIDL2.0 für GGMA verwenden. Im Anhang D gibt es einige technische Hinweise zur entwickelten Software sowie Beispiele der Spielaufzeichnung.

KAPITEL 5. IMPLEMENTATION DER SPIELINFRASTRUKTUR

5.2.4 Erfahrungen – Ken als Anwendung

Wie schon in der Zielbeschreibung (Abschnitt 1.2) erwähnt, müssen nicht nur künstliche Agenten miteinander interagieren können, sondern auch künstliche Agenten mit Menschen oder Menschen miteinander, wie es bei dem Ken-Szenario (später im Abschnitt 6.1.2) der Fall ist. Für beide Typen von Spielern – künstliche und natürliche – steht in FRAMASI eine Schnittstellen mit folgenden zu implementierenden Methoden zur Verfügung:

String getWorldName() :
Liefert den auf DF zu suchenden Namen zurück.

String chooseRole(Game game) :
Hier soll eine Rolle ausgewählt werden. Klasse *Game* entspricht der Ontologie auf Abb.5.4.

update(String changes) :
changes sind die für den jeweiligen Spieler sichtbaren Änderungen im Spielzustand. Hier kann die Methode *player.act(String turn)* direkt ausgeführt werden, wodurch die mit Stern gekennzeichnete Pause (Abb.5.5) in der Verarbeitung verschwindet. Das Ausführen von *act* bewirkt, dass der Zug *turn* an die Spielverwaltung gesendet wird.

doCancel() :
Beendet restliche Aktivitäten.

Für die Spielverwaltung des Spiels Ken wurde eine PNSI-Struktur mit 161 Transitionen und 56 Plätzen erstellt. Die Player-Agenten in diesem Szenario waren sogenannte Proxy-Agenten d.h. durch Menschen steuerbare grafische Benutzeroberflächen. Eine grafische Benutzeroberfläche für Ken implementiert die vorher erwähnte Schnittstelle und stellt die als Belegung der Plätze und Kontostände gelieferte Information grafisch dar. Leider konnte noch kein Weg dafür gefunden werden, aus einer Spielbeschreibung ein benutzerfreundliches grafisches Interface automatisch zu erstellen.

Um einen Datenhandschuh für die Eingabe der Gesten zu nutzen, wurde ein weiterer Agent erstellt. Dieser Agent klassifiziert die Gesten entsprechend der Methode aus [HBJ08] und ist für andere Systeme wiederverwendbar konstruiert.

Kapitel 6

Beschreibung Strategischen Verhaltens

6.1 Datenakquirierung

6.1.1 Vorgehensweise

Wie es schon in der Einleitung erwähnt wurde, konzentriert sich die Erforschung menschlichen strategischen Verhaltens eher auf einfachere als auf umfangreichere Spiele. Dieses Vorgehen ist ähnlich dem Vorgehen in anderen Wissenschaften, wie z.b. die Erforschung der Drosophila in der Genetik. Dafür kann menschliches Verhalten in realen strategischen Interaktionen mit einer einfachen Struktur untersucht werden (1). Es können auch zu einer entwickelten einfachen Struktur entsprechende Experimente durchgeführt werden (2). Ein Experiment in diesem Zusammenhang ist eine Spielrealisierung. Die Werte der Variablen einer strategischen Interaktion lassen sich entweder messen oder annehmen wie im ersten Fall oder direkt kontrollieren wie im zweiten Fall [Cam03, S.35]. In den Kapitel 4 und 5 wurden die konzeptuellen und technischen Grundlagen für die Durchführung von Experimenten weiterentwickelt.

Die häufige Vorgehensweise bei der Durchführung eines Experiments ist das Sammeln der Daten menschlichen strategischen Verhaltens mit leistungsorientierten monetären Auszahlungen (Abschnitt 2.3.3). Durch leistungsorientierte Auszahlungen kann der Anreiz als eine Variable des Experiments direkt kontrolliert werden. Am Ende eines Experiments werden die von den Experimentatoren oder vom benutzten System den Leistungen im Spiel entsprechende Beträge in einer gängigen Währung an die Versuchspersonen ausgezahlt. Die so entstandene Beträge sind im Durchschnitt positiv – bei nega-

KAPITEL 6. BESCHREIBUNG STRATEGISCHEN VERHALTENS

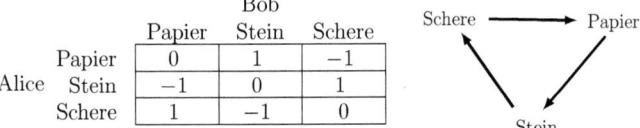

		Bob		
		Papier	Stein	Schere
	Papier	0	1	−1
Alice	Stein	−1	0	1
	Schere	1	−1	0

Abbildung 6.1: „Papier, Stein, Schere". Links ist die Auszahlungsmatrix von Alice und gleichzeitig auch die transponierte Auszahlungsmatrix von Bob. Rechts ist der gerichtete Graph für das Spiel mit je einem Knoten pro Geste. Bei einer Kante schlägt die Ausgangsgeste die Endgeste.

tiven Auszahlungen wäre es für die Versuchspersonen nicht rational an einem solchen Experiment freiwillig teilzunehmen. Zum Vergleich sind bei kommerziellen Glücksspielen die durchschnittlichen Auszahlungen negativ.

Ein wichtiger Aspekt bei der Durchführung eines solchen Experiments ist die Verwendbarkeit der Daten für strategische Interaktionen mit künstlichen Agenten. Ein Mensch in Interaktion mit anderen Menschen muss durch einen künstlichen Agenten ersetzbar sein. Künstliche Agenten haben meist keine den Menschen äquivalente physische Erscheinungsform. Eine dem Menschen ähnliche physische Erscheinungsform für einen künstlichen Agenten ist mit zusätzlichen Aufwänden verbunden. Bei direkter physischer Interaktion zwischen Menschen gibt es erheblich mehr Interaktionsmöglichkeiten als bei Interaktion zwischen einem Menschen und einem künstlichen Agenten ohne eine physische Erscheinungsform. Um den Aufwand für eine physische Erscheinungsform eines künstlichen Agenten zu vermeiden, müssen die Interaktionsmöglichkeiten der Menschen auf die von künstlichen Agenten reduziert werden. Das bedeutet, dass die Versuchspersonen miteinander einzig über Computersysteme interagieren (Abschnitt 5.2.4). Die so interagierenden Menschen befinden sich in getrennten Räumen mit Zugang zum System.

6.1.2 Ken als Szenario

In diesem Abschnitt wird ein Experiment [Tag09g] beschrieben, das einerseits verwendbare Daten für die Untersuchung menschlichen strategischen Verhaltens liefert. Anderseits aber weist es durch Verwendung von FRAMASI (Unterkapitel 5.2) die Funktionsfähigkeit dieser zuvor entwickelten Architektur nach.

Das Ziel des durchgeführten Experiments ist die Untersuchung der mensch-

6.1. DATENAKQUIRIERUNG

lichen Fähigkeit zur bewussten Unvorhersagbarkeit sowie die menschliche Fähigkeit zur Vorhersage des Verhaltens eines anderen Menschen. Es geht um das menschliche strategische Verhalten in wiederholten Spielen bei gemischten Gleichgewichten. Die Fähigkeit zur bewussten Unvorhersagbarkeit ist unverzichtbar bei der Verwendung von gemischten Strategien (Unterkapitel 2.2). Ein wichtiges Kriterium bei der Entwicklung des Szenarios war die Vermeidung von vereinfachenden Repräsentationen (Abschnitt 2.3.3) umfangreicher Spielregeln durch die Spieler. Bei dem ausgewählten Spiel handelt es sich um das in der Einleitung beschriebene Spiel Ken bzw. Knobeln. Der Umfang der Spielregeln von Ken verglichen mit anderen Spielen wie z.B. Matrixspiele ist minimal, wodurch das angestrebte Kriterium erfüllt wird.

Ken ist ein symmetrisches Nullsummenspiel bei imperfekter Information für zwei Personen. Die Tatsache, dass die Summe der Auszahlungen Null bzw. konstant ist, vereinfacht die Analyse des menschlichen Verhaltens, da es keinen Anreiz für Kooperation gibt, der das Verhalten erheblich komplexer machen würde. Dieses Argument wurde auch bei [RTW04] zur Motivation der Verwendung von Ken aufgeführt.

Eine Runde von Ken besteht aus einem einzigen simultanen Zug. Es gibt dabei eine Menge von verwendbaren Gesten. Die Gesten sind gleichzeitig Strategien in der Auszahlungsmatrix. Eine Kombination aus zwei gleichen Gesten als Ausgang einer Runde bewirkt wegen der Symmetrie ein Unentschieden (Auszahlung 0). Bei zwei unterschiedlichen Gesten kann es entweder ein Unentschieden oder einen Sieger (Ausz. 1) und einen Verlierer (Ausz. -1) geben – die eine schlägt die andere. Die einfachste Variante von Ken – „Papier, Stein, Schere" – lässt sich als ein gerichteter zyklischer Graph aus drei Knoten darstellen (Abb.6.1). Eine Kante zwischen zwei Gesten bedeutet dabei „schlägt". Keine Kante bedeutet ein Unentschieden. Die Adjazenzmatrix dieses Graphen ist die Auszahlungsmatrix des Spiels, bei der die negativen Einträge mit 0 ersetzt worden sind.

Die Darstellungsweise von Ken als ein gerichteter Graph ist kompakter als die Normalform und ähnelt der Darstellung der Aktionsgraphenspiele (Abschnitt 3.1.1). Durch diese Besonderheiten reichen bei „Papier, Stein, Schere" nur 3 ungewichtete gerichtete Kanten zwischen den Gesten, um die 3×3 Auszahlungsmatrix vollständig zu beschreiben. Allgemein braucht man bei Ken-ähnlichen Spielen höchstens $\frac{(n^2-n)}{2}$ ungewichtete bzw. gleichgewichtete gerichtete Kanten für ein $n \times n$ Nullsummenspiel (n Strategien für jeden der beiden Spieler) statt einer $\mathbb{R}^{n \times n}$ Matrix.

„Papier, Stein, Schere" hat eine einfache Gleichverteilung als Gleichgewicht. Um menschliches strategisches Verhalten auch in Spielen mit nichttrivialen Gleichgewichten bzw. auch mit mehr als einem Gleichgewicht zu un-

KAPITEL 6. BESCHREIBUNG STRATEGISCHEN VERHALTENS

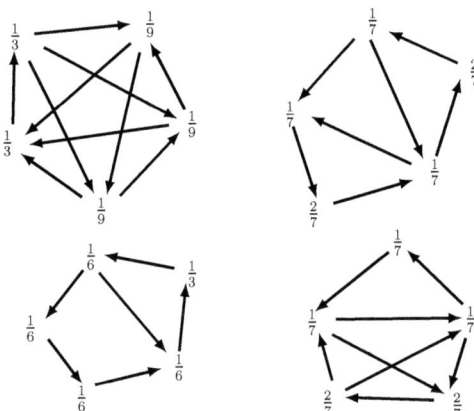

Abbildung 6.2: Alle vier Graphen für 5 Gesten bzw. Knoten mit einem einzigen nicht-trivialen Gleichgewicht [Tag09g]. Kanten zwischen den Gesten sind entsprechend der Abb.6.1(rechts) definiert. Abwesenheit einer Kante bedeutet ein Unentschieden zwischen den Knoten. Das Gleichgewicht eines Spiel wird als Benennung der Knoten dargestellt.

tersuchen, wurden im Experiment Varianten mit bis zu 6 Gesten verwendet. Als nicht-trivial werden hier Gleichgewichte bezeichnet, die keine Gleichverteilungen über Teilmengen der verfügbaren Gesten sind. Bei trivialen Gleichgewichten zeigen Menschen meist keine Abweichungen von spieltheoretischen Vorhersagen [Cam03, S.118–147]. Das Gleichgewicht für die in der Einleitung erwähnte fünfgestige Variante „Pistole, Vogel, Wasser, Stein, Brett" ist demnach trivial. Außer der amerikanischen Variante „Papier, Stein, Schere, Feuer, Wasser" konnten leider keine anderen gängigen Spiele mit nicht-trivialen Gleichgewichten gefunden werden. Bei der genannten Variante schlägt Feuer alles außer Wasser. Wasser schlägt Feuer und wird von allem außer Feuer geschlagen. Es gibt ein einziges Gleichgewicht – die Wahrscheinlichkeit für Feuer und Wasser liegt bei $\frac{1}{3}$ und für alles andere bei $\frac{1}{9}$.

Es gibt 7 unterscheidbare gerichtete Graphen mit 3 unbenannten Knoten, 47 mit 4, 582 mit 5, 21480 mit 6 usw. [Har57]. Unter den Graphen mit 4 Gesten gibt es Spiele, die zwar mehrere Gleichgewichte haben, dennoch keins mit einem einzigen nicht-trivialen. Erst mit 5 Gesten gibt es 4 Graphen mit einem einzigen nicht-trivialen Gleichgewicht (Abb.6.2). Darunter ist auch der

6.1. DATENAKQUIRIERUNG

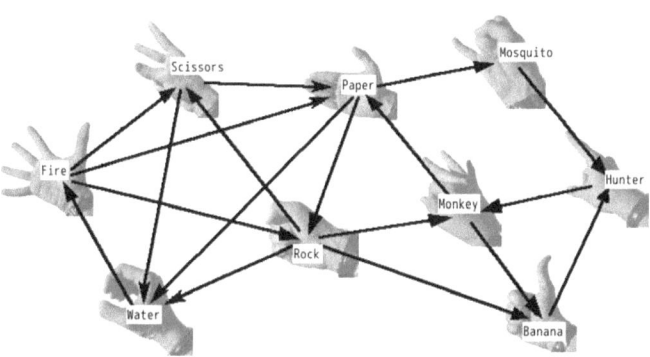

Abbildung 6.3: Der Gesamtgraph für die Spielregeln des Ken-Experiments [Tag09g]. Einzelne Spiele sind Untergraphen davon.

Graph für das Spiel „Papier, Stein, Schere, Feuer, Wasser".

Um ein Experiment mit einem Spiel zu einem bestimmten Graphen durchzuführen, bedarf es der Benennung einzelner Knoten mit üblichen plausiblen Namen. Die Namen der Knoten werden mit entsprechenden Gesten assoziiert. Um diesen Aufwand zu reduzieren, wurde ein gemeinsamer Graph aufgestellt, dessen Teilgraphen einzelne Spiele definieren (Abb.6.3). Dieser Graph beinhaltet u.a. einen viergestigen zyklischen Graphen mit unendlich vielen Gleichgewichten auf dem geraden Abschnitt im Hyperraum zwischen $(0, \frac{1}{2}, 0, \frac{1}{2})$ und $(\frac{1}{2}, 0, \frac{1}{2}, 0)$ wie z.B. $(\frac{5}{12}, \frac{1}{12}, \frac{5}{12}, \frac{1}{12})$. Es ist das Spiel „Hunter, Monkey, Paper, Mosquito", das ein Teilgraph des Graphen in Abb.6.3 ist.

Bei dem Experiment nahmen 7 Studenten und 3 Studentinnen informatiknaher Studiengänge der TU Bergakademie Freiberg teil. Das durchschnittliche Alter lag bei 22.7 Jahren. Das Experiment wurde mit zwei Probanden gleichzeitig durchgeführt. Die Probanden wurden mit dem Spiel vertraut gemacht und erst nachdem alle Fragen über das Experiment geklärt waren, in zwei getrennte Räume gesetzt. Einer der beiden Probanden spielte mit dem Datenhandschuh (Abschnitt 5.2.4), während der andere mit einer Maus spielte. Der Datenhandschuh war für eine Teilnehmerin zu groß und wurde durch die Maus ersetzt. Anhang E enthält Bilder des Experiments. Das Datenhandschuh wurde im Experiment verwendet, um das Experiment den Umständen einer natürlichen strategischen Interaktion ähnlich zu machen. Die Formung einer Geste ist anderes als ein Klick mit der Maus und kommt den Aktivitäten in der natürlichen Welt näher. Aus den möglichen daraus

KAPITEL 6. BESCHREIBUNG STRATEGISCHEN VERHALTENS

sich ergebenden Unterschieden im Verhalten kann man Rückschüsse auf den Einfluss der Art und Weise der Spielrealisierung bei gleichem Spiel ziehen. Für jedes Paar von Probanden bestand das Experiment aus zwei Durchläufen. Ein Durchlauf bestand aus 200 einzelnen Runden. Pro Runde musste innerhalb von 6 sek. eine Entscheidung getroffen werden. Die Zeitspanne für eine Runde konnte durch die Probanden weder verlängert noch verkürzt werden. Dadurch dauerte ein Durchlauf genau 20 min.. Für den Fall, dass keine Entscheidung getroffen werde konnte, wurde die vorhergehende Geste automatisch gewählt werden – es wurden jedoch keine derartigen Fälle im Experiment beobachtet. Zum Vergleich lag diese Zeitspanne bei ähnlichen Experimenten für „Papier, Stein, Schere" im Schnitt zwischen 1.5 und 4 sek.. Diese Zeitspanne unterschied sich je nach Proband, weil die Proband im Spiel gegen einen Computer die Runde selbst beenden konnten. Die Länge eines Durchlaufs mit 20 min. entspricht der durchschnittlichen Länge der genannten Experimente.

Vor dem zweiten Durchlauf wechselten die Probanden ihre Plätze (Datenhandschuh gegen Maus) – die Zeitdauer dafür lag bei ungefähr 5 min.. Für eine gewonnene Runde war die Auszahlung €0.02 und für ein Unentschieden €0.01. Zusätzlich gab es €1 für einen gewonnenen Durchlauf und €0.5 bei einem unentschiedenen. Insgesamt konnte ein Proband innerhalb ungefähr einer Stunde zwischen €0 und €10 gewinnen. Während eines Durchlaufs wechselten alle 30 Runden die erlaubten Teilmengen der Gesten in folgender Abfolge (die einzelne Spiele sind mit Nummern versehen):

31 : „Rock, Paper, Scissors"

41 : „Hunter, Monkey, Paper, Mosquito"

51 : „Paper, Rock, Scissors, Fire, Water"

52 : „Paper, Rock, Monkey, Fire, Water"

53 : „Rock, Banana, Monkey, Paper, Hunter"

54 : „Hunter, Monkey, Paper, Mosquito, Banana"

61 : „Scissors, Water, Rock, Monkey, Paper, Fire"

Dadurch wurde das letzte Spiel nur 20 mal und alle anderen 30 mal wiederholt. Die Länge der gespielten Sequenzen für jedes einzelne Spiel ist dadurch erheblich kürzer als in den vergleichbaren Experimenten [MW08, WL01], wo sie zwischen 100 und 800 Runden betrug. Die grafische Benutzeroberfläche für dieses Experiments beinhaltete folgende Elemente: der Graph des aktuellen

6.2. OFFLINE-ANALYSE

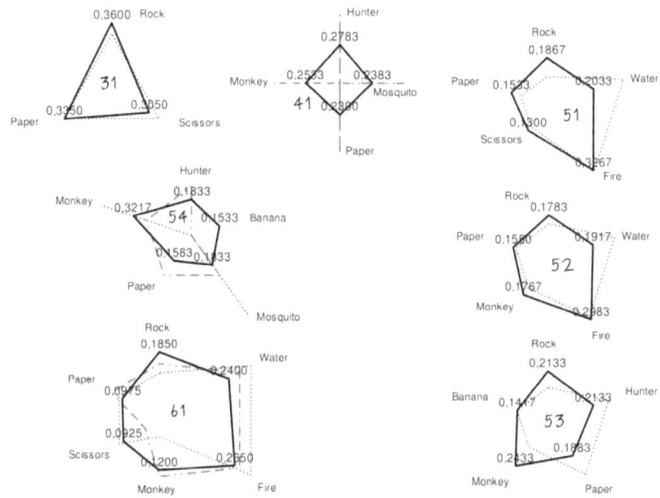

Abbildung 6.4: Kiviat-Diagramme für Abweichungen von MSE [Tag09b]. Schwarz bedeutet beobachtetes Verhalten und grau gestrichelt – MSE. Mehrere MSE werden durch unterschiedlich gestrichelte Linien dargestellt.

Spiels, der Countdown, letzter eigener Zug, letzter Zug de(s)r Gegner(s)in, der Spielstand sowie die bisher gewonnene Geldmenge. Die grafische Oberfläche wurde vom Autor intuitiv gestaltet. Nach den zwei Durchläufen füllten die Probanden einen Fragebogen (Anhang F) aus und bekamen eine Entschädigung unter der Einverständniserklärung zur wissenschaftlichen Nutzung der entstandenen Daten und Videoaufnahmen. Der Höchstgewinn war €6,31 und der geringste Gewinn €3,69. Der maximale relative Überschuss gewonnener Runden erreichte bei einer Person 8%.

6.2 Offline-Analyse

6.2.1 Statistik von Ken

Tab.6.1 zeigt die Auswertung des Fragebogens für das Experiment. Falls man sich die zusammengeführten Mengen der angekreuzten Bewertungszeichen für

133

KAPITEL 6. BESCHREIBUNG STRATEGISCHEN VERHALTENS

Tabelle 6.1: Summe angekreuzter − und + des Fragebogens aus Anhang F.

	Eigenes Verhalten	Verhalten des Gegners
Vorhersagbar	− − − − − − + + + + +	− − − − − + + + + + ++
Wiederholungen	− − + + + + + + + ++	− − − + + + + + + +
Lernen	− − − + + + + + + + ++	− − − − − − + + + +

Ärger	− − − − − − − − − + ++
Freude	− + + + + + + + + + + +

Ärger und Freude anschaut, sieht man, dass das Experiment den Probanden eher Spaß gemacht hat als anstrengend gewesen ist. Die gesammelten Daten des durchgeführten Experiments zeigen im Allgemeinen, dass das menschliche Verhalten wie im Abschnitt 2.3.3 beschrieben von spieltheoretischen Vorhersagen signifikant abgewichen ist. Hier wird 5% als Signifikanzniveau benutzt. Die spieltheoretische Vorhersage ist ein unvorhersagbares Verhalten entsprechend den Wahrscheinlichkeiten des MSE des jeweiligen Spiels.

Die Abb.6.4 zeigt die relativen Häufigkeiten im Vergleich zu MSE in Form von Kiviat-Diagrammen über die einzelnen Gesten. Tab.G.2 im Anhang G enthält eine ausführliche Statistik der relativen Häufigkeiten. Bei dem Spiel 31 d.h. „Papier, Stein, Schere" wurde Schere am seltensten gespielt – dennoch keine signifikante Abweichung vom Gleichgewicht. Dies entspricht auch den Berichten von World RPS Society [wor]. Bei allen MSE im Spiel 41 müssen die im Graphen gegenüberliegenden Gesten mit gleicher Wahrscheinlichkeit gespielt werden. Diese Regel wurde nicht signifikant verletzt – alle relativen Häufigkeiten lagen bei ungefähr $\frac{1}{4}$. Bei den Spielen mit einem einzigen nichttrivialen MSE d.h. 51-53 wich das beobachtete Verhalten wie schon vermutet signifikant von MSE ab. Bei den gespielten Verteilungen liegt der erwartete Überschuss gewonnener Runden für Fire in 51 und 52 bei 27% und 14% und für Rock in 53 bei 18%. Beim Spiel 54 ist die Wahrscheinlichkeit von Banana 0 bei allen MSE – diese Geste wurde aber trotzdem benutzt. Und auch im letzten Spiel wurde Water signifikant seltener und Rock signifikant öfter benutzt. In 54 liegt der erwartete Überschuss gewonnener Runden für Monkey bei 13% und in 61 für Fire bei 14%.

Bestätigt hat sich auch die Vermutung, dass das Spielen mit einem Datenhandschuh sich vom Spielen mit einer Maus unterscheiden würde [Tag09g]. In fünf der sieben untersuchten Spiele gab es signifikante Unterschiede zwischen Maus und Datenhandschuh. Es gab vor allem Unterschiede bei faustähnlichen Gesten wie Rock und Mosquito. Bei Spielen 51, 54 und 61 sind Rock und Mos-

6.2. OFFLINE-ANALYSE

Tabelle 6.2: Abweichungen der relativen Häufigkeiten für Sequenzmuster bei den Spielen 31 und 41 [Tag09b]. Die in den Kästen befindlichen Werte weichen mit Signifikanz von 5% ab.

Muster	Brücken			31		41	
	0	1	2	Theor.	Beob.	T.	B.
ABCD	0	0	0		.0938		.2611
ABCA	0	0	1	.0741	.15	.0938	.1519
ABCB, ABAC	0	1	0	.0741	.1297	.0938	.0926
ABCC, AABC, ABBC	1	0	0	.0741	.0716	.0938	.0741
ABBA	1	0	1	.0741	.0611	.0469	.037
ABAB	0	2	0	.0741	.0593	.0469	.0333
AABA, ABAA	1	1	1	.0741	.0602	.0469	.0213
AABB	2	0	0	.0741	.0463	.0469	.0222
ABBB, AAAB	2	1	0	.0741	.0352	.0469	.0195
AAAA	3	2	1	.037	.0185	.0156	.0056*

*signifikant mit 6%

quito signifikant öfter und bei Spielen 31 und 53 signifikant seltener mit dem Datenhandschuh in Vergleich zur Maus gespielt worden. Das bedeutet, dass das menschliche strategische Verhalten nicht nur von der wahrgenommenen abstrakten Struktur der Interaktion beeinflusst wird, sondern durchaus von den physischen Gegebenheiten abhängen kann.

Abweichungen gab es nicht nur bei den relativen Häufigkeiten einzelner Gesten, sondern auch bei der Vorhersagbarkeit der Zugsequenzen. Um diese Abweichungen darzustellen wurden hier teilweise Methoden aus [BR94] verwendet. Es wurden relative Häufigkeiten von Mustern aus 4 Gesten in Zugsequenzen gezählt. Für längere Muster war die Menge der Daten nicht ausreichend um Aussagen über die Signifikanz zu treffen. Ein Muster besteht aus einer Kette von Variablen. Alle unterschiedlich benannten Variablen müssen unterschiedlich belegt sein. Als Beispiel, die Zugsequenzen Rock Scissors und Scissors Paper entsprechen dem Muster AB und die Zugsequenz Paper Paper dem Muster AA. Da man bei den Spielen 31 und 41 annehmen kann, dass die Gesten mit der gleichen Wahrscheinlichkeit gespielt werden, lassen sich leicht theoretische Wahrscheinlichkeiten für die einzelnen Muster in diesen Spielen berechnen. Tab.6.2 zeigt die theoretischen Wahrscheinlichkeiten und die relativen Häufigkeiten für die einzelnen Muster. Tab.G.1 aus Anhang G enthüllt eine ausführlichere Variante.

Die Muster in der Tab.6.2 sind nach der Anzahl der Brücken zusammen-

KAPITEL 6. BESCHREIBUNG STRATEGISCHEN VERHALTENS

gefasst worden. Eine Brücke n-ter Ordnung ist eine Wiederholung nach n Elementen. Bei der Länge der Ketten gleich 4 können Brücken höchstens 2-ter Ordnung auftreten. Falls man sich die signifikanten Abweichungen anschaut, stellt man fest, dass je kleiner die Anzahl und je größer die Ordnung der Brücken, um so öfter treten die jeweiligen Muster im Vergleich zur theoretischen Wahrscheinlichkeit auf. Die Probanden mieden Wiederholungen. Dies bedeutet, dass die Entscheidungen der Probanden nicht völlig zufällig waren, sondern von der Vorgeschichte abhängen.

Laut der Auswertung des Fragebogens haben die Probanden eher viele Wiederholungen bei sich und dem Gegner beobachtet, was der Auswertung der Daten widerspricht. Zusätzlich entsprechen 70% der Verhaltensbewertungen (sich und Gegner) der Regel: „Wiederholungen"⇒„Vorhersagbar". Die Probanden überschätzten die Anzahl der Wiederholungen und reduzierten aus diesem Grund deren Anzahl.

Falls man im Spiel 31 die Entscheidungen in Abhängigkeit von den in den letzten drei Runden gespielten Gesten aufzählt, entstehen 7-stellige Tupel d.h. eigene Entscheidung plus 3 eigene letzte Gesten plus 3 letzte Gesten des Gegners. Die theoretische Wahrscheinlichkeit bei Gleichverteilung, dass ein Tupel sich in der vorhandenen Datenmenge für 31 mehr als 3x wiederholt, ist 0.0126%. Tatsächlich haben sich ganze 4 verschiedene Tupel 4x wiederholt – ein Ereignis mit theoretischer Wahrscheinlichkeit von $2.52 * 10^{-14}$% bei echtem Zufall. Das Tupel {rock, {rock, paper, scissors}, {paper, rock, paper}} tauchte bei vier verschiedenen Probanden auf.

6.2.2 Typisches Verhalten in Spielen

Der Verlauf einer strategischen Interaktion menschlicher Spieler weicht von spieltheoretischen Vorhersagen ab. Diese Erkenntnis hat sich durch das im Rahmen dieser Arbeit durchgeführte Ken-Experiment signifikant bestätigt (Abschnitt 6.2.1). Die berichtete Art dieser Abweichung stimmt mit der schon im Abschnitt 2.3.3 der Literatur entnommenen überein.

Es ist wichtig zu bemerken, dass das menschliche strategische Verhalten nur in meisten Spielen und bei meisten Menschen von spieltheoretischen Vorhersagen abweicht. Natürlich können begabte bzw. trainierte Menschen in bestimmten Spielen erstaunliche Fähigkeiten entwickeln – sie entwickeln ein untypisches Verhalten, das sich vom typischen unterscheidet. Es gibt jedoch keine Menschen, die durch ihre kognitiven Fähigkeiten sich in allen Spielen entsprechend den spieltheoretischen Vorhersagen verhalten. Schachweltmeister sind nicht dafür bekannt auch außerordentlich gut Poker spielen zu können

6.2. OFFLINE-ANALYSE

und umgekehrt. Auch die in der Spieltheorie bewanderten Menschen können als menschliche Spieler von spieltheoretischen Vorhersagen abweichen [Cam03].

Die Anzahl der Spiele d.h. der Strukturen strategischer Interaktionen, in denen Menschen miteinander interagieren können, ist offensichtlich nicht begrenzt. Es kann nicht ausgeschlossen werden, dass ein Teil der Spiele sich wiederholt, sodass die Beteiligten Erfahrungen sammeln können. Die Menge der Spiele, bei denen man keine bzw. kaum Erfahrung hat, wird jedoch hier als die größere angenommen. Es konnte bisher kein Vorschlag gefunden werden, wie man diese Annahme prüfen könnte. In dieser Arbeit beschränkt man sich jedoch auf das typische menschliche Verhalten in Spiele ohne vorhergehende Erfahrung. Viele der hier untersuchten Varianten von Ken sind ungewohnt, aber auch „Papier, Stein, Schere" selbst ist kein Spiel, mit dessen Spielen die meisten Menschen große Erfahrung haben. Es geht kurz gefasst um die Frage: Was machen Menschen typischerweise, wenn sie in Spielen strategisch interagieren, in denen sie kaum Erfahrung haben? [Tag09d]

Falls der typische Verlauf einer strategischen Interaktion von Menschen nicht durch die Spieltheorie beschrieben werden kann, muss eine andere Lösung gefunden werden, um diese zu beschreiben. Um menschliches strategisches Verhalten in bestimmten Klassen von Spielen zu beschreiben, wurden viele Modelle entwickelt [PS08].

Es gibt bisher nur zwei Ansätze zur Entwicklung einer Beschreibungssprache für menschliches strategisches Verhalten. Das Unterkapitel 3.3 fasste diese beiden unabhängigen Ansätze zusammen. Es ist erstens die kognitive Architektur ACT-R, die dazu verwendet wurde, menschliches strategisches Verhalten unter Beachtung der Rahmenbedingungen aus der Psychologie zu beschreiben. Zweitens ist ein MAID-basierter Ansatz, wo man mit MAID sinnvolle Modelle menschlichen strategischen Verhaltens u.a. auch graphisch ausdrücken kann. Es konnte bisher leider noch keine Literatur über einen Vergleich der beiden Ansätze gefunden werden. Auch in dieser Arbeit wird keine eindeutige Präferenz festgelegt. Es wird dennoch ein dritter Weg (Abschnitt 6.2.4)vorgeschlagen.

Es kann den Leser irritieren, dass in dieser Dissertation eine Beschreibungssprache für menschliches strategisches Verhalten angestrebt wird, wo das menschliche Denken und Verhalten bisher von keinem technischen System simuliert werden kann. Deswegen beschränkt man sich eben auf das typische Verhalten. Typisches menschliches strategisches Verhalten ist im Gegensatz zum allgemeinen zu einem gewissen Grad beschreibbar, wie die entwickelten Modelle zeigen. Das Motiv für das Ausdrücken der Modelle in einer allgemeinen Sprache ist das gleiche, wie bei kognitiven Architekturen. Es soll ein

KAPITEL 6. BESCHREIBUNG STRATEGISCHEN VERHALTENS

allgemeines Format festgelegt werden, um die Modelle besser miteinander vergleichen zu können.

6.2.3 Modellspezifikation

Es gibt einen besonderen konzeptuellen Unterschied zwischen den beiden Ansätzen aus Unterkapitel 3.3. Es geht darum, ob man das menschliche strategische Verhalten eher als einen deterministischen oder eher als einen stochastischen Prozess betrachtet. Ebenso betrifft dieser Aspekt die Wahrnehmung des strategischen Verhaltens anderer und die Wahrnehmung der Wahrnehmung des eigenen Verhaltens. Das in ACT-R definierte Modell menschlichen strategischen Verhaltens ist deterministisch, außer im sehr seltenen Fall, dass gleichzeitig mehrere Chunks einen ähnlich hohen Aktivierungspegel besitzen. Nichtdeterministisches Verhalten von in ACT-R ausgedrückten Modellen kann tatsächlich entstehen, falls mehrere Regeln gleichzeitig einen erfüllbaren „WENN"-Teil haben bzw. falls mehrere Chunks als Kandidaten zur Auswahl stehen. Bei MAID werden die Entscheidungen der Agenten durch Wahrscheinlichkeitsverteilungen d.h. CPD ausgedrückt. Als Spezialfall kann man mit CPD auch deterministisches Verhalten definieren.

Die kognitiven Fähigkeiten der meisten Menschen reichen dazu nicht aus, eine echte Zufallsfolge zu einer bestimmten Wahrscheinlichkeitsverteilung bewusst produzieren zu können (Abschnitte 2.3.3 und 6.2.1). Daher ist eine Betrachtung menschlichen strategischen Verhaltens als nichtdeterministisch zu oberflächlich. Ferner nutzen Menschen oft bewusst deterministische Heuristiken wie z.B. die berühmt gewordenen 11-jährigen Zwillinge Flora und Alice Maclean – Das Auktionshaus Christie's gewann auf diese Weise den Wettbewerb gegen Sotheby's um den Millionenauftrag von Takashi Hashiyama:

> 'Everybody knows you always start with scissors. Rock is way too obvious, and scissors beats paper. Since they were beginners, scissors was definitely the safest.' [Vog05]

Falls mehrere Unsicherheiten vorhanden sind, die von echten Zufallsvariablen abhängen, muss das menschliche Verhalten nichtdeterministisch modelliert werden. Diese Art der Modellierung kann bei künstlichen Agenten genutzt werden, die mit Menschen interagieren. Folgendes Zitat drückt diesen Sachverhalt in anderen Worten aus:

6.2. OFFLINE-ANALYSE

Tabelle 6.3: Modellieren menschlichen Verhaltens mit Schwierigkeitsordnung gekennzeichnet durch die Anzahl der Sterne. Es wird entweder der Gewinn oder die Korrektheit maximiert.

	Typisches	Untypisches/ mit Erfahrung
Ohne Beteiligung (Korrektheit)	★	★★
Als Spieler (Gewinn)	★★	★★★

'Specifically, people are poor at being random and poor at learning optimal move probabilities because they are instead trying to detect and exploit sequential dependencies. ... After all, even if people do not process game information in the manner suggested by the game theory player model, it may still be the case that across time and across individuals, human game playing can legitimately be viewed as (pseudo) randomly emitting moves according to certain probabilities.' [RTW04]

Ob man das menschliche Verhalten als deterministisch oder als nichtdeterministisch modelliert, hängt auch von der Problemstellung ab. Für die Problemstellung gibt es genau zwei Arten – das Modellieren des Verlaufs ohne Beteiligung am Spiel oder als ein beteiligter künstlicher Agent d.h. als ein Spieler.

Beim Modellieren ohne Beteiligung (1) wird die Korrektheit der Vorhersage maximiert. Bei nichtdeterministischer Betrachtung ist es der Likelihood der Vorhersage, der maximiert wird. Beim Modellieren als Spieler (2) wird eigene Gewinn maximiert. Es ist trivial als Spieler die Korrektheit der eigenen Vorhersage zu maximieren [Tag08b]. Dafür reicht es, sein Verhalten so einzustellen, dass der menschliche Spieler leicht durch eine vorhersagbare Strategie seinen Gewinn maximieren kann. Die korrekte Vorhersage muss noch keine Konsequenzen im Verhalten des künstlichen Agenten bewirken. Das Maximieren des Gewinns auf der Grundlage einer Vorhersage des menschlichen Verhaltens ist innerhalb einer strategischer Interaktion komplexer, da die Reaktion des Menschen auf das veränderte Verhalten des künstlichen Agenten berücksichtigt werden muss. Tab.6.3 zeigt die hier vertretene Konzeptualisierung der Schwierigkeitsstufen des Modellierens menschlichen Verhaltens. Demnach ist es am aufwendigsten das Verhalten eines sehr guten Spielers z.B. eines Pokerspielers in Poker zur Gewinnmaximierung zu modellieren.

In der Situation als Spieler ist ein nichtdeterministisches Modell sinnvoll, da man den nächsten Zug des menschlichen Spielers nicht 100%-tig vorhersagen kann, jedoch für seine Entscheidung eine Schätzung der möglichen

KAPITEL 6. BESCHREIBUNG STRATEGISCHEN VERHALTENS

Konsequenzen benötigt. Anhand einer Verteilung über die möglichen Züge kann dann der beste eigene Zug bestimmt werden. Wenn z.b. die Verteilung {Schere:55%, Papier:40%, Stein:5%} für den Gegner in einer bestimmten Situation vorhergesagt wird, hat der Zug Schere den höchst erwarteten Gewinn und nicht Stein als beste Antwort auf den höchstwahrscheinlichen Zug Schere. Es gibt auch genügend Ansätze bei denen im Fall als Unbeteiligter ohne Gewinnmaximierung ein nichtdeterministisches Modell aufgestellt wird [RP95, MW08, z.B.]. Diese Vorgehensweise ist unter der Berücksichtigung der psychologischen Realitäten zu vorsichtig in Bezug auf Vorhersagen und daher oberflächlich – man kann schärfere Vorhersagen treffen.

In dieser Arbeit wird ausschließlich wie schon z.T. im Abschnitt 6.2.2 vorgegeben auf das Modellieren des einfachsten Falls der Tab.6.3 eingegangen. Dadurch entfällt die Notwendigkeit der Durchführung eines zweiten Experiments, wo künstliche Agenten gegen Menschen spielen. Es werden nur deterministische Modelle typischen Verhaltens evaluiert. Deterministisch sind sie, weil der Grad an Nichtdeterminismus im typischen menschlichen strategischen Verhalten als gering eingeschätzt wird.

6.2.4 Beschreibung deterministischer Modelle

Hier wird eine Methode vorgestellt, die das Finden optimaler Mittel für eine allgemeine Verhaltensbeschreibungssprache typischen menschlichen strategischen Verhaltens entsprechend der Spezifikation aus dem vorigen Abschnitt ermöglicht. Eine Aufstellung aufwendiger Annahmen über die Beschaffenheit interner Vorgänge wie bei anderen Ansätzen ist dabei nicht erforderlich. Dies erleichtert die Umstände für Forscher, bei denen eine fachliche Kompetenz in Psychologie als Grundlage für die detaillierte Modellierung interner kognitiver Vorgänge nicht ausreichend vorausgesetzt werden kann.

Die Annahmen aus den bereits entwickelten Modellen menschlichen strategischen Verhaltens werden generalisiert – eine menschliche Entscheidung hängt nicht nur vom Spiel, sondern auch von den Merkmalen der Vorgeschichte ab. Die Vorgeschichte bedeutet hier die bisher gemachten Züge. Die Merkmale der Vorgeschichte werden im Gegensatz zur Vorgeschichte als ein Konstrukt mit einer festen Größe definiert. Beispiele für solche Merkmale sind die Gewichte einzelner Chunks beim ACT-R-basierten Ansatz sowie die Verdienste der Spieler beim MAID-basierten Ansatz. Man sollte aber nicht die Merkmale z.B. mit dem Inhalt des Kurzzeitgedächtnisses eines menschlichen Spielers verwechseln. Merkmale können mehr Information beinhalten, was jedoch nicht umgekehrt gilt.

6.2. OFFLINE-ANALYSE

Das typische menschliche strategische Verhalten kann man als eine deterministische Funktion HD: Game × History → Decision definieren, die abhängig von einem Spiel und einer Vorgeschichte auf eine Entscheidung abbildet. HD steht für „human decision". Die Funktion HD^I ist ein Modell des Verhalten d.h. eine Näherung an HD. Es gibt eine Funktion S: History → Patterns, die zu einer Vorgeschichte eine Menge von Merkmalen liefert. S wird hier Merkmalsextraktion genannt. Es gilt $HD^I(G, H) = HD^{II}(G, S(H))$, wo G ein Spiel und H eine Vorgeschichte sind. Die Funktion HD^{II}: Game × Pattern → Decision beschreibt die Abhängigkeit einer Entscheidung von einem Spiel und Merkmalen.

Unter der Operation der Merkmalsextraktion S ist ein relativ einfacher Algorithmus zu verstehen. Daher untersucht man hier ausschließlich die Mittel für die Darstellung von HD^{II}. Diese Mittel können z.B. Entscheidungsbäume sein, mit deren Hilfe man das Verhalten definieren könnte. Man bezeichnet hier die Menge der Funktionen, die mit diesen Mittel darstellbar sind, als *Hypothesenraum* HS, wo jede Funktion eine Hypothese ist. Diese Begriffe stimmen mit dem Vokabular des *Data-Minings* [Mit97, WF05] überein. Beim Data-Mining handelt es sich kurz gefasst um Algorithmen, die in einem vordefinierten Hypothesenraum zu den vorhandenen Daten eine passende Hypothese finden. Eine Hypothese fasst die Regelmäßigkeiten der Daten zusammen. Dabei wird der Black-Box-Ansatz (interne Vorgänge nicht sichtbar) verfolgt – man konstruiert eine Hypothese anhand gesammelter Daten ohne Verwendung spezifischen Wissens.

Es gibt eine große Menge von Algorithmen, die in zugehörigen Hypothesenräumen die Hypothesenauswahl vornehmen. Zu den vorhandenen Daten können dadurch auch mehrere Hypothesen durch verschiedene Algorithmen konstruiert werden. Um die konstruierten Hypothesen in Bezug auf Korrektheit der Vorhersage des tatsächlichen menschlichen strategischen Verhaltens zu prüfen, muss eine weitere unabhängige Datenmenge herangezogen werden, an der die Hypothesen evaluiert werden. Die erste Datenmenge wird als Trainingsmenge und die zweite als *Testmenge* bezeichnet. Die Testmenge ist notwendig, um festzustellen, ob die in der *Trainingsmenge* gefundenen Regelmäßigkeit den tatsächlichen entsprechen. Bei einer begrenzten Datenmenge nutzt man das Verfahren *Cross-Validation*, bei dem man die Daten in x gleiche Teile teilt. Jedes einzelne Teil wird jeweils einmal als Testmenge verwendet, wobei die Daten exklusive diese Testmenge die Trainingsmenge sind. Falls man annimmt, dass die Algorithmen im Finden der bestpassenden Hypothesen in den jeweiligen Hypothesenräumen im Schnitt gleich gut sind, wird die Hypothese mit dem bestpassenden Hypothesenraum die höchste Korrektheit beim Cross-Validation haben.

KAPITEL 6. BESCHREIBUNG STRATEGISCHEN VERHALTENS

Tabelle 6.4: Konfusionsmatrix für die Vorhersage des Antwortenden aus dem Spiel Colored-Trails im Cross-Validation beim Erlernen einer Entscheindungstabelle. Die angegebenen Häufigkeiten sind absolut.

Tatsächlich\Vorhersage	Annahme	Ablehnung
Annahme	121	0
Ablehnung	17	233

$$\widehat{\mathrm{HS}}(G,S) = \arg\max_{\mathrm{HS}}(\max_{\mathrm{HD}^{II} \in \mathrm{HS}}(\mathrm{match}(\mathrm{HD}(G,H), \mathrm{HD}^{II}(G,S(H))))) \quad (6.1)$$

Gl.6.1 fasst diese Vorgehensweise zusammen. Die Funktion *match* ist die Performance im Cross-Validation. Die Data-Mining-Algorithmen maximieren diese Performance und der Hypothesenraum $\widehat{\mathrm{HS}}(G,S)$ ist am besten geeignet Mittel für eine Verhaltensbeschreibungssprache zu liefern bei einem gegebenen Spiel G und einer Merkmalsextraktion S. Falls ein Hypothesenraum bei mehreren Spielen eine hohe Performance gezeigt hat, kann man aus ihm Mittel für eine allgemeine Verhaltensbeschreibungssprache ableiten.

6.2.5 Evaluationsergebnisse

Die vorgeschlagene Methode zur Findung geeigneter Mittel zur Verhaltensbeschreibung wurde an zwei Datensätzen evaluiert. Der erste Datensatz stammt aus zwei extern durchgeführten Colored-Trails-Experimenten. Diese Daten sind freundlicherweise von Avi Pfeffer und Kobi Gal bereitgestellt worden. Colored-Trails ist im Abschnitt 3.3.2 beschrieben. Bei diesem Datensatz wurden Hypothesen zum Verhalten des Antwortenden gesucht. Die Entscheidung des Antwortenden ist binär und es gab insgesamt 371 Fälle, bei denen zu beantwortende Vorschläge gemacht wurden.

Als relevante Merkmale für die Entscheidung des Antwortenden wurden die absoluten Differenzen der Auszahlungen der beiden Spieler genommen, die bei der Annahme des Vorschlags entstehen würden. Es wurden 35 Algorithmen der Weka-Bibliothek [WF05] im Cross-Validation ausprobiert. Als die Zahl der Untermengen im Cross-Validation wurde 10 genommen. Einige Algorithmen erreichten die Korrektheit von bis zu 95.42 %. Einer dieser Algorithmen basiert auf Entscheindungstabellen [Koh95]. Man kann mit diesem Algorithmus feststellen, dass 95.15 % der Entscheidungen folgende Faust-Regel erfüllen:

'Falls das Annehmen des Angebots deine Auszahlung nicht verändert und die Auszahlung des Vorschlagenden nicht verbessert, lehne es ab!'

6.2. OFFLINE-ANALYSE

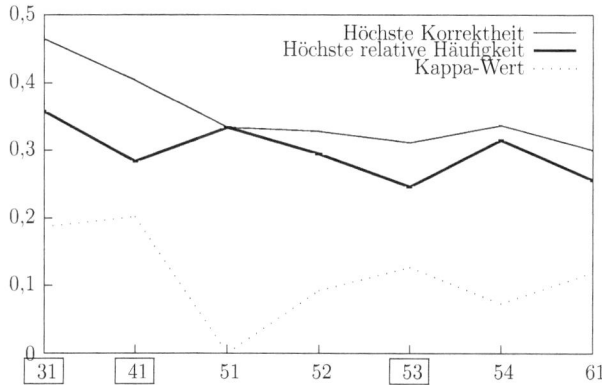

Abbildung 6.5: Maximale durchschnittliche Korrektheit beim Cross-Validation [Tag09b]. Auf der X-Achse sind die Nummern der evaluierten Spiele aus dem Ken-Experiment aufgeführt. In Kästen stehen Spiele mit einem signifikant hohen Abstand zwischen höchster Korrektheit und höchster relativer Häufigkeit.

Das verbale Ausdrücken der gefundenen Hypothese ist relativ trivial, da die Entscheidungstabellen ein symbolischer Hypothesenraum sind. Tab.6.4 ist die *Konfusionsmatrix* im Cross-Validation des auf Entscheidungstabellen basierten Algorithmus. Eine Konfusionsmatrix enthält die Häufigkeiten einzelner Wertepaare d.h. tatsächlicher und vorhergesagter Wert. Es gab nur 17 Ablehnungen, die als Annahmen vorhergesagt wurden. Der *Kappa-Wert*, der kurzgefasst den Grad ($\in [0,1]$) an statistischer Übereinstimmung zwischen Vorhersagen und tatsächlichen Werten misst, lässt sich anhand dieser Tabelle als gleich 0.899 angeben. Dieses Ergebnis bedeutet, dass für das Beschreiben des typischen menschlichen strategischen Verhaltens des Antwortenden in Colored-Trails symbolische Regeln als Sprache durchaus ausreichen.

Der zweite untersuchte Datensatz stammt aus dem vorher beschriebenen und durchgeführten Ken-Experiment (Abschnitt 6.1.2). Hier wurden als relevante Merkmale die letzten drei gespielten Gestenpaare d.h. eigene und gegnerische Gesten genommen. Die ersten drei Runden bei jedem Spielwechsel konnten wegen Fehlens der drei vorhergehenden Runden nicht verwendet werden, wodurch die Datenmenge für Spiele von 31 bis 54 nur 540 und beim Spiel 61 nur 340 einzelne Entscheidungen beinhaltete. An diesem Da-

KAPITEL 6. BESCHREIBUNG STRATEGISCHEN VERHALTENS

tensatz d.h. in allen 7 Spielen wurden auch mehrere Algorithmen aus der Weka-Bibliothek evaluiert. Die Anzahl der evaluierten Algorithmen war 45 und die Anzahl der Untermengen im Cross-Validation 10. Es wurden alle vorhandenen Algorithmen evaluiert, die *multinominale* Wertemenge wie die Gestenmengen akzeptierten. Diese Algorithmen haben Hypothesenräume verschiedener Gruppen – Regeln, Entscheidungsbäume, Bayesnetze, Funktionen, Instanzen und Sonstige.

Es gibt keinen Algorithmus, der für alle Spiele die bestpassende Hypothese finden konnte. Abb.6.5 zeigt die besten Resultate für jedes Spiel in grafischer Form. Die fette Linie zeigt die höchste relative Häufigkeit der beteiligten Gesten, wobei die Werte dieser relativen Häufigkeiten von den Werten in Abb.6.4 abweichen, da die ersten drei Runden ausgelassen wurden. Eine sinnvolle Hypothese deterministischen Verhaltens muss deutlich höhere Korrektheit erbringen, als die höchste relative Häufigkeit, die man als höchste Wahrscheinlichkeit in einer Wahrscheinlichkeitsverteilung darstellen kann. Die dünne Linie steht für die höchste gemessene Korrektheit beim Cross-Validation. Bei „Papier, Stein, Schere" beträgt sie 46.48 % für SMO [KSBM01]. Weitere Spiele mit einem signifikant hohen Abstand der höchsten Korrektheit zur höchsten relativen Häufigkeit sind 41 mit Logistik (multinomial logistic regression) [lv92] und 53 mit Bayesnetzen.

Wie man in der Abb.6.5 sieht, konnte im Spiel 51 kein Algorithmus eine Hypothese finden, die besser wäre als „stets Feuer". Da „stets Feuer" von der tatsächlichen Entscheidung unabhängig ist, ist der durch die gestrichelte Linie dargestellte Kappa-Wert hierfür hierfür gleich 0. Die Vergrößerung und Verkleinerung der als Merkmale verwendeten Menge der letzten Runden verbessert die Resultate nicht. 43.15 % der Entscheidungen aus dem Spiel 31 passen nach OneR (eine einzige Regel suchen) in die Regel:

'Wähle Papier nach Stein, Schere nach Papier und Stein nach Schere!'

Zur Bestimmung des bestgeeigneten Algorithmus d.h. auch des entsprechenden Hypothesenraums für alle Spiele aus dem Ken-Experiment wurden zwei Kriterien verwendet. Diese Kriterien sind die Korrektheit und der Kappa-Wert. Bei SMO hat die Korrektheit die höchste minimale Differenz zur Wahrscheinlichkeit bei Gleichverteilung. Die Wahrscheinlichkeit bei Gleichverteilung ist eins geteilt durch die Anzahl der Gesten. Bei SL (simple logistic) [LHF05] hat die Korrektheit die höchste durchschnittliche Differenz zur Gleichverteilung. Den höchsten minimalen Kappa-Wert erreicht VFI [DG97] und den höchsten durchschnittlichen Kappa-Wert erreicht Logistik. Abb.6.6 zeigt die erreichten Korrektheiten dieser Algorithmen. Zusätzlich ist auch OneR [Hol93] zum Vergleich abgebildet. Hier wird deutlich, dass die Funktionen als

6.2. OFFLINE-ANALYSE

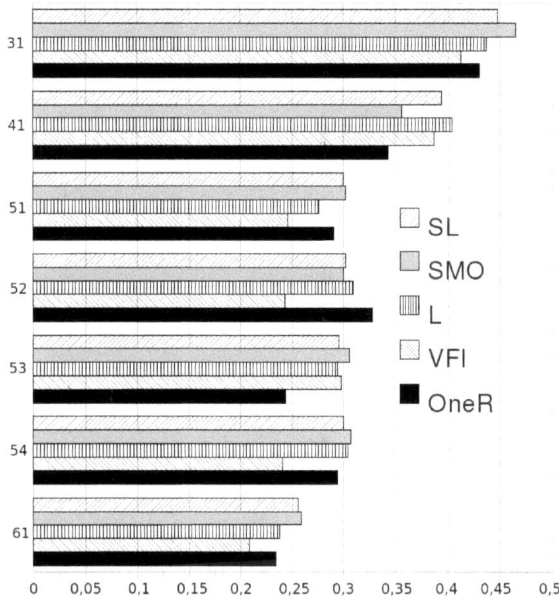

Abbildung 6.6: Ausgewählte Data-Mining-Methoden auf den Daten aus dem Ken-Experiment [Tag09b]. Auf der Y-Achse sind die Nummern der evaluierten Spiele aufgeführt. L ist Logistik.

subsymbolische Hypothesenräume der Algorithmen SMO, SL und Logistik bei Ken bei den besseren Durchschnittsergebnisse überwiegen.

Leider wurde bei der Evaluation noch nicht deutlich ob man das typische menschliche strategische Verhalten in allen Spielen generell allein symbolisch beschreiben kann. Ferner fallen die deutlich schlechteren Ergebnisse für den Ken-Datensatz auf. Dies offenbart womöglich einen Schwachpunkt des Vorgehens und zwar die Auswahl einer sinnvollen Merkmalsextraktion. Dennoch waren einige Vorhersagen signifikant korrekt und es konnten automatisch verhaltensbeschreibende Regeln generiert werden.

Kapitel 7

Resümee

7.1 Ergebnisse

Bevor die Ergebnisse dieser Arbeit aus den drei Kernkapitel in den nächsten drei Unterkapiteln zusammengefasst werden, werden hier einige Besonderheiten bei der Literaturausarbeitung d.h. in den Kapiteln 2 und 3 aufgeführt.

Im Kapitel 2 wurde der Begriff der Rationalität aus den Perspektiven der drei Disziplinen Multiagentensysteme, Spieltheorie und Psychologie integrierend beschrieben. In den Multiagentensystemen ist Rationalität die Grundlage für das Entscheiden. In der Spieltheorie werden mit der Annahme der Rationalität Vorhersagen getroffen. Gleichzeitig kann menschliches Verhalten in der Psychologie nicht immer als rational modelliert werden.

Es wurden mehrere unabhängige Arbeiten im Kapitel 2 mit einander verglichen, die vorher in keiner bekannten Abhandlung zusammen referenziert wurden. Dazu gehören die Spielbeschreibungssprachen Gala und GDL. Die Ähnlichkeit zwischen z-Tree und GDL-Server wurde mit dem eingeführten Begriff der Spielinfrastruktur aufgezeigt. Bayesnetze und ACT-R – die beiden zum Beschreiben menschlichen strategischen Verhaltens angewendeten Ansätze wurden ebenfalls miteinander in Beziehung gesetzt.

Man konnte auch sehen, dass die drei Unterkapiteln von 2 miteinander inhaltlich verbunden sind, wie z.b. Spielbeschreibungssprachen mit Spielinfrastrukturen (GDL und GDL-Server) und Spielbeschreibungssprachen mit Verhaltensbeschreibungen (MAID und MAID-basierte Ansätze).

7.1. ERGEBNISSE

7.1.1 Spielbeschreibungssprachen

Es wurde das Thema der Entwicklung einer Spielbeschreibungssprache im Unterkapitel 4.1 mit einer ganzheitlicheren Motivation als bisher definiert. Danach wurde die Bedeutung der Zeit in strategischen Interaktionen beschrieben sowie ein neuer Formalismus TEFG vorgestellt, der eine Erweiterung der extensiven Form um die diskrete Zeit darstellt. Es wurden neue Begriffe wie z.b. perfektes zeitliches Erinnerungsvermögen eingeführt.

In den Unterkapiteln 4.3 und 4.4 wurden die entwickelten Sprachen PNSI und SIDL2.0 beschrieben. Beide Sprachen lassen sich in einer Spielverwaltung verwenden. Zu einer Spielbeschreibung in der Sprache PNSI kann ein TEFG generiert werden. Die Sprache SIDL2.0 kann Spiele kompakter darstellen, dennoch ist die Berechnung eines Zustandsübergangs in SIDL2.0 unentscheidbar und keine grafische Darstellung möglich. Zu beiden Sprachen existieren Implementationen.

7.1.2 Spielimplementation

Im Unterkapitel 5.1 wurden die Konzepte einer Spielrealisierung diskutiert. Die Ergebnisse dieser Diskussion wurden zur Konstruktion einer künstlichen Spielrealisierung d.h. einer Spielimplementation von Spielen bei imperfekter Information verwendet.

Als eine fortschrittliche Lösung wurde das FRAMASI-Protokoll für ein Multiagentensystem vorgeschlagen. Das FRAMASI-Protokoll ist zwar unabhängig, lässt sich jedoch mit den zuvor entwickelten Spielbeschreibungssprachen kombinieren. Das so konstruierte System wurde am Ken-Experiment erfolgreich getestet.

7.1.3 Verhaltensbeschreibung

Mit dem Ken-Experiment wurde nicht nur das System getestet, sondern es wurden auch Daten menschlichen strategischen Verhaltens entsprechend einschlägiger wissenschaftlicher Standards gesammelt. Diese Daten wiesen die in der Literatur erwähnten Besonderheiten des menschlichen strategischen Verhaltens auf. Die Ergebnisse der Auswertung des Fragebogens konnten in Verbindung mit diesen Besonderheiten gesetzt werden.

Als Beitrag zur Entwicklung einer Sprache zum Beschreiben typischen menschlichen strategischen Verhaltens wurde das Analysieren der Daten mit Hilfe von Data-Mining nach deterministischen Entscheidungsabhängigkeiten

KAPITEL 7. RESÜMEE

vorgeschlagen. Das Testen dieser Methode an eigenen und externen Daten lieferte ein vielversprechendes Ergebnis.

7.2 Ausblick

Die Liste der möglichen künftigen Themen in den drei Teilbereichen und deren Kombinationen ist lang. Es sind die Weiterentwicklung der Spielbeschreibungssprache, die Verfeinerungen an den Spielinfrastrukturen und die Entwicklung einer Verhaltensbeschreibungssprache. Hier werden nicht alle diese Themen erwähnt. Es werden in den nächsten Unterkapitel nur die aus der Sicht des Autors innovativsten Themen erwähnt.

7.2.1 Datenbank strategischen Verhaltens

Es wurde in dieser Arbeit erwähnt, dass ein Teil der verwendeten Daten von einer externen Arbeitsgruppe zut Verfügung gestellt wurde. Es gibt eine soziale Norm, dass Forscher Daten anderer Forscher zu den durchgeführten Experimenten aus wissenschaftlichen Publikationen bekommen können [Gä09].

Eine sinnvolle Lösung zum Austausch der Daten wäre eine spezielle Infrastruktur mit einer strikten Formatierung der Daten [Gä09]. Es gibt tatsächlich schon eine solche Infrastruktur *ExLab* (`exlab.bus.ucf.edu/`) d.h. ein Portal jedoch ohne strikte Formatierung, auf dem Forscher ihre Daten zum menschlichen Verhalten austauschen können. Zum Zeitpunkt der Suche beinhaltete dieses Portal noch keine Daten zum strategischen Verhalten.

Eine mögliche Formatierung kann schon angegeben werden – die meisten Experimente wurden mit Hilfe von z-Tree durchgeführt, sodass zugehörige Spielbeschreibungen in z-Tree-Sprache existieren, mit deren Hilfe man Experimente wiederholen kann. Die Formatierung einer Datenbank strategischen Verhaltens muss von der Spielbeschreibungssprache abhängen, in der die jeweiligen Experimente durchgeführt wurden und die z-Tree-Sprache ist keine endgültige Lösung dafür.

7.2.2 Verbalisierung strategischen Verhaltens

Neben der Beschreibung des typischen menschlichen strategischen Verhaltens gibt es auch einen Bedarf an der natürlichsprachlichen Verbalisierung. Durch eine solche Verbalisierung könnte man leichter über das Verhalten argumentieren. In dieser Arbeit wurde das Verhalten des Antwortenden in Colored-Trails manuell verbalisiert. Es gibt aber schon einen Ansatz das Verhalten automatisch zu verbalisieren [AP09].

In dem genannten Ansatz wurde aber noch nicht geklärt, ob jedes typische menschliche strategische Verhalten sich sinnvoll verbalisieren lässt. Falls z.B. das Verhalten am besten durch eine Funktion modelliert werden kann, ist es nicht möglich. Für diese Fälle wäre eine subsymbolische Darstellung d.h. eine Visualisierung (*Strategographie*) bzw. eine Sonifikation (*Strategophonie*) sinnvoll [Tag09b].

7.2.3 Doppelte Tauschauktion

Es wurden in dieser Arbeit bisher nur Spiele mit einer vorher festgelegten Anzahl von Spielern betrachtet. Ohne eine notwendige Festlegung der Anzahl der Spieler sind die Spiele bei unvollständiger Information. Zu diesen nicht betrachteten Spielen gehören **Auktionen**.

Es gibt genügend Literatur zu Auktionen, bei denen Angebote einen monitären Wert haben. Eine Arbeit [Özt05], die bei den Auktionen auch den Tauschhandel einbezieht, betrachtet Auktionen beim Autoumtauschen. Die Autos haben je nach Käufer einen unterschiedlich hohen subjektiven Preis. Es gibt aber Bereiche im sozialen Leben, in denen Geld keine Rolle spielt, die dennoch eine den **Auktionen** ähnliche Struktur aufweisen. Dazu gehört das Knüpfen bilateraler **Koope**rationen wie z.B. Freundschaften, wissenschaftliche Zusammenarbeit und sexuelle Beziehungen. Aber auch in den Multiagentensystemen (Computerprogramme) kann man sich leicht Fälle bilateraler Kooperation vorstellen, bei denen unter mehreren Möglichkeiten ausgewählt werden muss und eine Monetarisierung nicht sinnvoll ist.

Es gibt einige Ansätze zur Modellierung nichtmonetärer sozialer Interaktionen. Dazu gehören z.B. das *Solidaritätsspiel* [Heg04] und das Betrachten einer Ehe als „*mixed motive game*" [BS73]. Dann gibt es enorme Literatur über Paarbildung von Agenten zweier disjunkter Arten [Ada03, z.B.]. die spieltheoretischen Betrachtungen Hier wird die *doppelte Tauschauktion* (barter double auction) [Tag09h, TK09] als ein Modell für das Knüpfen bilateraler nichtmonetärer Kooperationen vorgeschlagen. Jeder Agent hat ein Angebot und einen Bedarf. Ein Agent A tauscht sein Angebot nicht gegen Geld, sondern befriedigt den **Bedarf** eines anderen Agenten B, während B wiederum den Bedarf von A befriedigt. Bedarf und Angebot sind beide mehrdimensionale (hier nur zwei **Dimensionen**) Vektoren. Der Grad an Befriedigung eines Agenten kann zwischen 0% und 100% liegen und kann z.B. als umgekehrt

KAPITEL 7. RESÜMEE

Abbildung 7.1: 2-dimensionale Darstellung eines Agenten mit einem Bedarf und einem Angebot zwei Punkte auf der Ebene, die über eine Linie verbunden sind [TK09].

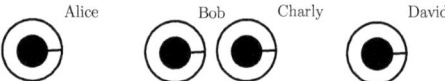

Abbildung 7.2: Partnersuche für das Wippen [TK09]. Bei jedem der Agenten gleicht das Angebot dem Bedarf. Der Abstand zwischen den Agenten ist wichtig.

proportional zum euklidischen Abstand zwischen den beiden Vektoren definiert werden.
    Abb.7.1 zeigt die Darstellung eines Agenten in doppelter Tauschauktion. Man kann sich ein sehr einfaches Beispiel vorstellen und zwar das Wippen (Abb.7.2). Jedes der Kinder hat ein bestimmtes Gewicht als Angebot und braucht ein genauso schweres Kind als Partner. Die Kinder **Bob** und **Charly** liegen nah beieinander und würden sich für eine Kooperation entscheiden. Die Kinder **Alice** und **David** werden erheblich weniger Vorteile durch eine Kooperation erreichen. Falls **Bob** sich für **Alice** und **Charly** sich für **David** entscheiden, reduzieren **Bob** und **Charly** eigene Vorteile und erhöhen die Vorteile von **Alice** und **David**. Abb.7.3 zeigt einen Fall, wo nicht jeder Agent das bevorzugte Angebot bekommen kann, weil man sonst zu keiner Einigung kommt. Hier ist es sinnvoll für die Agenten das Zweitbeste zu nehmen – **Alice** entscheidet sich für **Charly** und **Bob** entscheidet sich für **David**.
    Wie man sieht, ist das strategische Verhalten in der doppelten Tauschauktion schon bei einfachsten Beispielen nicht trivial. Die Berechnung der Gleichgewichte von Fällen mit einer großen Anzahl von beteiligten Agenten ist wegen der Berechnungsaufwände nicht sinnvoll. Außerdem entscheidet jeder Agent für sich und möglicherweise suboptimal. Hier ist es interessant die Auswirkungen menschlicher Verhaltenweisenden in der Multiagentensimulation zu erforschen.

7.2. AUSBLICK

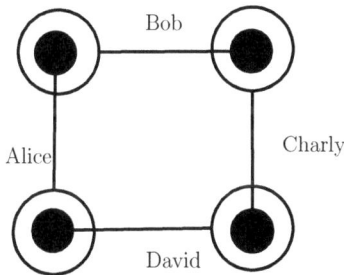

Abbildung 7.3: Ein Beispiel [TK09] mit vier Agenten. Die Darstellungsart ist hier entsprechend Abb.7.1.

KAPITEL 7. RESÜMEE

Akronyme

ACE Agent-based Computational Economics. 59, 116

ACL Agent Communication Language. 17, 118

ACT-R Adaptive Control of Thought – Rational. 61, 134, 143

AID Agent-Identifier. 119

AMS Agent Management System. 17

CPD Conditional Probability Distribution. 46, 67, 135

DDM Double Description Method. 31

DF Directory Facilitator. 17, 119

FIPA Foundation for Intelligent Physical Agents. 17, 117

FRAMASI FRAmework for MAnagement of Strategic Interactions; [ˈfreɪːməzi]. 116, 125, 144

Gala GAme LAnguage. 48, 71, 84, 101, 143

GDL Game Description Language. 52, 58, 70, 83, 101, 114, 120, 143

GGMA General Game Management Agent. 120

GPS General Problem Solver. 71

JADE Java Agent Development Environment. 17, 117

JSON JavaScript Object Notation. 88

KIF Knowledge Interchange Format. 54

Akronyme

LP-Solver Linear Program Solver. 49

MAID Multi-Agent Influence Diagram. 43, 46, 64, 72, 134, 143

MSE Mixed Strategy Equilibrium. 39, 131

NID Network of Influence Diagrams. 64

noop no operation. 54

PDDL Planning Domain Definition Language. 101

PNSI Petri Nets for Strategic Interaction; [ˈpɛnˈzaɪ]. 82, 102, 122, 144

RAND Research ANd Development. 21

RMM Recursive Modelling Method. 65

SC00029 fipa.org/specs/fipa00029/. 119

SCL Symmetric Chess-Like. 52

SIDL Strategic Interaction Definition Language; [ˈzaɪdɛl]. 101, 122, 144

SMO Sequential Minimal Optimalization. 141

STRIPS STanford Research Institute Problem Solver. 101

TEFG Timed Extensive Form Game. 75, 83, 104, 144

ToM Theory of Mind. 35

VFI Voting Feature Intervals. 141

Weka Waikato Environment for Knowledge Analysis. 139

YAML YAML™, Yet Another Markup Language. 88

z-Tree Zürich Toolbox for Ready-made Economic Experiments. 58, 143

Glossar

Agentenkommunikationsprotokoll Agent Communication Protocol; Eine festgelegte Abfolge der auszutauschenden Nachrichten zwischen mehreren Agenten zum Erreichen vorgegebener Ergebnisse. 17, 20

Aktionsgraphenspiel Action graph game. 43, 127

Auslastungsspiel Congestion game. 43, 72

Auszahlungsfunktion Payoff function; auch Nutzenfunktion (utility function); Zuweisung von Zahlenwerten entsprechend dem Grad der Präferenz. 15, 23, 45, 84

Bayesnetz Nach Thomas Bayes. 46, 72, 140

Bimatrix Eine Matrix vom Rang $n \times m \times 2$. 24

Cheap-Talk Kommunikation zwischen den Spielern, die keine Kosten verursacht d.h. eine neutrale Wirkung auf die Auszahlung hat. 118

Chicken *Spiel.* 6, 113

Chronon Zeitquantum; auch in der Quantenphysik verwendeter Begriff. 75, 86, 104, 122

Colored-Trails *Spiel.* 65, 139, 146

Cross-Validation Bei diesem Verfahren wird eine Datenmenge in $x \in \mathbb{N}$ Teile gespalten. Jeder dieser Teile wird jeweils einmal als Testmenge verwendet, während der Rest als Trainingsmenge. 138

Data-Mining Algorithmen für die Suche von Gesetzmäßigkeiten in Daten. 138

Datenbank Strukturiert gespeicherte Daten. 54, 58, 92, 118, 145

Glossar

Differentialspiele Differential games; Durch Differential- & Integralgleichungen dargestellte formale Strukturen strategischer Interaktionen. 21, 73

Dominanzanalyse Es ist die Eliminierung dominierter Strategien bei einem Spiel in Normalform. Eine dominierte Strategie ist gegen keine andere Strategie vorteilhaft und wird von rationalen Spielern nicht ausgewählt. 31

epistemische Logik Epistemic logic. 32

extensiv Extensive; Eine dem Spielbaum aus der Künstlichen Intelligenz ähnliche Beschreibung eines Spiels, bei der im Gegensatz zur Normalform die Reihenfolge der Handlungen beachtet wird. 22, 41, 43, 58, 68

Forschungsinfrastruktur Gemeinsame Formate und Werkzeuge interdisziplinärer Forschung. Durch eine Forschungsinfrastruktur wird das wiederholte Umformatieren der Konzepte, der Sachverhalte und der Daten aus einer Disziplin vermieden. 7, 9, 68

GAMBIT Software Tools for Game Theory. 32, 48, 58, 69, 96

Gameserver Netzwerkfähiges Program zum Verwalten eines Spiels. 58, 120

Gefangenendilemma Prisoner's dilemma; *Spiel*. 21, 83, 114, 118

Gegenseitigkeit Reciprocity; Ein Phänomen menschlichen Sozialverhaltens. 66

gemeinsames Wissen Common knowledge; Das Wissen, das jeder weiß und jeder weiß, dass jeder es weiß und dass jeder weiß, dass jeder es weiß und so in unendlicher Selbstwiederholung. 19, 33, 112

gemischte Erweiterung Mixed extension. 23

gemischte Strategie Mixed strategy; Eine Verteilung über einen Strategieraum. 23

Gosukumi-Ken *Spiel*. 5

Graphenspiel Graph game. 43, 72

Großer-Kleiner-Affe Big monkey and little monkey; *Spiel*. 114

Glossar

Homo Economicus Das ist ein Menschenbild, bei dem nur die individualistische Nutzensmaximierung im Vorgergrund steht. Konzepte wie Gegenseitigkeit und Altruismus werden ausgeblendet. 37

Hot-Seat Eine Schnittstelle zu einem Computersystem wird während eines Spiels von mehreren Personen abwechseln benutzt. 57

Hypothesenraum Menge der möglichen Hypothesen zur Vorhersage von Ereignissen. 138

imperfekt Imperfect; Imperfekte Information ist nicht zu verwechseln mit unvollständiger Information und bedeutet ausschließlich Unsicherheit über die zuvor gemachten Züge der Spieler bzw. der Natur. 25, 38, 48, 72, 74, 116

Informationsmenge Information set; Eine Menge von Wurzelpfaden in einem extensiven Spiel, die für einen Spieler bei seiner Entscheidung nicht unterscheidbar sind. 26, 78

Irrationalität Das Verhalten eines Agenten, dessen Betrachtung als rational und dessen darauf basierende Vorhersage scheitern, wird als irrational bezeichnet. 36

Kampf-der-Geschlechter Battle of sexes; *Spiel*; Dieses Spiel ist nach einer dazu beschriebenen realen strategischen Interaktion benannt worden, in der ein Paar darum streitet, ob sie ins Theater oder auf einen Baseball-Match gehen. 5, 25, 41, 114

Kappa-Wert Dieses statistische Mass ist gleich 0, falls die Wahrscheinlichkeitsverteilung der Vorhersagen einer Hypothese unabhängig von den tatsächlich eintretenden Ereignissen ist. Bei stets korrekten Vorhersagen ist der Kappa-Wert gleich 1. 139

Ken *Spiel*. 5, 123, 126, 133

Koalition Eine Menge von Spielern, die sich auf eine bestimmte Verhaltensweise bindend abgesprochen haben. 19

kognitive Architektur Cognitive architecture; Dieser Ansatz ist erstmals vorgeschlagen von Allen Newell [New73]. 60, 134

kompakt $\approx$ succinct; $\neq$ kompakt (Mathematik); Eine kompakte Spielbeschreibung hat minimale spezifische Größe. 43, 68, 98, 108, 127, 144

Glossar

Konfusionsmatrix Die Spalten dieser Matrix sind die Vorhersagen und die Zeilen die tatsächlich eintretende Ereignisse. Ein Eintrag ist die Anzahl der Fälle. 139

Koordination Koordinierte Auswahl von Strategien bei Spielen in Normalform. 39, 61

lineares Programmieren Linear programming; Lösen von linearen Ungleichungssystemen. 31

Lokaleffektspiel Local effect game. 43, 72

Matrixspiel Matrix game; Spiele in Normalform mit einer Auszahlungsmatrix. 38, 126

Mechanismusentwurf Mechanism design; Es ist das Erstellen von Spielregeln mit dem Ziel, dass die beteiligten Agenten ein vorgegebenes Verhalten zeigen. 20, 69, 116

Muddy-children-puzzle Muddy children puzzle; *Spiel*; Das ursprüngliche Beispiel ist Wisemen-puzzle [Lit53, S. 3–4]. Ein anderes ähnliches Beispiel ist Women-of-sevitan [Gin00, S. 53] usw.. 34, 107

multinominal Bei einer multinominalen Menge existiert keine Ordnungsoperation über den Inhalt. 140

Mörderischer-Autofahrer-Problem Homicidal chauffeur problem; *Spiel*. 22

Nash-Gleichgewicht Nash equilibrium; nach John Nash, Nobelpreisträger für Wirtschaftswissenschaften 1994 (zusammen mit John Harsanyi und Reinhard Selten). 23, 32, 44

Natur Als Natur wird der Zufall in einem Spiel bezeichnet. Die Wahrscheinlichkeitsverteilung des Zufalls ist vordefiniert. Die Natur kann auch als ein „Spieler" gesehen werden, da es Züge ausführt. 25, 51, 72, 77, 90, 104

Nim *Spiel*. 49, 86, 106

Normalform Normal form; = strategische Form. 22, 38, 43, 58, 65, 68, 74, 127

Glossar

Nullsummenspiel Zero sum game; Die Summe der Auszahlungen ist für jeden Ausgang die gleiche. Es kann auch als Konstantsummenspiel bezeichnet werden – was der eine Spieler verliert, gewinnen die anderen. 28, 39, 46, 75, 126

Ontologie Ontology; Formale Darstellung von Wissen – Konzepte und Beziehungen zwischen denen. 17, 119

perfektes Erinnerungsvermögen Perfect recall; Perfektes Erinnerungsvermögen eines Spielers bedeutet, dass er keinen seiner bisherigen Züge und der von ihm wahrgenommenen Züge anderer Spieler und Natur vergisst. 26

perfektes zeitliches Erinnerungsvermögen Perfect timed recall; Wurzelpfade unterschiedlicher Dauer werden nie verwechselt. 80, 144

Petrinetz Nach Carl Adam Petri. 72, 82, 102

Poker *Spiel*. 35, 54, 71, 115, 133

Polymatrixapproximation Polymatrix approximation; Ein Verfahren zur Berechnung von Nash-Gleichgewichten in einer hochdimensionalen Matrix durch Approximation als eine Menge von niedrigdimensionale Matrizen. 31

Protokoll *Siehe* Agentenkommunikationsprotokoll. 119, 144

Proxy-Agenten Menschengesteuerte Agenten. 57, 123

Präferenzordnung Rangordnung nach subjektiver Präferenz. 15, 22, 47, 111

pure Strategie Pure strategy; Auswahl einer einzigen Strategie aus einem Strategieraum. 23, 43

Rationalität Rationalität ist das stete Treffen und Ausführen rationaler Entscheidungen. Eine rationale Entscheidung ist die Wahl der Handlungen mit den nach subjektiver Einschätzung durch den Entscheider meist bevorzugten Konsequenzen. 8, 15, 18, 33, 36, 112, 143

Rolle Repräsentation eines Spielers in der Spielverwaltung. 119

Rollenbesetzungsproblem Role assignment problem. 118

Glossar

Rückwärtsinduktion Backward induction. 28

Schach *Spiel*. 29, 35, 51, 68, 108, 115, 133

Schalter Eine Menge von Zügen eines Spielers, von denen keine zwei gleichzeitig ausgeführt werden können. 84, 104

sequenzielle Form Sequenzielle Form ist eine Darstellung eines extensiven Spiels für zwei Spieler bei imperfekter Information zur Berechnung der Gleichgewichte ohne die übliche Transformation in die Normalform. 43, 45, 72

simpliziale Unterteilung Simplicial subdivision. 31

Spiel Game; Formale Struktur einer strategischen Interaktion. 4, 18, 32, 57, 68, 74, 83, 101, 111, 131, 144

Spieler Ein Spieler ist ein rationaler Agent, der innerhalb eines Spiel strategisch interagiert. 6, 14, 18, 33, 43, 56, 64, 73, 102, 112, 118, 126, 133, 146

Spielimplementation Eine Spielrealisierung innerhalb eines Computersystems mit wahlweise menschlichen Spielern. 56, 90, 111, 116, 144

Spielinfrastruktur Spielimplementation ohne die spiellösende Komponente. 56, 111, 143

Spielpetrinetz Game Petri net. 72, 83

Spielrealisierung Eine reale strategische Interaktion, die als ein konkretes Spiel formalisiert werden kann. 13, 111, 124, 129, 144

Spielverwaltung Game management; Implementation der Spielregeln. 11, 56, 69, 90, 108, 117

Strategie Nach der deutschsprachigen Terminologie in [BEG04, HI96]; Eine wählbare Verhaltensweise oder einmalige Aktion in einem Spiel in Normalform. 6, 19, 35, 63, 96, 127, 136

strategisch Rationales Denken und Handeln ist strategisch, falls dabei das rationale und strategische Denken und Handeln anderer berücksichtigt wird. 4, 18, 32

strategischer Agent Ein rationaler Agent, der mit den Konzepten „rationaler Agent" und „strategischer Agent" vertraut ist. 112

Glossar

Testmenge Datenmenge, die notwendig sind, um eine Hypothese zu prüfen. 138

Trainingsmenge Datenmenge, die notwendig sind, um eine Hypothese aufzustellen. 138

unvollständig Incomplete; Unvollständige Information ist nicht zu verwechseln mit imperfekter Information und bedeutet Unsicherheit über die Spielregeln. 26, 113

Verhaltensstrategie Behavioral strategy; Eine Verhaltensstrategie in einem Spiel ist die Zuordnung von Verteilungen zu seinen Informationsmengen. 27

Verteilung Distribution; Im Bezug auf gemischte Strategien ist eine Verteilung eine Gewichtung der Strategien, die üblich als eine Wahrscheinlichkeitsverteilung dargestellt werden kann. 23, 51, 85, 131

Wason-Aufgabe Wason selection task; Ein Experiment, bei dem aufgezeigt wird, dass das Konzept der logischen Implikation $\Rightarrow$ von Menschen nicht korrekt angewendet wird. 37

Wurzelpfad Root path (graph theory); sequence (game theory); Ein Wurzelpfad bei einem Spiel in extensiver Form ist eine Sequenz von Zügen vom Anfang des Spiels. Es ist auch eine Sequenz von Kanten des Spielbaumes von der Wurzel ab. 25, 45, 75, 83

zeitliche Nachrichtenfunktion News function. 80

zeitliche Petrinetze Timed Petri nets. 83

zeitliche Spiele Timed games. 72, 75

Zeitpetrinetze Time Petri nets. 83

Literaturverzeichnis

[AD94]   ALUR, R. ; DILL, D. L.: A theory of timed automata. In: *Theoretical Computer Science* 126 (1994), S. 183–235

[Ada03]   ADACHI, Hiroyuki: A search model of two-sided matching under nontransferable utility. In: *Journal of Economic Theory* (2003), Nr. 113, S. 182–198

[Aka71]   AKAIKE, Hirotogu: Information theory and an extension of the maximum likelihood principle. In: *Int. Symp. on Information Theory*, Akadémiai Kiadó, 1971, S. 267–281

[AKR96]   AMMAN, H. M. (Hrsg.) ; KENDRICK, D. A. (Hrsg.) ; RUST, J. (Hrsg.): *Handbook of Computational Economics*. Bd. 1. Elsevier, 1996

[AP09]   ANTOS, Dimitrios ; PFEFFER, Avi: Using Reasoning Patterns to Help Humans Solve Complex Games. In: *IJCAI*, AAAI Press, 2009, S. 33–39

[AS95]   ABBINK, Klaus ; SADRIEH, Abdolkarim: RatImage - research Assistance Toolbox for Computer-Aided Human Behavior Experiments / University of Bonn, Germany. 1995 (325). – Discussion Paper Serie B

[BBD+03]   BILLINGS, Darse ; BURCH, Neil ; DAVIDSON, Aaron ; HOLTE, Robert C. ; SCHAEFFER, Jonathan ; SCHAUENBERG, Terence ; SZAFRON, Duane: Approximating Game-Theoretic Optimal Strategies for Full-scale Poker. In: *IJCAI*, Morgan Kaufmann, 2003, S. 661–668

[BCG07]   BELLIFEMINE, Fabio ; CAIRE, Giovanni ; GREENWOOD, Dominic: *Developing multi-agent systems with JADE*. Wiley, 2007

LITERATURVERZEICHNIS

[BDT99]   BONABEAU, Eric ; DORIGO, Marco ; THERAULAZ, Guy: *Swarm Intelligence: From Natural to Artificial Systems*. Oxford University Press, 1999

[BEG04]   BERNINGHAUS, Siegfried K. ; EHRHART, Karl-Martin ; GÜTH, Werner: *Strategische Spiele*. Springer, 2004

[Ber54]   BERNOULLI (ERSTMALS: 1738, ÜBERSETZT: L. SOMMER), Daniel: Exposition of a New Theory on the Measurement of Risk. In: *Econometrica* 22 (1954), S. 22–36

[BFS04]   BLESS, H. ; FIEDLER, K. ; STRACK, F.: *Social cognition. How individuals construct social reality*. Psychology Press, 2004

[Bil99]   BILLINGS, Darse: *The First International RoShamBo Programming Competition*. cs.ualberta.ca/~darse/rsbpc1.html, 1999

[Bit81]   BITZ, Michael: *Entscheidungstheorie*. Vahlen, 1981

[BKEI04] BEN-KIKI, O. ; EVANS, C. ; INGERSON, B.: *YAML Ain't Markup Language (YAML^{TM})*. yaml.org/spec/, 2004

[BLB04]   BHAT, N. ; LEYTON-BROWN, K.: Computing nash equilibria of action-graph games. In: *Proceedings of UAI*, 2004

[BM06]   BAZERMAN, Max H. ; MALHOTRA, Deepak: Economics Wins, Psychology loses, and Society Pays. In: DE CREMER, D. (Hrsg.) ; ZEELENBERG, M. (Hrsg.) ; MURNIGHAN, J. K. (Hrsg.): *Social Psychology and Economics*. Lawrence Erlbaum Associates, 2006, Kapitel 14, S. 263–280

[Bod08]   BODEN, Margeret A.: *Mind as machine*. Oxford University Press, 2008

[BPR01]   BELLIFEMINE, Fabio ; POGGI, Agostino ; RIMASSA, Giovanni: JADE: a FIPA2000 compliant agent development environment. In: *AGENTS '01*, ACM, 2001

[BR94]   BUDESCU, David V. ; RAPOPORT, Amnon: Subjective randomization in one- and two-person games. In: *Journal of Behavioral Decision Making* 7 (1994), S. 261–278

[BS73]   BEDELL, J. ; SISTRUNK, F.: Power, opportunity costs, and sex in a mixed motive game. In: *Personality and Social Psychology* 25 (1973), S. 219–226

LITERATURVERZEICHNIS

[Cam03]   CAMERER, Colin F.: *Behavioral Game Theory*. New Jersey : Princeton University Press, 2003

[CDFR94] COOPER, Russell ; DEJONG, Douglas V. ; FORSYTHE, Robert ; ROSS, Thomas W.: Alternative Institutions for Evaluating Coordination Problems: Experimental Evidence on Forward Induction and Pre-Play Communication. In: FRIEDMAN, James W. (Hrsg.): *Problems of Coordination in Economic Activity*. Kluwer, 1994, S. 129–146

[CDK05]   COULOURIS, George ; DOLLIMORE, Jean ; KINDBERG, Tim: *Distributed Systems: Concepts and Design*. Addison Wesley, 2005

[CH92]   CESSIE, S. ; HOUWELINGEN, J. C.: Ridge Estimators in Logistic Regression. In: *Applied Statistics* 41 (1992), S. 191–201

[CH99]   CAMERER, Colin F. ; HOGARTH, Robin M.: The effects of financial incentives in economic experiments: A review and capital-labor-production framework. In: *Journal of Risk and Uncertainty* 18 (1999), S. 7–42

[Cha48]   CHAMBERLIN, Edward H.: An experimental imperfect market. In: *Journal of Political Economy* 56 (1948), S. 95–108

[Cle06]   CLEMPNER, Julio: Modeling shortest path games with petri nets. In: *Internaltional Journal of Applied Mathematics and Computer Science* 16 (2006), S. 387–397

[Con99]   CONTE, Rosaria: Social Intelligence Among Autonomous Agents. In: *Computational & Mathematical Organization Theory* 5 (1999), S. 203–228

[CR05]   CASSEZ, Franck ; ROUX, Olivier-H.: From Time Petri Nets to Timed Automata. In: *Journal of Systems and Software* 79 (2005), S. 1456–1468

[Dan63]   DANTZIG, George B.: *Linear Programming and Extensions*. Princeton University Press, 1963

[Dan66]   DANTZIG, George B.: *Lineare Programmierung und Erweiterungen*. Springer, 1966

[DEDC96] DERANSART, P. ; ED-DBALI, A. ; CERVONI, L.: *Prolog: The Standard*. Springer-Verlag, 1996

LITERATURVERZEICHNIS

[DEGV97] DANTSIN, E. ; EITER, T. ; GOTTLOB, G. ; VORONKOV, A.: Complexity and expressive power of logic programming. In: *Conference on Computational Complexity*, IEEE, 1997, S. 82–101

[dFH+03] DE ALFARO, Luca ; FAELLA, Marco ; HENZINGER, Thomas A. ; MAJUMDAR, Rupak ; STOELINGA, Mariëlle: The Element of Surprise in Timed Games. In: *CONCUR*, Springer, 2003, S. 144–158

[DG97] DEMIROZ, G. ; GUVENIR, A.: Classification by voting feature intervals. In: *ECML*, Springer, 1997, S. 85–92

[Dro95] DROSDOWSKI, Günter (Hrsg.): *Das große Wörterbuch der deutschen Sprache.* Dudenverlag, 1995

[DW07] DEVETAGA, Giovanna ; WARGLIEN, Massimo: Playing the wrong game: An experimental analysis of relational complexity and strategic misrepresentation. In: *Games and Economic Behavior* 62 (2007), S. 364–382

[Eav72] EAVES, B. C.: Homotopies for computation of fixed points. In: *Mathematical Programming* 2 (1972), S. 1–22

[EE07] ERT, E. ; EREV, I.: Replicated Alternatives and the Role of Confusion, Chasing and Regret in Decisions from Experience. In: *Journal of Behavioral Decision Making* 20 (2007), S. 305–322

[EGG06] ELKIND, Edith ; GOLDBERG, Leslie A. ; GOLDBERG, Paul W.: Nash equilibria in graphical games on trees revisited. In: *ACM Conference on Electronic Commerce*, 2006, S. 100–109

[Egn00] EGNOR, D.: Iocaine Powder. In: *ICGA Journal* 23 (2000), S. 33–35

[EK05] EYSENCK, Michael W. ; KEANE, Mark T.: *Cognitive Psychology: A Student's Handbook.* Psychology Press, 2005

[ELLT09] EHRMANN, Jan-Marc ; LATTNER, Andreas D. ; LINDEMANN, Gabriela ; TIMM, Ingo J.: Integration of an Emotion Model to the Board Game „Intrige". In: [FFS09], S. 547–552

[ER98] EREV, I. ; ROTH, A.: Predicting how people play games. In: *American Economic Review* 88 (1998)

LITERATURVERZEICHNIS

[ERSB02] EREV, I. ; ROTH, A. ; SLONIM, L. ; BARRON, G.: Predictive value and the usefulness of game theoretic models. In: *International Journal of Forecasting* 18 (2002), S. 359–368

[FFS09] FILIPE, Joaquim (Hrsg.) ; FRED, Ana L. N. (Hrsg.) ; SHARP, Bernadette (Hrsg.): *ICAART*. INSTICC Press, 2009

[FHMV95] FAGIN, R. ; HALPERN, J. ; MOSES, Y. ; VARDI, M.: *Reasoning about Knowledge*. MIT Press, 1995

[FIP09] *IEEE Foundation for Intelligent Physical Agents*. fipa.org, 2009

[Fis07] FISCHBACHER, Urs: z-Tree: Zurich Toolbox for Ready-made Economic experiments. In: *Experimental Economics* 10 (2007), S. 171–178

[FN71] FIKES, R. ; NILSSON, N.: STRIPS: a new approach to the application of theorem proving to problem solving. In: *Artificial Intelligence* 2 (1971), S. 189–208

[FP96] FUKUDA, K. ; PRODON, A.: The double description method revisited. In: *Lecture Notes in Computer Science*, Springer, 1996, S. 91–111

[FR96] FARRELL, J. ; RABIN, Matthew: „Cheap Talk". In: *Economic Perspectives* 10 (1996), S. 103–118

[GD92] GMYTRASIEWICZ, Piotr J. ; DURFEE, Edmund H.: A Logic of Knowledge and Belief for Recursive Modeling: A Preliminary Report. In: *AAAI*, AAAI Press, 1992, S. 628–634

[gdl09] *General Game Playing*. games.stanford.edu, 2009

[GdR04] GOBET, Fernand ; DE VOOGT, Alex ; RETSCHITZKI, Jean: *Moves in Mind: The Psychology of Board Games*. Psychology Press, 2004

[Gen09] GENESERETH, Michael R.: *Knowledge Interchange Format*. logic.stanford.edu/kif/, 2009

[Gin00] GINTIS, Herbert: *Game Theory Evolving*. New Jersey : Princeton University Press, 2000

LITERATURVERZEICHNIS

[GLP05] GENESERETH, Michael R. ; LOVE, Nathaniel ; PELL, Barney: General Game Playing: Overview of the AAAI Competition. In: *AI Magazine* 26 (2005), Nr. 2, S. 62–72

[GM04] GERKEY, Brian P. ; MATARIC, Maja J.: On role allocation in RoboCup. In: *Robot Soccer World Cup VII*, Springer, 2004, S. 43–53

[GP03] GAL, Ya'akov ; PFEFFER, Avi: A language for modeling agents' decision making processes in games. In: *AAMAS*, ACM Press, 2003, S. 265–272

[GP07a] GAL, Ya'akov ; PFEFFER, Avi: Modeling Reciprocal Behavior in Human Bilateral Negotiation. In: *AAAI*, AAAI Press, 2007, S. 815–820

[GP07b] GEISLER, Stefan ; PONICK, Eva: TEEC: Ein Java Toolkit für ökonomische Experimente. In: BREITNER, Michael H. (Hrsg.) ; BRUNS, Beate (Hrsg.) ; LEHNER, Franz (Hrsg.): *Neue Trends im E-Learning*. Physica-Verlag HD, 2007, S. 93–106

[GP08] GAL, Ya'akov ; PFEFFER, Avi: Networks of Influence Diagrams: A Formalism for Representing Agents' Beliefs and Decision-Making Processes. In: *Artificial Intelligence Research* 33 (2008), S. 109–147

[GPY05] GLUCK, Kevin A. ; PEW, Richard W. ; YOUNG, Michael J.: Background, Structure, and Preview of the Model Comparison. In: GLUCK, Kevin A. (Hrsg.) ; PEW, Richard W. (Hrsg.): *Modeling Human Behavior with Integrated Cognitive Architectures*. Lawrence Erlbaum Associates, 2005, Kapitel 1, S. 3–12

[GW04] GOVINDAN, Srihari ; WILSON, Robert: Computing Nash equilibria by iterated polymatrix approximation. In: *Journal of Economic Dynamics and Control* 28 (2004), S. 1229–1241

[GZ89] GILBOA, Itzhak ; ZEMEL, Eitan: Nash and Correlated Equilibria. In: *Games and Economic Behavior* 1 (1989), S. 80–93

[Gä09] GÄCHTER, Simon: Improvements and Future Challenges for the Research Infrastructure in the Field 'Experimental Economics'. In: *SSRN eLibrary* Working Paper No.56 (2009)

LITERATURVERZEICHNIS

[Har57] HARARY, Frank: The Number of Oriented Graphs. In: *Michigan Mathematical Journal* 4 (1957), S. 221–224

[Har67] HARSANYI, John C.: Games with incomplete information played by Bayesian players. In: *Management Science* 14 (1967), S. 59–182, 320–334, 486–502

[HBJ08] HEUMER, Guido ; BEN AMOR, Heni ; JUNG, Bernhard: Grasp recognition for uncalibrated data gloves: A machine learning approach. In: *Presence - Teleoperators and Virtual Environment* 17 (2008), S. 121–142

[HCC07] HO, T-H. ; CAMERER, Colin F. ; CHONG, J-K.: Self-tuning expirience-weighted attraction learning in games. In: *Journal of Economic Theory* 133 (2007), S. 177–198

[Heg04] HEGSELMANN, R.: Solidarität in einer egoistischen Welt – Eine Analyse im Rahmen eines radikal vereinfachenden Modells. In: BECK, K. (Hrsg.) ; FÖRSTER, T. (Hrsg.) ; HAHN, H. P. (Hrsg.): *Blick nach vorn – Festgabe für Gerd Spittler zum 65. Geburtstag*. Rüdiger Köppe, 2004, S. 342–357

[HI96] HOLLER, Manfred J. ; ILLING, Gerhard: *Einführung in die Spieltheorie*. Springer, 1996

[Hin62] HINTIKKA, Jaakko: *Knowledge and Belief: An Introduction to the Logic of the Two Notions*. Cornell University Press, 1962

[HM84] HOWARD, Ronald A. ; MATHESON, James E.: Influence diagrams. In: HOWARD, R. A. (Hrsg.) ; MATHESON, J. E. (Hrsg.): *Readings on the Principles and Applications of Decision Analysis*. Strategic Decisions Group, 1984, S. 719–763

[HMLW06] HE, Feng ; MIAO, Qinghai ; LI, Yuantau ; WANG, Fei-Yue: Modeling and Analysis of Artificial Transportation System Based on Multi-agent Technology. In: *ITSC*, IEEE, 2006, S. 1120–1124

[Hol93] HOLTE, R. C.: Very simple classification rules perform well on most commonly used datasets. In: *Machine Learning* 11 (1993), S. 63–91

[HP05] HERINGS, P. Jean-Jacques ; PEETERS, Ronald: A Globally Convergent Algorithm to Compute All Nash Equilibria for n-Person Games. In: *Annals of Operations Research* 137 (2005), S. 349–368

LITERATURVERZEICHNIS

[HS88] HOFBAUER, J. ; SIGMUND, K.: *The Theory of Evolution and Dynamical Systems.* Cambridge University Press, 1988

[Hur60] HURWICZ, Leonard: Optimality and Informational Efficiency in Resource Allocation Processes. In: ARROW, K. J. (Hrsg.) ; KARLIN, S. (Hrsg.) ; SUPPES, P. (Hrsg.): *Mathematical Methods in the Social Sciences.* Stanford University Press, 1960, S. 27–46

[HV04] HARGREAVES HEAP, Shaun P. ; VAROUFAKIS, Yanis: *Game Theory: A critical text.* CPI Antony Rowe, Eastbourne, 2004

[Isa65] ISAACS, Rufus: *Differential Games.* John Wiley and Sons, 1965

[Jas98] JASPER, Heinrich: *Aktive Informationssysteme: Systeme, Methoden und Anwendungen.* Shaker Verlag, 1998

[Kan95] KANOVICH, Max I.: Petri nets, Horn programs, Linear Logic and vector games. In: *Anals of Pure and Applied Logic* 75 (1995), S. 107–135

[Kar92] KAREEV, Yaakov: Not That Bad After All: Generation of Random Sequences. In: *Journal of Experimental Psychology: Human Perception and Performance* 18 (1992), S. 1189–1194

[KE06] KEMPER, Alfons ; EICKLER, Andre: *Datenbanksysteme. Eine Einführung.* Oldenbourg, 2006

[Kea07] KEARNS, Michael: Graphical Games. In: [NRTV07], Kapitel 7, S. 159–179

[KLS01] KEARNS, Michael ; LITTMAN, M. ; SINGH, S.: Graphical models for game theory. In: *Proceedings of UAI*, 2001

[KM01] KOLLER, Daphne ; MILCH, Brian: Multi-Agent Influence Diagrams for Representing and Solving Games. In: *IJCAI*, Morgan Kaufmann, 2001, S. 1027–1034

[KM03] KOLLER, Daphne ; MILCH, Brian: Multi-Agent Influence Diagrams for Representing and Solving Games. In: *Games and Economic Behavior* 45 (2003), S. 181–221

[KMPZ04] KESE, P. ; MILLER, R. A. ; PRASNIKAR, V. ; ZUPANIC, D.: *Comlabgames.* comlabgames.com, 2004

LITERATURVERZEICHNIS

[KMv94] KOLLER, Daphne ; MEGIDDO, Nimrod ; VON STENGEL, Bernhard: Fast algorithms for finding randomized strategies in game trees. In: *STOC*, 1994, S. 750–759

[Koh95] KOHAVI, Ron: The Power of Decision Tables. In: *ECML*, Springer, 1995, S. 174–189

[KP97] KOLLER, Daphne ; PFEFFER, Avi: Representations and Solutions for Game-Theoretic Problems. In: *Artificial Intelligence* 94 (1997), S. 167–215

[Kri63] KRIPKE, Saul: Semantical Considerations on Modal Logic. In: *Acta Philosophica Fennica* 16 (1963), S. 83–94

[KSBM01] KEERTHI, S. S. ; SHEVADE, S. K. ; BHATTACHARYYA, C. ; MURTHY, K. R. K.: Improvements to Platt's SMO Algorithm for SVM Classifier Design. In: *Neural Computation* 13 (2001), S. 637–649

[KST82] KAHNEMAN, D. ; SLOVIC, P. ; TVERSKY, A.: *Judgment Under Uncertainty: Heuristics and Biases*. Cambridge University Press, 1982

[KW82] KREPS, David M. ; WILSON, Robert: Sequential Equilibria. In: *Econometrica* 50 (1982), S. 863–894

[Lar00] LARSON, Aaron R.: *ExpertLaw*. expertlaw.com, 2000

[LBT03] LEYTON-BROWN, Kevin ; TENNENHOLTZ, Moshe: Local-effect games. In: *IJCAI*, Morgan Kaufmann, 2003

[LH64] LEMKE, C. E. ; HOWSON, J. T.: Equilibrium Points of Bimatrix Games. In: *SIAM Journal of Applied Mathematics* 12 (1964), S. 681–689

[LHF05] LANDWEHR, Niels ; HALL, Mark ; FRANK, Eibe: Logistic Model Trees. In: *Machine Learning* 59 (2005), S. 161–205

[LHH+08] LOVE, Nathaniel ; HINRICHS, Timothy ; HALEY, David ; SCHKUFZA, Eric ; GENESERETH, Michael R.: General Game Playing: Overview of the AAAI Competition / Stanford University. 2008. – Forschungsbericht

[Li94] LI, David H.: *Kriegspiel: Chess Under Uncertainty*. Premier, 1994

LITERATURVERZEICHNIS

[Lin95] LINHART, Sepp: Some Thoughts on the Ken Game in Japan: From the Viewpoint of Comparative Civilization Studies. In: *Senri Ethnological Studies* 40 (1995), S. 101–124

[Lit53] LITTLEWOOD, J. E.: *A Mathematician's Miscellany*. London : Methuen, 1953

[LP92] LOEWENSTEIN, G. ; PRELEC, D.: Anomalities in Intertemporal Choice: Evidence and Interpretation. In: *Quarterly Journal of Economics* 57 (1992), S. 573–598

[lv92] LE CESSIE, S. ; VAN HOUWELINGEN, J. C.: Ridge Estimators in Logistic Regression. In: *Applied Statistics* 41 (1992), S. 191–201

[Mal06] MALSCH, Thomas: *DFG-SCHWERPUNKTPROGRAMM 1077: Sozionik - Erforschung und Modellierung künstlicher Sozialität*. tu-harburg.de/tbg/Deutsch/SPP/Start_SPP.htm, 2006

[Mar08] MARKOFF, John: *Oliver Selfridge, an Early Innovator in Artificial Intelligence, Dies at 82*. The New York Times, Dezember 2008

[McD76] MCDERMOTT, Drew V.: Artificial intelligence meets natural stupidity. In: *SIGART Bulletin* 57 (1976), S. 4–9

[McD00] MCDERMOTT, Drew V.: The 1998 AI Planning Systems Competition. In: *AI Magazine* 21 (2000), S. 35–55

[McE04] MCENEANEY, William M.: Some Classes of Imperfect Information Finite State-Space Stochastic Games with Finite-Dimensional Solutions. In: *Applied Mathematics and Optimization* 50 (2004), S. 87–118

[McL99] MCLENNAN, Andrew M.: *The Expected Number of Nash Equilibria of a Normal Form Game*. Mimeo, Department of Economics, University of Minnesota, 1999

[MH69] MCCARTHY, John ; HAYES, Patrick J.: Some Philosophical Problems from the Standpoint of Artificial Intelligence. In: *Machine Intelligence* 4 (1969), S. 463–502

[Mil56] MILLER, G. A.: The magical number seven plus or minus two: Some limitations on our capacity for processing information. In: *Psychological Review* 63 (1956), S. 81–97

LITERATURVERZEICHNIS

[Mit97]   MITCHELL, Tom M.: *Machine Learning*. McGraw-Hill Higher Education, 1997

[MM94]   MCKELVEY, Richard D. ; MCLENNAN, Andrew M.: *The maximal generic number of totally mixed Nash equilibria*. Mimeo, Department of Economics, University of Minnesota, 1994

[MM96]   MCKELVEY, Richard D. ; MCLENNAN, Andrew M.: Computation of equilibria in finite games. In: [AKR96], Kapitel 2, S. 87–142

[MMT07]   MCKELVEY, Richard D. ; MCLENNAN, Andrew M. ; TUROCY, Theodore L.: *Gambit: Software Tools for Game Theory, Version 0.2007.01.30*. gambit-project.org, 2007

[MRTT53] MOTZKIN, T. S. ; RAIFFA, H. ; THOMSON, GL. ; THRALL, R. M.: The double description method. In: KUHN, H. W. (Hrsg.) ; TUCKER, A. W. (Hrsg.): *Contribution to theory of games* Bd. 2, Princeton University Press, 1953

[Mv44]   MORGENSTERN, Oskar ; VON NEUMANN, John: *Theory of Games and Economic Behavior*. Princeton University Press, 1944

[MW08]   MARCHIORI, Davide ; WARGLIEN, Massimo: Predicting Human Interactive Learning by Regret-Driven Neural Networks. In: *Science* 319 (2008), S. 1111–1113

[Nas51]   NASH, John: Non-cooperative Games. In: *Annals of Mathematics* (1951), Nr. 54, S. 286 – 295

[NB75]   NORMAN, D. A. ; BOBROW, D. G.: On data-limited and resource-limited processes. In: *Cognitive Psychology* 7 (1975), S. 44–74

[NDMS04] NAKAMURA, Haruki ; DATE, Susumu ; MATSUDA, Hideo ; SHIMOJO, Shinji: A challenge towards next-generation research infrastructure for advanced life science. In: *New Generation Computing* 22 (2004), S. 157–166

[Nes90]   NESSE, Randolph M.: Evolutionary Explanations of Emotions. In: *Human Nature* 1 (1990), S. 261–289

[New73]   NEWELL, Allen: Production systems: Models of control structures. In: CHASE, W. G. (Hrsg.): *Visual information processing*. Academic Press, 1973, S. 463–526

LITERATURVERZEICHNIS

[New90] NEWELL, Allen: *Unified theories of cognition*. Harvard University Press, 1990

[NRTV07] NISAN, Noam (Hrsg.) ; ROUGHGARDEN, Tim (Hrsg.) ; TARDOS, Éva (Hrsg.) ; VAZIRANI, Vijay V. (Hrsg.): *Algorithmic Game Theory*. Cambridge University Press, 2007

[NS61] NEWELL, Allen ; SIMON, H. A.: GPS, a program that simulates human thought. In: BILLING, H. (Hrsg.): *Lernende Automaten*. R. Olderbourg, 1961, S. 109–124

[NWSLB04] NUDELMAN, Eugene ; WORTMAN, Jennifer ; SHOHAM, Yoav ; LEYTON-BROWN, Kevin: Run the GAMUT: A Comprehensive Approach to Evaluating Game-Theoretic Algorithms. In: *AAMAS*, IEEE, 2004, S. 880–887

[OC01] OAKSFORD, M. ; CHATER, N.: The probabilistic approach to human reasoning. In: *Trends in Cognitive Sciences* 5 (2001), S. 349–357

[OR94] OSBORNE, Martin J. ; RUBINSTEIN, Ariel: *A course in game theory*. MIT Press, 1994

[Özt05] ÖZTURAN, Can C.: Used car salesman problem: A differential auction-barter market. In: *Annals of Math. and Artif. Intell.* 44 (2005), S. 255–267

[Pap07] PAPADIMITRIOU, Christos H.: The Complexity of Finding Nash Equilibria. In: [NRTV07], Kapitel 2, S. 29–50

[PB98] POLLACK, Jordan B. ; BLAIR, Alan D.: Co-Evolution in the Successful Learning of Backgammon Strategy. In: *Machine Learning* 32 (1998), Nr. 3, S. 225–240

[Pel92] PELL, Barney: Metagame: a new challenge for games and learning. In: VAN DEN HERIK, H. (Hrsg.) ; ALLIS, L. (Hrsg.): *Heuristic programming in artificial intelligence 3–the third computer olympiad*, Ellis-Horwood, 1992

[Pel96] PELL, Barney: A Strategic Metagame Player for General Chess-Like Games. In: *Computational Intelligence* 12 (1996), S. 177–198

[Phe07] PHELPS, S. G.: *Evolutionary Mechanism Design*, University of Liverpool, Diss., 2007

LITERATURVERZEICHNIS

[Pla99] PLATT, J. C.: Fast Training of Support Vector Machines using Sequential Minimal Optimization. In: *Advances in Kernel Methods - Support Vector Learning*, MIT Press, 1999, S. 185–208

[Poo95] POOL, R.: Putting game theory to the test. In: *Science* 267 (1995), S. 1591–1593

[PR08] PAPADIMITRIOU, Christos H. ; ROUGHGARDEN, Tim: Computing correlated equilibria in multi-player games. In: *ACM* 55 (2008), Nr. 3

[Pre94] PRECHELT, Lutz: A motivating example problem for teaching adaptive systems design. In: *SIGCSE Bull* 26 (1994), S. 25–34

[PS05] PAOLUCCI, Massimo ; SACILE, Roberto: *Agent-Based Manufacturing and Control Systems*. CRC Press, 2005

[PS08] PLOTT, Charles R. (Hrsg.) ; SMITH, Vernon L. (Hrsg.): *Handbook of Experimental Economics Results*. North-Holland, 2008

[PW08] PRIESE, Lutz ; WIMMEL, Harro: *Petri-Netze*. Springer, 2008

[Rab93] RABIN, Matthew: Incorporating fairness into game theory and economics. In: *American Economic Review* 83 (1993), S. 1283–1302

[Ray07] RAY, Debraj: *A Game-Theoretic Perspective on Coalition Formation*. Oxford University Press, 2007

[RN03] RUSSEL, Stuart ; NORVIG, Peter: *Artificial Intelligence*. Pearson Education, 2003

[Ros71] ROSENMÜLLER, J.: On a generalization of the Lemke-Howson algorithm to noncooperative N-person games. In: *SIAM Journal of Applied Mathematics* 1 (1971), S. 73–79

[Ros73] ROSENTHAL, R.: A class of games possessing pure-strategy nash equilibria. In: *International Journal of Game Theory* 2 (1973), S. 65–67

[RP95] RICHARD, M. ; PALFREY, T.: Quantal Response Equilibria for Normal Form Games. In: *Games and Economic Behavior* 10 (1995), S. 6–38

LITERATURVERZEICHNIS

[RTW04] RUTLEDGE-TAYLOR, Matthew F. ; WEST, Robert L.: Cognitive Modeling Versus Game Theory: Why cognition matters. In: *ICCM*, 2004, S. 255–260

[Rus59] RUSSELL, B. W.: *Common Sense and Nuclear Warfare*. London : George Allen and Unwin, 1959

[RW98] RITTER, F. E. ; WALLACH, D. P.: Models of two-person games in ACT-R and Soar. In: *ECCM*, Nottingham University Press, 1998, S. 202–203

[San07] SANNIKOV, Yuliy: Games with Imperfectly Observable Actions in Continuous Time. In: *Econometrica* 75 (2007), S. 1285–1329

[Sca67] SCARF, Herbert E.: The approximation of fixed points of a continuous mapping. In: *SIAM Journal of Applied Mathematics* 15 (1967), S. 1328–1343

[Sea03] SEARLE, John R.: *Rationality in Action*. MIT Press, 2003

[Sel59] SELFRIDGE, Oliver G.: Pandemonium: A paradigm for learning. In: *Symposium on Mechanisation of Thought Processes*, London: HM Stationary Office, 1959, S. 511–529

[Sel65] SELTEN, Reinhard: Spieltheoretische Behandlung eines Oligopolmodells mit Nachfrageträgheit. In: *Zeitschrift für die Gesamte Staatswissenschaft* 121 (1965), S. 301–324, 667–689

[Sel75] SELTEN, Reinhard: A reexamination of the perfectness concept for equilibrium points in extensive games. In: *International Journal of Game Theory* 4 (1975), S. 25–55

[sep09] *Stanford Encyclopedia of Philosophy*. plato.stanford.edu, 2009

[SS89] SIMON, Leo K. ; STINCHCOMBE, Maxwell B.: Extensive Form Games in Continuous Time: Pure Strategies. In: *Econometrica* 57 (1989), S. 1171–1214

[ST07] SCHIFFEL, Stephan ; THIELSCHER, Michael: Fluxplayer: A Successful General Game Player. In: *AAAI*, AAAI Press, 2007, S. 1191–1196

[ST09] SCHIFFEL, Stephan ; THIELSCHER, Michael: Specifying Multiagent Environments Systems in the Game Description Language. In: [FFS09], S. 21–28

LITERATURVERZEICHNIS

[Sun06a] SUN, R. (Hrsg.): *Cognition and Multi-Agent Interaction*. Cambridge University Press, 2006

[Sun06b] SUN, Ron: Prolegomena to Integrating Cognitive Modeling and Social Simulation. In: [Sun06a], Kapitel 1, S. 3–28

[SW94] STAHL, Dale O. ; WILSON, Paul W.: Experimental evidence on players' models of other players. In: *Economic Behavior & Organization* (1994), S. 309–327

[Swe01] SWEDBERG, Richard: Sociology and game theory: Contemporary and historical perspectives. In: *Theory and Society* 30 (2001), S. 301–335

[Tag07] TAGIEW, Rustam: *Gegenseitiges geschachteltes Modellieren in der Interaktion mit einem künstlichen Agenten*, Universität Bielefeld, Diplomarbeit, 2007

[Tag08a] TAGIEW, Rustam: Multi-Agent Petri-Games. In: *CIMCA/IAWTIC/ISE*, IEEE, 2008, S. 130–135

[Tag08b] TAGIEW, Rustam: Simplest Scenario for Mutual Nested Modeling in Human-Machine-Interaction. In: *KI*, Springer, 2008, S. 364–371

[Tag09a] TAGIEW, Rustam: General Game Management Agent. In: *CoRR* abs/0903.0353 (2009)

[Tag09b] TAGIEW, Rustam: Hypotheses about Typical General Human Strategic Behavior in a Concrete Case. In: *AI*IA*, Springer, 2009, S. 476–485

[Tag09c] TAGIEW, Rustam: Multi-Agent-System for General Strategic Interaction. In: *KES-AMSTA*, Springer, 2009, S. 649–658

[Tag09d] TAGIEW, Rustam: On modelling typical general human behavior in games. In: *ICCM*, University of Manchester, 2009

[Tag09e] TAGIEW, Rustam: On Multi-agent Petri Net Models for Computing Extensive Finite Games. In: NGUEN, N. T. (Hrsg.) ; KATARZYNIAK, R. (Hrsg.) ; JANIAK, A. (Hrsg.): *ICCCI (SCI Volume)* Bd. 244. Springer, 2009, S. 243–254

[Tag09f] TAGIEW, Rustam: Strategic Interaction Definition Language. In: *GI Jahrestagung*, LNI, 2009, S. 452

LITERATURVERZEICHNIS

[Tag09g] TAGIEW, Rustam: Towards a framework for management of strategic interaction. In: [FFS09], S. 587–590

[Tag09h] TAGIEW, Rustam: Towards Barter Double Auction as Model for Bilateral Social Cooperations. In: *CoRR* abs/0905.3709 (2009)

[Tes06] TESFATSION, Leigh: Agent-Based Computational Economics: A Constructive Approach to Economic Theory. In: [TJ06], Kapitel 16, S. 831–880

[TJ06] TESTFATSION, Leigh (Hrsg.) ; JUDD, Kenneth (Hrsg.): *Handbook of Computational Economics*. Bd. 2. Elsevier, 2006

[TJ09] TAGIEW, Rustam ; JASPER, Heinrich: On Time in Games. In: *MOCA*, Universität Hamburg, Bericht 290, 2009, S. 173–183

[TK09] TAGIEW, Rustam ; KOVALCHUK, Yevgeniya: Barter Double Auction as Model for Bilateral Social Cooperations. In: *CEEC*, University of Essex, CES–502, 2009

[TLA06] TAATGEN, Niels ; LEBIERE, Christian ; ANDERSON, John: Modeling Paradigms in ACT-R. In: [Sun06a], Kapitel 2, S. 29–52

[TLS00] TOMLIN, Claire J. ; LYGEROS, John ; SHANKAR, Sastry S.: A game theoretic approach to controller design for hybrid systems. In: *Proceedings of the IEEE* 88 (2000), S. 949–970

[van92] VAN DAMME, E.: Refinements of Nash Equilibrium. In: *Advances in Economic Theory* 1 (1992), S. 32–75

[VM08] VERBRUGGE, Rineke ; MOL, Lisette: Learning to Apply Theory of Mind. In: *Journal of Logic, Language and Information* 17 (2008), S. 489–511

[vMV03] VON LÜDE, Rolf (Hrsg.) ; MOLDT, Daniel (Hrsg.) ; VALK, Rüdiger (Hrsg.): *Sozionik - Modellierung soziologischer Theorie.* LIT, 2003

[Vog05] VOGEL, Carol: *Rock, Paper, Payoff: Child's Play Wins Auction House an Art Sale.* The New York Times, April 2005

[von28] VON NEUMANN, John: Zur Theorie der Gesellschaftsspiele. In: *Mathematische Annalen* 100 (1928), S. 295–320

LITERATURVERZEICHNIS

[von53] VON WRIGHT, Georg H.: An Essay in Modal Logic. In: *The Journal of Symbolic Logic* 18 (1953), S. 174–176

[vV02] VAN DER HOEK, Wiebe ; VERBRUGGE, Rineke: Epistemic Logic: a Survey. In: *Game Theory and Applications* 8 (2002), S. 53–94

[Wag72] WAGENAAR, W. A.: Generating of random sequences by human subjects: A critical survey of the literature. In: *Psychological Bulletin* 77 (1972), S. 65–72

[Was66] WASON, P. C.: Reasoning. In: FOSS, B. M. (Hrsg.): *New horizons in psychology*. Penguin Books, 1966, S. 135–151

[Web01] WEBER, Roberto: Behavior and learning in the „dirty faces" game. In: *Experimental Economics* 4 (2001), S. 229–242

[Wes06] WESTERGAARD, Michael: Game Coloured Petri Nets. In: *DAIMI PB* Bd. 579, 2006, S. 281–300

[WF05] WITTEN, Ian H. ; FRANK, Eibe: *Data Mining*. Morgan Kaufmann, 2005

[Wil71] WILSON, Robert: On a generalization of the Lemke-Howson algorithm to noncooperative N-person games. In: *SIAM Journal of Applied Mathematics* 1 (1971), S. 80–87

[WL01] WEST, Robert L. ; LEBIERE, Christian: Simple games as dynamic, coupled systems: Randomness and other emergent properties. In: *Cognitive Systems Research* 1 (2001), S. 221–239

[WLB06] WEST, Robert L. ; LEBIERE, Christian ; BOTHELL, Dan J.: Cognitive Architectures, Game Playing, and Human Evolution. In: [Sun06a], Kapitel 5, S. 103–123

[Woo02] WOOLDRIDGE, Michael J.: *Multi-agent systems : an introduction*. Wiley, 2002

[wor] *World RPS Society*. worldrps.com,

[Yin07] YINGJIE, Zhong: *Sunzi: Über die Kriegskunst*. Verlag Volkschina, 2007

LITERATURVERZEICHNIS

[Zer13]   ZERMELO, E.: Über eine Anwendung der Mengenlehre auf die Theorie des Schachspiels. In: *Proceedings of the Fifth International Congress of Mathematicians* Bd. II, Cambridge University Press, 1913, S. 501–504

[Zha91]   ZHANG, D.: Planning with Petri nets. In: *Robotics and Automation*, IEEE, 1991, S. 769–775

Anhang A

Mathematische Notationen

$\Rightarrow$ Implikation, z.B. $A \Rightarrow B$

$\rightarrow$ Abbildung, z.B. $f\colon \mathbb{R} \to \mathbb{R}$

$\mapsto$ Funktionswert, z.B. bei $f(x) = x^2$ ist $3 \mapsto 9$ ein Funktionswert

$\circ$ Verknünfung, z.B. $a \circ b = ab$

$\langle E_1, \ldots, E_n \rangle$ Tupel aus Elementen E_i

$A^n = \times_{i=1}^{n} A$ Potenz, Menge aller möglichen Verknüpfungen bzw. Untermengen (auch als Multimengen) aus Elementen von A der länge n

$A^* = \bigcup_{n=0}^{\infty} A^n$ Stern, Menge aller möglichen Verknüpfungen bzw. Untermengen (auch als Multimengen) aus Elementen von A

$(F \in A^n) \sim (F\colon \mathbb{N}_1^n \to A)$ Jedem Vektor bzw. Liste entspricht eine diskrete endliche Funktion und umgekehrt

Anhang B
PNSI zu TEFG – Ein Beispiel

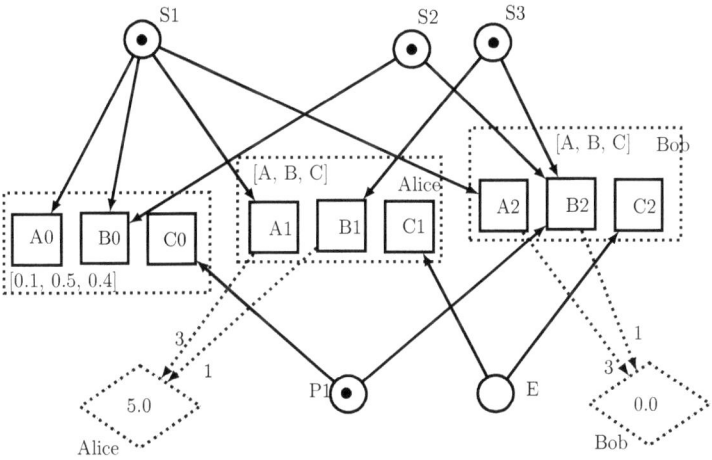

Abbildung B.1: Umfangreicheres Beispiel einer PNSI-Struktur.

ANHANG B. PNSI ZU TEFG – EIN BEISPIEL

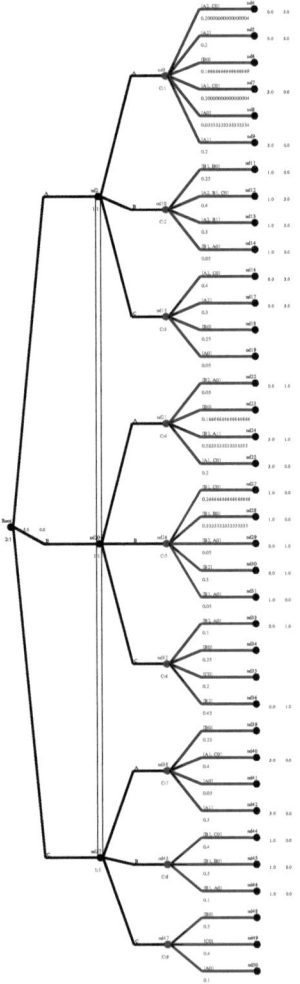

Abbildung B.2: Generiertes TEFG zum vorigen Beispiel. Züge der Spieler sind schwarz. Züge der Natur sind grau und mit gefeuerten Transition sowie den Wahrscheinlichkeiten annotiert. Der Zug an der Wurzel gehört zu Bob. Der zweite Zug gehört zu Alice. Die Auszahlungen an den Enden sind in der Reihenfolge Alice und dann Bob.

Anhang C
Schach, definiert in SIDL2.0

```
/* General definitions */
opposite(white, black).
opposite(black, white).
xaxis([a,b,c,d,e,f,g,h]).
direction(white, 1).
direction(black, -1).
forpromotion([queen, knight, rook, bishop]).
directions(rook, [[1, 0], [0, 1], [-1, 0], [0, -1]]).
directions(bishop, [[1, 1], [1, -1], [-1, 1], [-1, -1]]).
directions(queen, A):- directions(rook, R), directions(bishop, B),
    append(R, B, A).
position(knight, X, Y):- member(X, [-2, 2]), member(Y, [-1, 1]).
position(knight, X, Y):- member(Y, [-2, 2]), member(X, [-1, 1]).
position(king, X, Y):- directions(queen, A), member([X, Y], A).
xvalue(Pre, Next, Inc):- xaxis(Xs), nth1(I, Xs, Pre),
    II is I + Inc, nth1(II, Xs, Next).
yvalue(Y):- integer(Y), Y < 9, Y > 0.
yvalue(Pre, Next, Inc):- Next is Pre + Inc, yvalue(Next).
row(white, 1, 1).
row(white, 2, 2).
row(black, 8, 1).
row(black, 7, 2).
man(rook, [a, h], 1).
man(knight, [b, g], 1).
man(bishop, [c, f], 1).
man(queen, [d], 1).
man(king, [e], 1).
man(pawn, Xs, 2):-xaxis(Xs).
promote(Color, Y, Man):- opposite(Color, Opp), row(Opp, Y, 1),
    forpromotion(HMs), member(Man, HMs).

/* ############# INIT ####################*/
/* men */
```

ANHANG C. SCHACH, DEFINIERT IN SIDL2.0

```
init([Color, Man, X, Y]):- row(Color, Y, Row), man(Man, Xs, Row),
    member(X, Xs).
/* turn */
init([white]).
/* castling possible */
init([white, fortifiable]).
init([black, fortifiable]).
/* player's accounts */
init([white], 0.0).
init([black], 0.0).

/* ############# Switches and Actions ######*/
legal([C]):- fact([C, king, _, _]), player([C]), fact([C]).
/* control line */
contrline(_, X, _, [DX, _], []) :- not(xvalue(X, _, DX)).
contrline(_, _, Y, [_, DY], []) :- not(yvalue(Y, _, DY)).
contrline(Color, X, Y, [DX, DY], []) :-
    xvalue(X, X1, DX), yvalue(Y, Y1, DY), fact([Color, _, X1, Y1]).
contrline(Color, X, Y, [DX, DY], [[X1, Y1]]):-
    xvalue(X, X1, DX), yvalue(Y, Y1, DY),
    opposite(Color, Opp), fact([Opp, _, X1, Y1]).
contrline(Color, X, Y, [DX, DY], [[X1, Y1] | Line]):-
    xvalue(X, X1, DX), yvalue(Y, Y1, DY), not(fact([_, _, X1, Y1])),
    contrline(Color, X1, Y1, [DX, DY], Line).
/* pawn */
controlled(Color, pawn, X, Y, X1, Y1):-
    fact([Color, pawn, X, Y]),
    direction(Color, I),
    yvalue(Y, Y1, I), member(D, [1, -1]), xvalue(X, X1, D).
/* rook, bishop, queen */
controlled(Color, Man, X, Y, X1, Y1):-
    directions(Man, Ds),
    fact([Color, Man, X, Y]),
    member(D, Ds),
    contrline(Color, X, Y, D, NP),
    member([X1, Y1], NP).
/* knight, king */
controlled(Color, Man, X, Y, X1, Y1):-
    position(Man, DX, DY),
    fact([Color, Man, X, Y]),
    xvalue(X, X1, DX), yvalue(Y, Y1, DY),
    not(fact([Color, _, X1, Y1])).
/* pawn - move forward, two steps */
switch([Color], [Color, pawn, X, Y, X, Y2]):-
    fact([Color, pawn, X, Y]), row(Color, Y, 2),
    direction(Color, I),
    yvalue(Y, Y2, I * 2), yvalue(Y, Y1, I),
    not(fact([_, _, X, Y1])),
    not(fact([_, _, X, Y2])).
```

```
/* pawn, move forward, one step */
switch([Color], [Color, pawn, X, Y, X, Y1]):-
    fact([Color, pawn, X, Y]),
    direction(Color, I), yvalue(Y, Y1, I),
    not(promote(Color, Y1, _)),
    not(fact([_, _, X, Y1])).
/* pawn, move forward, promote */
switch([Color], [Color, pawn, X, Y, X, Y1, Man]):-
    fact([Color, pawn, X, Y]),
    direction(Color, I), yvalue(Y, Y1, I),
    promote(Color, Y1, Man),
    not(fact([_, _, X, Y1])).
/* pawn, move diagonal, promote */
switch([Color], [Color, pawn, X, Y, X1, Y1, Man]):-
    controlled(Color, pawn, X, Y, X1, Y1),
    opposite(Color, Opp), fact([Opp, _, X1, Y1]),
    promote(Color, Y1, Man).
/* pawn, move diagonal*/
switch([Color], [Color, pawn, X, Y, X1, Y1]):-
    controlled(Color, pawn, X, Y, X1, Y1),
    opposite(Color, Opp), fact([Opp, _, X1, Y1]),
    not(promote(Color, Y1, _)).
/* move rook, bishop, queen or knight */
switch([Color], [Color, Man, X, Y, X1, Y1]):-
    controlled(Color, Man, X, Y, X1, Y1),
    not(Man = pawn), not(Man = king).
/* king */
switch([Color], [Color, king, X, Y, X1, Y1]):-
    controlled(Color, king, X, Y, X1, Y1),
    opposite(Color, Opp),
    not(controlled(Opp, _, _, _, X1, Y1)).
/* castle */
switch([Color], [Color, castle, right, Y]):-
    fact([Color, fortifiable]),
    fact([Color, rook, h, 1]),
    row(Color, Y, 1), not(fact([_, _, f, Y])),
    not(fact([_, _, g, Y])), opposite(Color, Opp),
    not(controlled(Opp, _, _, _, f, Y)),
    not(controlled(Opp, _, _, _, g, Y)).
switch([Color], [Color, castle, left, Y]):-
    fact([Color, fortifiable]),
    fact([Color, rook, a, 1]), row(Color, Y, 1),
    not(fact([_, _, b, Y])), not(fact([_, _, c, Y])),
    not(fact([_, _, d, Y])), opposite(Color, Opp),
    not(controlled(Opp, _, _, _, c, Y)),
    not(controlled(Opp, _, _, _, d, Y)).

/* ############ Owned #################### */
owned(C, C):- player(C).
```

ANHANG C. SCHACH, DEFINIERT IN SIDL2.0

```
/* ############ Do ####################### */
/* internals */
changeturn(Color):- opposite(Color, Opp), delete([Color]),
    create([Opp]).
nocastle(Color, Man, X, Y):- opposite(Color, Opp),
    fact([Opp, king, XK, YK]), controlled(Color, Man, X, Y, XK, YK),
    delete([Opp, fortifiable]).
nocastle(Color, _, X, Y):- opposite(Color, Opp),
    fact([Opp, king, X, Y]),
    delete([Color, fortifiable]).
nocastle(Color, king, _, _):-
    delete([Color, fortifiable]).
nocastle(_, _, _, _).
/* take */
do([Color, Man, X, Y, NX, NY]):- fact([C, M, NX, NY]),
    changeturn(Color), nocastle(Color, Man, NX, NY),
    delete([C, M, NX, NY]), delete([Color, Man, X, Y]),
    create([Color, Man, NX, NY]).
/* move */
do([Color, Man, X, Y, NX, NY]):- changeturn(Color),
    delete([Color, Man, X, Y]), nocastle(Color, Man, NX, NY),
    create([Color, Man, NX, NY]).
/* promote */
do([Color, Man, X, Y, NX, NY, New]):- changeturn(Color),
    delete([Color, Man, X, Y]), nocastle(Color, Man, NX, NY),
    create([Color, New, NX, NY]).
/* castle */
do([Color, castle, right, Y]):- changeturn(Color),
    delete([Color, king, e, Y]),
    delete([Color, rook, h, Y]),
    delete([Color, fortifiable]),
    create([Color, king, g, Y]),
    create([Color, rook, f, Y]).
do([Color, castle, left, Y]):- changeturn(Color),
    delete([Color, king, e, Y]),
    delete([Color, rook, a, Y]),
    delete([Color, fortifiable]),
    create([Color, king, d, Y]),
    create([Color, rook, c, Y]).

/* ######################## Payoffs #################### */
payoff([Color], 1.0):- opposite(Color, Opp), todelete([Opp, king, _, _]).
payoff([Color], -1.0):- todelete([Color, king, _, _]).
```

Anhang D
Software

Die entwickelte Software befindet sich auf einem Subversion-Repository unter der Adresse https://tigerdb.informatik.tu-freiberg.de/svn/Projects/. Der Quellcode ist hauptsächlich in Java entwickelt. Jedes einzelne Paket beinhaltet ein Verzeichnis mit Quellcode *src* und eine *Ant-Datei* für Kompilation und Ausführung. Die wichtigsten Pakete sind *BaseFRAMASI* (FRAMASI-Protokoll), *JPNSI* (PNSI-Bibliothek), *JPNSIEFGLib* (Generierung von EFG aus PNSI), *SIDL2* (SIDL2.0-Bibliothek) und *GGMA* (World-Agent basierend auf PNSI oder SIDL2.0). Hier folgt ein Beispiel der Protokollierung einer einzelnen Zustandsänderung bei PNSI-basierten GGMA:

```
---
payoffs:
  alice: 0.0
  bob: 0.0
places:
  Time: 1
  Go11: 0
  Go12: 0
  Buffer: 119
  Made1scissors: 1
  Made2scissors: 1
```

Und dies hier ist das gleiche für einen SIDL2.0-basierten GGMA:

```
Does: {[round]=[round]}
Done: {[bob]=[bob,wait], [round]=[round], [alice]=[alice,wait]}
Changes: [[timer,0,-],[rounds,3,-],[rounds,2,+],[timer,3,+]]
Changes for [alice]: [[timer,0,-],[rounds,3,-],[rounds,2,+],[timer,3,+]]
Changes for [bob]: [[timer,0,-],[rounds,3,-],[rounds,2,+],[timer,3,+]]
Accounts: [alice]=1.0;[bob]=1.0;
```

Anhang E
Bilder des Ken-Experiments

Anhang F

Fragebogen zum Ken-Experiment

```
Eigenes Spielverhalten:
  Vorhersagbar              --      -      +     ++
  Öfters Wiederholungen     --      -      +     ++
  Lernte im Verlauf dazu    --      -      +     ++

Spielbezogene Emotionen:
  Ärger                     --      -      +     ++
  Freude                    --      -      +     ++

Spielverhalten de(s)r Gegner(s)in:
  Vorhersagbar              --      -      +     ++
  Öfters Wiederholungen     --      -      +     ++
  Lernte im Verlauf dazu    --      -      +     ++
```

Anhang G

Ausführliche Statistik

Tabelle G.1: Muster in Zugsequenzen für 31 und 41 [Tag09g].

Muster	31		41		Brücken		
	Theoretisch	Beobachtet	T.	B.	0	1	2
ABCD	0	0	.0938	.2611	0	0	0
ABCA	.0741	.15	.0938	.1519	0	0	1
ABCB	.0741	.1315	.0938	.0926	0	1	0
ABAC	.0741	.1278	.0938	.0926	0	1	0
ABCC	.0741	.0667	.0938	.087	1	0	0
ABBC	.0741	.0796	.0938	.063	1	0	0
AABC	.0741	.0685	.0938	.0722	1	0	0
ABBA	.0741	.0611	.0469	.037	1	0	1
ABAB	.0741	.0593	.0469	.0333	0	2	0
AABA	.0741	.063	.0469	.0222	1	1	1
ABAA	.0741	.0574	.0469	.0204	1	1	1
AABB	.0741	.0463	.0469	.0222	2	0	0
ABBB	.0741	.0352	.0469	.0204	2	1	0
AAAB	.0741	.0352	.0469	.0185	2	1	0
AAAA	.037	.0185	.0156	.0056	3	2	1

Tabelle G.2: MSE vs. relative Häufigkeiten [Tag09g].

31	Rock	Paper	Scissors		
MSE	.3333	.3333	.3333		
Alle	.36	.335	.305		
Datenhandschuh	.3222	.3407	.3370		
Maus	.3909	.3303	.2788		
41	Hunter	Monkey	Paper	Mosquito	
MSE von	0	.5	0	.5	
MSE nach	.5	0	.5	0	
All	.2783	.2533	.23	.2383	
Datenhandschuh	.2704	.2407	.2444	.2444	
Maus	.2848	.2636	.2182	.2333	
51	Rock	Paper	Scissors	Fire	Water
MSE	.1111	.1111	.1111	.3333	.3333
All	.1867	.1533	.13	.3267	.2033
Datenhandschuh	.2222	.1555	.1259	.3	.1963
Maus	.1576	.1515	.1333	.3485	.2091
52	Rock	Paper	Monkey	Fire	Water
MSE	.1429	.1429	.1429	.2857	.2857
Alle	.1783	.155	.1767	.2983	.1917
Datenhandschuh	.1593	.1481	.2	.3	.1926
Maus	.1939	.1606	.1576	.297	.1909
53	Rock	Banana	Monkey	Paper	Hunter
MSE	.1429	.1429	.1429	.2857	.2857
Alle	.2133	.1417	.2433	.1883	.2133
Datenhandschuh	.1704	.1481	.2555	.2074	.2185
Maus	.2485	.1364	.2333	.1727	.2091
54	Hunter	Monkey	Paper	Mosq.	Banana
MSE von	0	.5	0	.5	0
MSE nach	.25	.25	.25	.25	0
Alle	.1833	.3217	.1583	.1833	.1533
Datenhandschuh	.1704	.2963	.1481	.2148	.1704
Maus	.1939	.3424	.1667	.1576	.1394
61	Rock	Paper	Sciss.	Monk.	Fire	Water
---	---	---	---	---	---	---
MSE von	.1111	.1111	.1111	0	.3333	.3333
MSE nach	.1429	.1429	0	.1429	.2857	.2857
Alle	.185	.0975	.0925	.12	.265	.24
Datenhandschuh	.2222	.0667	.0944	.1056	.2778	.2333
Maus	.1545	.1227	.0909	.1318	.2545	.2455

VDM Verlagsservicegesellschaft mbH

Die VDM Verlagsservicegesellschaft sucht für wissenschaftliche Verlage abgeschlossene und herausragende

Dissertationen, Habilitationen, Diplomarbeiten, Master Theses, Magisterarbeiten usw.

für die kostenlose Publikation als Fachbuch.

Sie verfügen über eine Arbeit, die hohen inhaltlichen und formalen Ansprüchen genügt, und haben Interesse an einer honorarvergüteten Publikation?

Dann senden Sie bitte erste Informationen über sich und Ihre Arbeit per Email an *info@vdm-vsg.de*.

Sie erhalten kurzfristig unser Feedback!

VDM Verlagsservicegesellschaft mbH
Dudweiler Landstr. 99   Telefon +49 681 3720 174
D - 66123 Saarbrücken   Fax   +49 681 3720 1749
www.vdm-vsg.de

Die VDM Verlagsservicegesellschaft mbH vertritt

Printed by Books on Demand GmbH, Norderstedt / Germany